esults

How Great Leaders Get Great Results

Original:How Great Leaders Get Great Results
By John Baldoni
ISBN 979-11-961212-9-7

This book is exclusively distributed in SIAA Publishing Co.
When ordering this title, please use ISBN 89-8144-191-X
Printed in Korea

How Great Leaders Get Great Results

위대한 리더들의

존발도니 지음 | 이선희 옮김

7가지습관

Carlos Ghosn

Steve Jobs

Anne Mulcahy

Lou Gerstner

Steven Spielberg

Bill Belichick

Jonh McCain

Jennifer Granholm

Meg Whitman

SIA 시아

많은 것을 가능하게 해주신 아버지 L.P 발도니에게
이 책을 바칩니다.

이 책에 쏟아진 찬사

"위대한 리더! 위대한 이야기! 위대한 가르침! 현명한 사람은 경험을 통해 배우며, 더 현명한 사람은 다른 사람의 경험을 통해 배운다. 『위대한 리더들의 7가지 성공 습관』을 읽는 것만으로도 리더십을 배우는 기회가 된다. 책에서 들려주는 이야기는 리더십의 인간적인 면을 보여준다."

– 마셜 골드스미스Marshall Goldsmith (경영 컨설턴트 겸 작가,
최근 미국경영협회에서 「50명의 위대한 사상가와 리더」로 선정)

"『위대한 리더들의 7가지 성공 습관』은 기업의 각 계층별 리더들 모두에게 필요한 지혜이다. 이 책은 사업체, 정부 혹은 시민단체 등에 상관없이 모든 리더들이 결과에 집중할 수 있도록 도울 것이다. 존 발도니의 4단계 과정은 미래의 리더들을 위한 커뮤니케이션 원칙을 설명해준다. 정말 탁월하다."

– 프랜시스 헤셀바인Frances Hesselbein (리더 투 리더 인스티튜트 회장)

"우리가 하는 모든 행동이 우리 자신에 대해 말해준다. 발도니는 리더들이 했던 이야기와 실례를 통해 그들이 누구이며, 달성하고자 하는 것이 무엇인지를 본질적으로 설명한다. 발도니는, 리더라면 성공을 위해 제시해야 하는 포스트모던 리더십 스킬의 본질을 재치 있는 글솜씨와 아주 읽기 쉬운 이야기로 설명하고 있다. 이 책은 모든 리더들이 지속적인 결과를 달성하기 위해 실행해야 하는 명확성과 실용성을 구체화시킨다."

– 마크 린더Mark Linder (WPP 그룹 국제 고객 담당 리더)

"효율적인 리더들은 자신의 생각과 전략에 대해 조직원들이 진심으로 지원하고 싶게 만드는 방식으로 커뮤니케이션 한다. 존 발도니의 통찰력 있는 이 책은 가장 효율적인 리더가 '결과 지향적인 커뮤니케이션과 이야기'를 사용해 사람과 조직이 전진하도록 하는 방법을 설명해주고 있다. 발도니는 아홉 명의 위대한 커뮤니케이터를 소개하면서 그들의 이야기를 전해주고, 가장 효율적인 커뮤니케이션 기술을 강조함으로써 우리 모두가 더 나은 성과를 달성하도록 위대한 봉사를 하고 있다."

– 폴라 카프로니Paula Caproni (박사, 미시간 대학 로스 스쿨 비즈니스 경영자 과정의 전문 개발 이사)

"『위대한 리더들의 7가지 성공 습관』은 모든 리더들이 읽고 싶어 하는 책이다. 존 발도니는 리더들이 아이디어에 대한 지지를 확보하고 성과를 얻으려면 커뮤니케이션을 어떻게 사용해야 하는지에 관한 통찰력을 제시해주고 있다. 이 책에 소개된 리더들의 이야기는 상호 이익이 되고, 지속 가능하며, 미리 계획된 성과를 달성하도록 사람들을 단결시키는 방법을 아는 사람이 성과를 달성한다는 것을 보여준다."

– 윌리엄 페버스Whilliam Phebus (윌리엄스-게라드 프로덕션 회계 담당)

"존 발도니는 우리 시대의 위대한 리더들을 소생시킨다. 이 리더들이 조직을 성공으로 이끄는 방법을 듣고, 보고, 배워라. 모든 가르침이 이 안에 있다. 올바른 방법으로 성과를 달성하고자 하는 사람들에게 강력 추천한다."

– 데이빗 J. 키첼리David J. Cicchelli (알렉산더 그룹 수석 부사장)

감사의 글

이 책은 리더들이 긍정적인 방향으로 조직을 이끌 때 구성원들을 결합시키는 방법에 관해 예전에 집필한 책에서 아이디어를 얻어 구성한 것이다. 나는 내 생각을 체계화하기 위해 리더들이 커뮤니케이션에서 사용할 만한 정신적인 모델을 개발했는데, 점차적으로 커뮤니케이션이 리더십 과정의 모든 단계에서 중요하다는 것을 알 수 있었다. 예를 들어 한 조직이 나아가야 할 방향을 아는 상황이라면 이 조직은 기대치를 정하고 다른 이들의 헌신을 추구하면서 길을 안내해줄 리더에 의존하게 된다. 이와 유사하게, 조직이 계획을 실천하기 위해 애쓰고 있다면 방향을 제시하고 조직에 귀를 기울이는 것은 리더의 몫이다.

모든 인간적인 시도가 그렇듯 리더십 과정은 순탄하지만은 않다. 위험도 따르고 간혹 위험을 감수할 용기가 필요할 때도 있다. 이때에도 리더들은 위기가 기회임을 인식하고, 역경에 직면해서 용기를 잃지 않는 모습을 보여주면서 중심을 잡아야 한다. 리더십의 결과는 영감이 깃든 성과이다. 그러한 성과를 얻으려면 조직 내외의 사람들과 커뮤니케이션 하여 모든 사람들이 이미 달성한 성과에 대해 그리고 더 달성해야 할 것은 무엇인지에 대해 알 수 있도록 해야 한다.

어떤 리더도 다른 사람들의 지원 없이는 성공할 수 없다. 마찬가지로 혼자서 경영서를 집필할 수도 없다. 이 책의 개념을 잡을 때부터 도와준 케시 맥도날드Kathy Macdonald와 척 데이포즈Chuck Dapoz에게 감사드린다. 그리고 조정과 실적 부분에서 예리한 통찰력을 보여준 진 스커트 Gene Schutt에게 진심으로 감사드린다. 수년 동안 내가 진행한 워크숍과 연설에 참석해준 많은 이들에게도 감사의 말을 전하고 싶다. 이들의 질문과 코멘트가 아이디어 구상에 많은 도움이 되었다.

또한 이 책의 잠재력을 알아봐준 출판대행사 제프 허만Jeff Herman에게도 감사의 말을 전한다. 편집장 도냐 디커슨Donya Dickerson도 다시 한번 내 편에 서주었다. 지원과 열정으로 규합된 그녀의 프로 정신은 정말 탁월하다. 그 밖에 제니스 레이스Janice Race, 짐 매드루Jim Madru의 지원에도 감사를 표한다.

무엇보다 나의 든든한 지원자인 아내 게일Gail에게 너무나 감사하다.

존 밸도니

서문

　살날이 얼마 남지 않은 한 노인이 있었다. 본인도 그 사실을 잘 알고 있었다. 그는 눈을 감기 전에 세상에 자신의 이야기를 전해야겠다고 생각했다. 여러 가지 이유가 있었지만 특히 두 가지가 그의 마음을 이끌었다. 첫째, 한 전쟁에서 총사령관으로서 중추적인 역할을 했던 자기만의 관점으로 그 전쟁에 대해 쓰고 싶었다. 노인은 이야기를 집필하면서 한 유명한 작가의 조언을 구했다. 그 조언은 큰 도움이 되었고, 덕분에 임종 전에 집필을 마무리할 수 있었다. 그 노인은 다름 아닌 율리시스 S. 그랜트Ulysses S. Grant 장군이며, 그에게 조언을 해주었던 이가 바로 마크 트웨인Mark Twain이었다. 미국 18대 대통령이자 남북전쟁 사령관이었던 그랜트 장군은 이 책을 통해 평범한 환경에서 별달리 큰 야망도 없던 한 남자가 미국 역사상 가장 치열한 혈전에서 남부 연합군의 항복을 받아내는 장군으로 떠오를 수 있었던 이야기를 전하고 있다. 하지만 그 회고록에서 대통령 임기 시절의 이야기는 거의 찾아볼 수 없다. 그리 성공적인 대통령이 아니었기 때문이다. 그랜트 장군이 회고록을 집필하게 된 두 번째 이유는, 가족에게 남겨줄 돈 때문이었다. 마크 트웨인은 출판인을 자처했고, 그랜트에게는 괜찮은 거래였다. 운 좋게도 책은 베스트셀러가 되었고, 아내 줄리아Julia에게 50만 달러라는 거액을 안겨주었다. 19세기 말 당시로서는 엄청난 금액이었다. 이 그랜트 장군의 예를 통해 이야기의 두 가지 목적인 '메시지와 성과'를 배울 수 있다. 리더들은 자신의 견해를 전달해줄 커뮤니케이션을 구상해 의도한 실적을 달성해야 한다. 그랜트 장군처럼 리더들은 현장부터 고위 경영진들과의 회의, 혹은 일선에서 지원 부서, 그리고 거리와 광장을 매일 오가며 뚜렷한 목적이 있고 매력적이며 명확한 커뮤니케이션을 한다.

인생 자체가 바로 이야기이다. 이야기의 구성처럼, 서론에서 인간은 태어나고, 본론에서 성장하고 발전한다. 그리고 결말에서 인간은 죽는다. 지극히 단조롭다. 그렇지만 분명 이야기다. 이야기는 맛깔 나는 찌개처럼 생각, 신화, 의견, 일화들이 한데 어우러져 우리 주위에 존재한다. 이 이야기를 들으면, 우리 자신, 가족, 사회에 대한 의무감을 알게 되며 스스로를 한 개인으로서 이해하게 된다. 우리 선조들은 사나운 맹수로부터 몸을 보호하고 몸을 녹이기 위해 모닥불가로 모여들어 이야기를 주고받았다.

동굴 속 벽화나 노래로 구전된다는 사실만으로도 이야기가 의식주나 사회와 같은 주요 관심사에 대한 생생한 가르침이라는 것을 알 수 있다.

수천 년이 지난 지금, 조직이 나가야 할 방향을 이해하는 데 '이야기'는 '효과적인 도구'로 다시 태어나고 있으며, 사람들은 목표 달성을 위해 이야기를 효과적으로 사용할 방법을 다시 찾고 있다. 요즘 기업들은 포스터를 이용해 직원들과 설립자의 성취에 대해 이야기한다. 사람들에게 귀를 기울이면 미래에 대한 이야기뿐 아니라 과거의 교훈도 배울 수 있기 때문이다. 이야기는 무궁무진하다. 우리가 어디서 왔는지, 지금은 어디에 있는지, 또 어디로 갈 수 있는지에 대해 생각하게 한다. 그러한 이야기에는 우리의 삶과 열망이 반영되어 있다. 리더들은 이러한 이야기를 전해주면서 우리를 성공으로 이끌고자 한다. 즉, 꿈을 이루기 위해 꾸준히 노력해야 하는 이유를 만들어주는 것이다. 꿈이 너무 허황될 수도 있겠지만, 이것이 바로 이야기의 역할이다. 이야기는 우리가 달성하도록 잠재성을 깨워준다.

위대한 리더들의 성공비밀

『위대한 리더들의 7가지 성공 습관』의 핵심은, 리더는 성과 달성을 유도하기 위해 조직 구성원들과 커뮤니케이션을 해야 한다는 것이다. 이 책에서는 이를 바탕으로 마련된 경영원리와 리더십 이야기를 함께 선보이고 있다. 리더십은 신뢰를 쌓고 성과를 이끌어내는 데 집중해야 한다. 이 책의 경영원리 섹션에서는, 비전, 조정(Alignment, 조직의 사명을 달성하도록 조직의 모든 요소를 조정하는 것), 실행, 단련, 위험, 용기에 관한 요점을 전달하기 위해 경영자들이 이야기를 어떻게 사용하고 있는지를 엿볼 수 있다. 그리고 각 장에서는, 경영원리를 명확히 표현하는 리더들의 예를 들었다. 기존의 사고방식으로는 리더들을 이야기의 전달자로 보기는 힘들겠지만, 본문에 소개되는 모든 리더들은 개인적인 성취와 실례를 이용해 리더십에 대해 피력하고 있다. 결과적으로 이들의 이야기는 가치와 진실을 전파한다.

실제적이며 입증된 내용

리더십의 원리와 이야기들의 융합이 바로 『위대한 리더들의 7가지 성공 습관』의 기본 틀이다. 관리자들은 이 틀을 통해 자신들의 아이디어에 대한 지지와 성과를 이끌어내는 수단으로 이야기의 중요성을 알 수 있다. 본서는 리더십의 목적인 신뢰 구축과 성과 도출을 핵심 개념으로 하는 이야기와 이론을 적절히 융합하여 제시한다.

우리는 사람들과 조직에 관한 이야기가 리더십의 목표달성을 위한 커뮤니케이션 도구임을 이해하게 될 것이다. 『위대한 리더들의 7가지 성공 습관』은 리더가 구성원들을 단결시키고 동기를 부여하고 공동의 목표에 역량을 집중하도록 하기 위해 이야기를 사용하는 실제적이고 입증된 기술을 전수해준다. 또한 자기만의 이야기를 만들어내는 방법과 그 과정에서 '직장 내 영웅'을 좀더 많이 탄생시키는 법도 배울 수 있다. 이 영웅들은 자신과 팀 그리고 조직을 발전시키면서 비전을 수행하는 데 헌신하는 인물이다. 좋은 이야기는 리더십의 성과를 증대시킨다. 이제부터 이야기를 즐기고 그 이야기가 가져올 성과를 누릴 일만 남았다.

열망을 자극하라

이상을 실천으로 옮겨라

희생에 대해 이야기하라

성공적인 리더, 카를로스 곤의 커뮤니케이션 이야기

①

"리더십이 지속되려면 원활한 커뮤니케이션이 이루어져야 한다.
이를 통해 신뢰를 쌓을 수 있기 때문이다. 사람들은 기꺼이 노력하고
더 열심히 일하며 희생도 마다하지 않지만 어느 정도의 성과를 원한다."
– 카를로스 곤(르노–닛산 자동차 CEO)

이야기를 통한 목표달성, 세 가지 이야기

엎드려 있거나 천장만 바라보고 있어야 하는 상황에서 몸을 속박하는 의료기기들과 엄습하는 고통 때문에 한 남자는 또다시 죽음을 힘겹게 바라보고 있다. 나이가 많지는 않았지만, 환자로 또 전쟁영웅으로서 간신히 죽음을 면해왔던 그였다. 이미 수년 전에 형과 누나는 죽음 앞에 무릎을 꿇었지만 말이다. 여행은커녕 병실조차 벗어나지 못하

는 신세인 그 남자는 상원의원이자 미래의 대통령이 될 자신을 세상에 알려야겠다고 마음먹고 그 방법을 궁리했다. 그가 택한 방법은 연설문이나 정책서, 사설 따위가 아니었다. 그것은 다름 아닌 이야기였다. 정확히 말해 엄청난 도덕적 위기에 직면한 사람들을 다룬 여섯 개의 이야기였다. 그들은 좀더 거룩한 사회정의를 위해 때로는 개인의 희생까지도 치러가며 야망을 제쳐뒀던 사람들이었다. 그 남자는 보좌관의 도움을 받아 그 이야기를 『용기 있는 사람들*Profiles in Courage*』이라는 제목으로 출간했다. 출간되자마자 엄청난 반향을 불러일으키고, 퓰리처상까지 수상한 이 책의 저자가 바로 존 F. 케네디John F. Kennedy이다. 보좌관인 테드 소렌슨Ted Sorensen의 도움으로 출간한 이 책을 통해 케네디는 자신 역시 신념, 연민, 용기가 넘쳐나는 사람임을 잘 보여주고 있다.

한 세기 전, 또 한 명의 대통령이 전투를 거부하는 장군 때문에 화가 나서는 더 긴 꼬리를 갖고 싶어 하는 원숭이 이야기를 들려줬다. '길어져라'고 하면 꼬리가 길어졌지만 원숭이는 만족하지 못했다. 결국 원숭이는 너무 길어지고 무거워진 꼬리 때문에 원숭이는 움직일 수 없는 지경에 이르고 말았다. 대통령은 이 이야기를 장군에게 들려주고 나서 그를 바라보며 "이 원숭이처럼, 우리도 크고 비대해지면 싸울 수 없다"라고 말했다. 이 이야기를 듣고 있던 장군이 바로 조지 매클랜드George McClelland이며, 이 우화를 들려준 대통령이 바로 위대한 정치가이자 재담꾼인 에이브러햄 링컨Abraham Lincoln이다. 시골 변호사였던 링컨은 순회재판을 할 때면 저녁마다 동료 변호사들과 시골 여관에 모여 이야기하는 것을 즐겼고, 반감을 보이는 배심원들에게 자신의 주장을 관철시킬 때도 이야기를 사용했다.

오늘날, 또 하나의 유명한 이야기가 있다. IT시대에는 신상품 또는 새로운 서비스의 수명이 6개월이라고 한다. 그 기간이 지나면 경쟁업체들이 적어도 거의 똑같은 수준의 제품을 만들어낸다. 그렇기 때문에 혁신에 대한 중압감이 가차 없이 짓누르고, 꾸준한 성장을 위한 도전이 끊임없이 이어진다. 이런 가운데에서도 캐롤 바츠Carol Bartz는 혁신과 성장이라는 두 마리의 토끼를 잡는 법을 터득했다. 그녀는 오토데스크Autodesk의 CEO로서 회사를 세계에서 가장 존경받는 IT업체로 만들어냈다. 1992년부터 2004년에 걸쳐 이 여성 CEO는 오토데스크의 수익을 30퍼센트 이상 증가한 10억 달러 수준으로 끌어올렸다. 그녀의 이야기와 오토데스크의 이야기는 바로 결과에 집중하는 것이다.

오토데스크는 '건축, 제조, 인프라 구조, 디지털 미디어, 무선 정보용 소프트웨어 분야에서 세계 제일'이라고 자평한다. 바츠는 이러한 리더십이 소비자에게 마땅한 서비스를 제공함은 물론, 그들의 욕구를 이해함으로써 얻은 결과라고 말한다. 그녀가 즐겨하는 말이 있는데, 바로 "하나님이 하지 않은 것을, 우리 소비자들은 해냈다"라는 것이다. 소비자에게 맡긴 분산화가 전략적 차원에서 좋은 시도였기 때문이다. 이를 통해 오토데스크는 소프트웨어 구독제(소프트웨어 구입시 연간 단위로 일정 요금을 지불하면 계약기간 동안 출시되는 최신 버전을 추가비용 없이 제공받는 서비스—역주)를 판매하기 시작했다. 독특한 착상은 아니었지만 오토데스크에게는 참신했다. 바츠는 "소프트웨어를 대중화하여 업체의 크기와는 상관없이 모두가 생산성을 높일 수 있도록 하는 데 착안하였다"라고 말한다. 바츠가 경영을 맡으면서 오토데스크는 수익의 절반을 유럽과 아시아 시장에서 거둬들이는, 세계적인 소프트웨어 공급업체로 발돋움했다. 3D로 확장하면 성장이 이어진다.

그러나 바츠는 기업의 성장이 대차대조표가 아니라 사람들에게서 비롯된다는 사실을 잘 알고 있다. 특히 기술 분야에서 으레 배제되는 여성 인력을 포함해서 말이다. 바츠는 오토데스크의 연고지 신문 『새너제이 머큐리 뉴스*San Jose Mercury News*』 사설에 더 많은 여성 엔지니어에게 기회를 줘야 한다는 글을 기고했다. 여성 엔지니어가 전체 채용자의 10분의 1밖에 안 된다는 사실을 안타까워하며, 이 문제의 심각성을 다른 리더들에게도 인식시킨 것이다. 바츠는 "책임감 있는 CEO라면 가용 자본의 절반을 없는 셈치고 경영하지는 않을 것이다"라고 역설하면서 "아쉽게도 이것이 IT업계의 현실이며, 사용 가능한 '인적' 자본의 절반을 제대로 활용하지 못했다면 이는 책임감 없는 경영활동이다"라고 강조했다. 이처럼 그녀는 여성이 배제된 채용의 책임을 각 업체들에게 돌리고 있다. 높은 연봉만으로는 충분하지 않다는 것이다. 그녀는 세계 경제에서 가장 빠르게 변화하는 분야에서 종사하는 비즈니스 리더로서 기지를 과시하며, 기업들에게 기술 산업이 한때 보여줬던 근사함을 다시 장려하고 재도입하자고 촉구했다.

바츠는 늘 지혜로운 경영활동을 보여주었다. 그러나 1990년대 후반 무렵 바츠는 명성을 잃는 듯했다. 세계의 IT사업을 좀더 공격적으로 추진하지 못했다는 비판을 받았기 때문이다. 「세계의 가장 영향력 있는 비즈니스 리더」 명단에서도 그녀의 이름이 빠졌다. 그러나 2005년 봄 『월스트리트 저널』의 포탈 전문 칼럼리스트인 리 고메즈Lee Gomes는 전략을 개발해서 꾸준히 집중하는 바츠의 '한 우물 파기'를 칭송했다. 결국 그녀는 「세계의 가장 영향력 있는 비즈니스 리더」 명단에 다시 이름을 올렸다. 그렇지만 바츠는 그런 명단에 이름을 올리는 것에 별로 연연하지 않는다. 그녀는 결과에, 자신이 몸담고 있는 산업의 미래에 그리고 그 속에서 일하는 사람들에게 집중했다. 빠르게 변화하는 산업의 리더, 그리고 사람들에게 전해줄 괜찮은 이야기를 갖고 있는 사람들이 이런 점을 우선시하는 것은 참으로 멋진 일이다.

커뮤니케이션은 리더십을 만들어가는 과정에 있어 필수적이다. 그것은 리더가 자신의 생각을 외부세계에 전달하는 방법이다. 본래 리더십이란 사람들을 진취적으로 만든다. 케네디와 링컨 둘 다 미국의 정신을 소생시켰다. 케네디를 비롯한 다른 위대한 지도자들과 마찬가지로, 링컨도 사람들의 열망을 자극했다. 캐롤 바츠는 회사의 단결을 도모했고, 그 과정에서 오토데스크는 소프트웨어 업계의 리더가 되었다. 리더는 사람들이 더욱 진일보하도록 열망을 자극하고, 위기의 시대에 낙천주의를 퍼뜨리며, 어려운 시기에 희망을 전파한다. 링컨은 남북전쟁 동안, 케네디는 냉전시대에, 바츠는 경영 사이클이 급변하는 시대에 사람들에게 희망을 나눠주었다. 그들은 더 나은 내일에 대한 확신뿐만 아니라 예리한 자각에서 비롯된 사명감으로 다른 이들을 인도한다. 리더에게 커뮤니케이션은 메시지를 전달해줄 뿐만 아니라 자신의 확신을 표현하는 수단이다.

▌커뮤니케이션은 좋은 성과를 가져온다

　　　리더십을 발휘할 때 커뮤니케이션은 필수적이다. 성과를 달성할 때도 마찬가지다. 하지만 현실에서는 늘 잘못 비쳐지고 있다. 2002년과 2004년에 『월스트리트 저널』과 『해리스 인터액티스』가 채용담당자들에게 MBA 출신 구직자들을 선호하는 이유에 대한 조사를 실시한 결과 '대인관계 능력'과 더불어 '커뮤니케이션' 때문이라는 답이 상위에 랭크되었다. 회사 내부 조사에서도 비슷한 결과가 나왔다. 모두들 커뮤니케이션이 좀더 필요하다고 부르짖고 있으나 좀처럼 커뮤니케이션은 이뤄지지 않는다. 경영진들에 대한 360도 다면평가 결과를 보자. 상사, 동료, 부하직원이 제공한 정보를 바탕으로 실시하는 이러한 평가에서 커뮤니케이션의 맹점이 드러난다. 즉, 경영진들은 자신이 커뮤니케이션을 잘하고 있다고 믿고 있지만 실제로는 그렇지 않다. 경영진들은 메시지를 분명히 전달하지도, 집중해서 듣지도 못하며, 게다가 배우지도 않는다. 커뮤니케이션은 선택사항이라기보다는 필수조건이다.

　커뮤니케이션에 성과를 연결시킨다면 커뮤니케이션의 역할을 한층 더 끌어올릴 뿐만 아니라 커뮤니케이션에 필요한 긴박성을 부여할 수 있다. 리더십의 목표는 신뢰구축과 성과달성이다. 이것이 바로 리더들이 자신과 조직을 위해 애쓰는 이유이다. 커뮤니케이션은 목표와 성과를 연계시켜 결함을 보완할 수 있다. 특히 성과 지향적인 커뮤니케이션을 하고 이야기를 전달하려면 아래의 사항들을 유념하자.

❖ 목적을 정하라

메시지를 전달하려면 이유부터 갖추어라. 말하는 이유가 무엇인지 정의하라. 정보 제공, 교육 또는 열망 자극, 때로는 단순히 즐거움이 목적이 될 수도 있다. 윈스턴 처칠Winston Churchill은 자신의 이야기를 전함으로써 히틀러 치하에서 참사를 당하던 영국을 구해냈다. 비슷한 예로, 기업가 루 거스너는 커뮤니케이션으로 회사 내외의 사람들에게 급선무가 무엇인지를 알려 IBM을 기사회생시켰다. 애플 컴퓨터Apple Computer의 스티브 잡스는 정보와 엔터테인먼트에 집중함으로써 기술과 디자인의 선구자로 회사의 위치를 정립시켰다. 제니퍼 그랜홈은 또 어떠했는가. 불경기로 어려움을 겪던 미시건 주의 주지사로서 국민들에게 솔직한 모습을 보였다. 그녀는 진실만을 전하면서도 교육, 일자리 창출, 기업을 위한 의안 발의권 등을 이용해 어려움을 타개하면서 희망을 불어넣었다.

❖ 실제 인물을 소개하라

"사진은 사람이 찍고, 뉴스는 이름이 만든다"라는 말이 있다. 사진이든 뉴스든 이야기로 소생하게 된다는 뜻이다. 특히 회사 내에서는 한 개인의 성공 이야기로 말이다. 소비자를 만족시키기 위해 몸을 아끼지 않았던 서비스 회사 대표의 이야기를 해보면 어떨까? 향상된 품질을 위해 여러 가지 방법을 생산 공정에 열심히 적용하는 기술자 이야기를 해보자. 근로자들의 실적 향상을 지도해왔던 경영진의 예도 좋다. 이베이ebay의 맥 휘트먼이 유저 커뮤니티를 예로 든 것도 이러한 방법 중 하나이다. 유저 커뮤니티야말로 이베이를 성공으로 이끈 주역들이기 때문이다.

✤ 불가능한 일을 가능하게 만들어라

이야기는 비현실적인 것을 현실로 만든다. 예컨대 직장에서 실시하는 프로젝트를 등산에 빗대어 표현한다고 치자. 사람들은 마지못해 알았다는 듯 고개를 끄덕일 것이다. 하지만 에드먼드 힐러리Edmund Hillary와 그의 세르파였던 텐징 노르가이Tensig Norgay가 힘겹게 에베레스트를 등반했던 실화와 비교해서 말한다면 다들 귀 기울여 들을 것이다. 힐러리와 노르가이가 세계 최고봉을 향한 역사적인 산행에서 겪은 고난과 장애물을 팀워크로 극복했던 일화를 전해주면 사람들은 자신도 모르게 이야기에 빠져든다. 그리고 그 이야기를 통해 현실에서 어려워 보였던 일이 충분히 가능성 있게 보일 것이다. 그러한 이야기의 핵심은 바로 열망의 자극이다.

카를로스 곤이 닛산 자동차에 처음 발을 들여놓았을 때 그는 완전히 아웃사이더였다. 당시 적자에 허덕이던 이 자동차 회사에서 곤의 성공을 점치는 사람은 거의 없었다. 하지만 곤에게는 커뮤니케이션을 통해 사람들과 친해지는 능력이 있었다. 그는 자신과 팀이 정상 궤도에 오를 것이라는 확신을 사람들에게 심어주었다. 한편 뉴잉글랜드 패트리어츠 팀의 감독이었던 빌 벨리칙은 수차례나 팀을 슈퍼볼 우승으로 이끌었다. 이 미식축구 팀은 벨리칙이 늘 강조했던 노력, 헌신, 팀워크 등을 통해 힘겨운 도전을 극복할 수 있었다.

✤ 조직의 특성을 반영하라

커뮤니케이션을 할 때 조직의 특성을 어느 정도 반영해야 한다. 이야기는 조직이 소중히 여기는 것들을 다뤄야 하는데, 주로 청렴, 윤리, 명예, 서비스 등이 그 주제로 적합하다. 앤 멀케이는 제록스에서 통념을 깼다. 많은 사람들이 회사의 분사를 원했다. 하지만 제록스에서 경영진으로서 성장한 멀케이는 직원들의 강점을 이용했고, 현재의 제록스로 이끌었다. 제록스 문화와 시장의 현실을 결합시킨 것이다.

✤ 용기를 증진시켜라

오랫동안 경영을 안정되게 지속하기란 쉽지 않다. 리더십은 곤란함이 뒤따르는 결정을 하는 것이다. 최전선에서 리드하기 위해서는 용기가 필요하다. 존 매케인은 베트남 북부 포로수용소에서 용기의 가치를 배웠다. 그는 지금도 나라를 위해 옳은 일이라고 판단하면 소속 정당과도 서슴없이 맞선다. 스티븐 스필버그의 작품 가운데 가장 영향력 있는 작품으로 「라이언 일병 구하기Saving Private Ryan」와 「쉰들러 리스트Schindler's List」가 꼽힌다. 이 두 영화 모두 전쟁 속에서 다른 사람들을 구해내기 위해 용기 있는 결단을 내린 인물들을 그리고 있다.

리더십 커뮤니케이션에 이야기를 더하라

리더십은 정교하게 구상된 이야기와 같다. 개인, 팀, 조직 등 모두에게 이로운 것을 포용하도록 구성원들을 설득하는 행위이기 때문이다. 하지만 이는 리더십을 이상적으로 정의한 것이다. 현실적으로

26

도 리더십이 조직에 이로운 쪽으로 사람들을 설득한다는 점에서는 같다. 그러나 팀과 개인에게는 힘겨운 선택을 해야 하는 상황이 따른다는 점에서 차이가 있다. 제때에 올바른 지시를 내리는 것은 리더의 몫이었다. 종종 그 선택들이 힘겹고 고통스러울 때도 있다. 예를 들어 국가 지도자들이 자기 보존을 위해 전쟁에 돌입할 것인지, 추가 테러 위험에도 평화협상을 할 것인지를 놓고 고민해야 하는 경우이다. CEO 역시 마찬가지다. 수천 명이 근무하는 공장을 폐쇄할 것인지 아니면 공장을 계속 가동하면서 수익 악화에 시달릴 것인지를 선택해야 한다. 경영진들은 능력 있는 직원들 가운데 일부만 승진시켜야 한다. 어떤 직무를 맡고 있든 어려운 결정은 늘 발생하기 마련이다.

그러한 결정에 대한 준비는 리더십 과정의 일부이다. 그러므로 리더의 역할을 명료하게 이해해야 한다. 특히 리더는 리더십을 위한 다음의 4단계를 순차적으로 거치면서 커뮤니케이션을 사용해야 한다.

❖ 1단계: 열망을 자극하라
조직이 나가야 할 방향인 비전과 조직 내 요소들의 조정을 통해 목표를 제시하라.

❖ 2단계: 이상을 실천에 옮겨라
조직이 할 일을 실행에 옮기고, 이 과정을 견디는 방법을 훈련시켜 이상을 현실로 바꾸어라.

✤ 3단계: 희생에 대해 이야기하라

위험이 따라도 조직이 현명한 선택을 하게 하고, 개개인이 불평등을 감수하며 꾸준히 전진하도록 용기를 북돋아 창조력과 신념을 가르쳐라.

✤ 4단계: 성과를 보여주어라

목표를 달성하여 성과를 이끌어내는 데 집중하라.

성과를 유도하기 위해 리더는 구성원들의 열망을 자극하고, 희생을 감수하더라도 실천에 옮기도록 만든다. 리더는 현장에서 조직원들을 지휘하고, 신념을 증폭시킨다. 리더들은 또한 위험에 맞서도록 조종하며 용기를 북돋우고 비전, 조정, 실행, 단련을 돕는다. 리더십 과정을 지탱해주는 것은 리더의 규칙적이고 지속적인 커뮤니케이션이다. 그러한 리더십 커뮤니케이션에 이야기를 가미한다면 효과는 배가되고, 성과를 달성하는 데 일등공신이 될 것이다.

이야기가 필요한 이유

리더는 자신의 견해를 인상적으로 전달하기 위해 주로 이야기를 사용한다. 인간은 고대부터 이야기를 즐겼다. 프랑스의 동굴벽화, 이집트의 상형문자 그리고 호주의 선화(명확한 선과 형태를 표현하기 위해 음영 등을 넣지 않고 펜으로만 그린 그림—역주)를 떠올려보

자. 이 모두가 다름 아닌 이야기이다. 『일리아스*Ilias*』, 『오디세이*Odyssey*』
도 마찬가지다. 호머Homer에서 헤로도투스Herodotus를 거쳐 초서Chaucer
와 셰익스피어Shakespeare에 이르기까지 우리는 이야기의 전달을 즐긴
다. 그리고 리더는 뻔한 형식이 아닌 독특한 문체, 재치와 위트가 녹아
있는 이야기를 통해 주장을 관철시킬 수 있다.

이야기의 전달은 핵심 메시지를 효과적으로 전달하는 방법이다. 링
컨은 우화와 민간전승 이야기를 사용했고, 케네디는 인물 소개와 더불
어 관련된 일화를 썼으며, 캐롤 바츠와 같은 경영진들은 근로자들의 성
과에 대한 이야기를 즐겨한다. 이야기는 조직에 메시지를 적절히 주입
하는 효과적인 방법이다. 이야기로 인간애와 정보를 불어넣을 수 있으
므로 전달자는 합리성과 감성 간의 연결고리를 만들 수도 있다. 이 과
정에서 이야기는 리더십 메시지를 의미 있게 만들고 의도한 성과를 촉
진시키는 매개체가 된다.

전체를 하나로 묶는 리더십 커뮤니케이션

리더십의 특성은 다양한 이야기를 전달하는 것이다. 예
컨대 조직의 척추에 삽입된 이야기는 문화의 표현이자 반향이며, 한 집
단과 다른 집단을 묶어주는 힘줄이다. 이야기는 힘줄처럼 구부러지고 꼬
이기도 하지만 부러지지는 않는다. 이야기는 근육과도 같아서 강하고 유

연하며 활력이 있다. 정해진 방향 없이 조직 내를 관통하는 하전입자와도 같다. 동시에 이야기는 유기적인 세포조직과 같아서 사람들을 응집력 있게 한데 모아준다.

이처럼 이야기의 특성이 워낙 다양하다보니 커뮤니케이션을 실행하기란 쉬운 일이 아니다. 왜냐하면 리더는 그렇게 간단한 일이 아니기 때문이다. 리더는 열망을 자극하고 방향을 설정해야 하며, 관리자들은 정보를 제공하고 임무를 실행하도록 해야 한다. 또 관리자를 따르는 구성원의 임무는 주의를 집중하고 피드백을 제공하는 것이다. 그리고 모두 다 같이 서로 귀를 기울여 들어주어야 한다. 성공을 위해 커뮤니케이션의 모든 측면을 포용하는 것 자체가 하나의 도전이다. 이 도전을 극복하는 방법이 바로 리더십에 관한 이야기에 커뮤니케이션을 접목하는 것이다.

성과를 주도하는 영웅의 탄생

리더들이 자연스럽게 사용하는 커뮤니케이션 방법은 바로 이야기이다. 이러한 이야기 전달을 통해 성과를 주도하는 영웅을 배출할 수 있다. 영웅이란 목표를 향해 달리고, 헌신하며, 성과를 거둠으로써 성공을 이끌어내는 조직의 일원을 말한다. 대화, 독백, 연설문을 통한 이야기 전달은 사람들의 열망을 자극하여 '가능성'을 심어줄 수 있다. 불안한 경제상황과 기업 경영 스캔들이 난무하는 요즘 같은 세상에 열망은 그 무엇보다 중요하다. 큰 뜻을 품기보다는 주위를 살피고 숙고하는 것이 더 현명한 방법이다. CEO는 더 이상 존경받는 자리가 아니다. 이제 진실을 전하고, 묵묵히 책임을 다하는 사람이 진정한 경영인이다. 조직은 청렴한 사람들이 입지를 다질 수 있고, 또 책임을 다할 수 있도록 배치하여 다른 조직원들이 이를 본보기 삼도록 해야 한다.

성과 주도적 영웅들은 여러 상황에서 다양한 모습으로 나타난다. 작업현장에서는 다른 사람들에게 직무를 가르치는 이가 될 수도 있고, 근무복을 입고 고객의 권리옹호에 나서는 이가 영웅일 수도 있다. 또한 영웅은 회사의 편의보다는 사회의 선을 주장하기도 한다. 그러나 영웅적 자질에서는 무엇보다도 '청렴'이 중요하다. 이는 어려움이 뒤따라도 자신의 주장을 굽히지 않는 능력이다. '용기'는 개인의 희생을 감수하면서도 정도를 걷겠다는 의지로써 바로 이 청렴함에서 나온다. 또한 영웅은 다른 사람을 우선시한다. 모든 기업들은 직급에 상관없이 이러한 영웅들을 보유하고 있다. 그러므로 그들을 발굴해서 역할의 본보기로 삼아야 한다.

조직이 늘 논리적이고 한결같으면 더할 나위가 없겠지만, 때때로 비전을 달성하기 위해서는 조직원들이 테두리를 벗어날 수 있도록 해야 한다. 물론 여기서 벗어난다는 것은, 도덕적 차원이 아닌 창조적인 차원의 이탈을 뜻한다. 조직의 임무, 문화, 가치를 위한 일에 따르는 위험을 감수하고, 이러한 위험 감수가 장려되는 환경을 마련하는 일이 리더의 몫이다. 그래서 성공의 여부와는 상관없이 위험을 무릅쓴 사람들의 이야기를 들려줌으로써 조직의 목표를 위해서라면 기꺼이 위험을 받아들이도록 독려해야 한다.

리더십의 최종 목표는 성과이다. 대부분의 리더십이 목표 달성에 초점을 맞추다보니 간혹 비전 달성에서 벌어질 수 있는 일에 대한 논의를 간과하기도 한다. 성과는 즐거움, 목표 달성에 대한 축하, 성취의 재인식 그리고 무엇보다도 공로자들에 대한 보상을 낳는다. 게다가 리더십 이야기를 탄생시킨다. 이 이야기는 성과를 세상에 알리고, 구성원들을 공로자, 성취자, 심지어는 영웅으로서 다시 한 번 조명받게 만든다.

성과를 달성하는 리더십 여정

리더십은 리더와 조직원들이 시간과 공간을 초월하여 공유하는 여행이기도 하다. 이때 여행 그 자체가 핵심 줄거리가 된다. 셀 수 없이 많은 개인적인 일화와 짧은 이야기들이 있겠지만, 이 모든 이야기의 핵심은 성과를 향한 매진이다. 각각의 개인적인 이야기는 여행에 인간적인 원동력을 주입시켜주기 때문에 매우 중요하다. 그러나 비전에서 결과로 이어지는 여행은 웅대한 영웅 이야기이다. 저명한 컨설턴트이며 작가 겸 편집자인 닉 모건Nick Morgan은 하나의 이야기 줄거리를 중심으로 연설을 구성하는 독창적인 화술 책을 집필했다. 비전에서 성과에 이르는 리더십 여정, 즉 비전을 현실화하기 위한 돌진이 이야기의 뼈대가 된다.

주장을 피력하기 위해서는 커뮤니케이션을 이용해야 한다. 하지만 리더십 여정에 추진력을 실으려면 강한 이야기를, 내용을 풍부하게 하려면 더 짤막한 이야기들을 이용해야 한다. 카를로스 곤 회장은 자신의 드림팀과 함께 닛산 자동차를 회생시켰다. 채무와 시장 점유율 감소로 시달리던 이 업체를 살린 이야기는 영감을 불러일으키는 데 제격이다. 곤 회장은 많은 것을 시도했다. 그중에서도 커뮤니케이션을 이용해 근로자들에게 활력을 불어넣었다는 점이 가장 주목할 만하다. 커뮤니케이션으로 조직 전체의 노하우를 활용할 수 있었고, 닛산의 회생이 근로자들의 손에 달려 있음을 고취시킨 것이다. 성공한 리더들과 마찬가지로, 곤 회장 역시 자신의 책임과 조직의 총체적인 책임을 함께 융합시켰다. 이 리더들의 커뮤니케이션은 비전, 조정, 실행, 단련, 성과달성을 보강해주며 꿈을 소생시킨다. 게다가 단결에 관한 이야기를 곁들여 힘든 순간에는 위안을, 목표달성의 순간에는 기쁨을 줄 수 있다.

리더십 여정에 참여한 사람들에 대한 이야기는 리더와 구성원, 그리고 구성원과 구성원을 서로서로 묶어주며, 또한 조직 내의 임무를 강조한다. 이야기를 통해 이 여정은 인간적인 일이 되어 단지 상상에 불과했던 일을 실현 가능한 일로 바꾸어준다. 이는 궁극적으로 리더십이 추구하는 것, 바로 고객, 직원, 주주를 위한 더 나은 조직을 만들겠다는 열망에 찬 성과를 달성하는 것이다.

리더십 이야기 만들기: 첫 단계

시작이 좋아야 효과적인 리더십을 마련할 수 있다. 리더십 여정을 고려하고 있다면 아래의 질문들에 유념하라. 각 질문에 답을 적으면서 조직 내 혹은 자신이 읽은 것 가운데 열망을 자극했던 이야기를 생각해보라.

❖ **비전**   조직이 나아가야 할 곳은 어디인가?
          그 이유는 무엇인가?

❖ **조정**   사람들에게 비전을 주입하는 방법은 무엇인가?
          어떻게 동기를 부여할 것인가?

❖ **실행**   비전을 달성하기 위해 실천해야 할 것은 무엇이며, 그 이유는?

❖ **단련**   조직원들이 임무를 제대로 수행하고 있는지 확신할 수 있는 방법은 무엇인가?
          조직원들의 책임감을 강화하는 방법은 무엇인가?

❖ **위험**   비전 달성을 위해 반드시 위험을 감수해야 하는가?
          위험 감수를 장려하는 방법은 무엇인가?

❖ **용기**   팀에 용기를 보여주고, 용기를 북돋우기 위해 리더가 할 수 있는 일은 무엇인가?

❖ **성과**   리더십 여정을 통해 성과가 달성되었는지 알 수 있는 방법은 무엇인가?
          무엇이 달라지고 어떤 점이 더 나아질까?

단계별 커뮤니케이션 실천 단계

❖ 열망을 자극하라. 리더가 원하는 방향을 사람들에게 전하라.

❖ 이상을 실천에 옮겨라. 앞으로 닥칠 어려움을 솔직히 전하라.

❖ 희생에 대해 이야기하라. 명백한 기대를 설정하라.

❖ 성과를 보여주어라. 최종 성과에 대해 논의하라.

카를로스 곤

이 사람에 대해 가장 궁금한 점이 있다면 바로 이 남자의 주위를 맴도는 이야기일 것이다. 포드Ford나 제너럴 모터스General Motors가 이 사내를 영입했다면 그들도 시가 총액을 10억 달러 이상 늘릴 수 있었을 것이라는 이야기는 카를로스 곤이 성과 달성 방법을 알고 있음을 보여준다. 그는 적자로 허덕이던 닛산 자동차를 구해내면서 세상에 이름을 알렸다. 카를로스 곤은 그야말로 자동차 산업의 거목이며, 이제는 르노 자동차의 CEO를 겸직하기에 이르렀다.

곤 회장이 이룩해낸 수십억 달러에 달하는 성과는 지휘봉을 휘둘러 얻어낸 것이 아니다. 이는 바로 조직원들로 하여금 서로의 지식과 노하우를 공유하게 함으로써 얻어낸 결과이다. 과거 산업계의 거목들과는 달리 카를로스 곤은 태어날 때부터 아웃사이더였다. 레바논계 브라질 이민자 출신의 부모 밑에서 태어났기 때문이다. 이러한 아웃사이더적 배경 덕분에 그는 출신 배경이 다르고, 문화와 사고방식이 다른 사람들이 공존하는 직장의 문제점을 분석하고 해결책을 마련하여 모두가 함께할 수 있도록 배려했다. 그는 닛산 자동차에서 전설적인 명성을 쌓았지만, 이를 실현한 그의 능력은 브라질에서 태어나면서부터 물려받은 것이다.

경영자로 가는 길

　　　　　레바논계 이주자의 집안에서 태어난 곤은 국제도시인 브라질 리우데자네이루Rio de Janeiro에서 유년시절을 보냈다. 후에 그는 레바논으로 건너가 가톨릭 기숙학교를 다녔고, 다시 파리로 옮겨와 프랑스 명문 과학대학인 에콜 폴뤼테크니끄EcoleEPolytechnique에서 학사와 석사 과정을 마쳤다. 이 과정에서 그는 일본어를 제외한 4개 국어를 습득했다. 이후 그는 브라질의 문화적 배경 때문에 프랑스계 타이어 회사인 미쉐린Michelin에서 첫 직장 생활을 시작한다. 미쉐린에서 포르투갈어를 구사할 수 있는 사람을 채용했기 때문이다.

　　미쉐린은 성장 가능성이 있는 직원들에게 공장 근무부터 시켰다. 적응력이 뛰어난 곤은 공장 내 시간제 근로자와 정규직 관리직 사이에 불화의 골이 깊다는 것을 간파했다. 그는 탁월한 능력으로 26세에 공장의 총책임자가 되었고, 700명이 함께 일하는 프랑스의 한 공장을 총 지휘하기에 이른다. 그러다가 얼마 되지 않아 그는 브라질로 전근을 간다. 브라질은 경기가 주기적으로 요동치는 곳이라 기업회생의 명수들이 시험무대로 삼는 곳으로 잘 알려져 있었다.

　　그는 맡은 바 업무에 자신이 적격자임을 증명하면서 브라질 사업 부를 우수 사업장으로 변모시켰다. 그 뒤 곤은 미쉐린 북미 사업소로 다시 옮겨, 탁월한 실적을 달성했다. 미쉐린의 회장이었던 프랑수아 미쉐린François Michelin은 그의 능력을 높이 평가하고 아들 에드워드Eduoard Michelin를 곤의 밑으로 보내 경영수완을 전수받게 했다. 그러나 얼마 지나지 않아 에드워드가 미쉐린의 임원으로 위촉된 것을 알게 된 곤은 철저한 가족기업인 미쉐린에서 최고경영자로 성장하는 것은 불가능하다는 사실을 깨달았다.

다행히도 곤의 능력을 눈여겨보던 이가 있었으니, 바로 루이스 슈바이처Louis Schweitzer였다. 그는 노벨평화상 수상자인 알버트 슈바이처 Albert Schweiter 박사의 증손자이자 르노의 CEO였다. 슈바이처 회장이 이 젊은이를 회사의 이인자로 임명하면서 르노에서는 사상 최초로 프랑스계가 아닌 경영진이 탄생했다. 드디어 곤이 르노를 맡을 차기 회장으로서의 면모를 다질 수 있게 된 것이다. 하지만 순탄한 경영인의 길로 들어서기 전에 통과해야 할 관문이 있었다. 곤이 경영난으로 허덕이는 닛산 자동차를 인수할 것을 주장한 것이다. 곤 회장은 어렵지 않게 인수 협상을 마쳤으며, 르노는 54억 달러를 들여 이 일본계 자동차 회사의 경영권 지분을 인수했다. 그리고 이 일을 통해 슈바이처 회장은 카를로스 곤이야말로 회사를 이끌어갈 완벽한 차기 리더임을 확신했다.

일본에서 경영하려면 '문화 융합'을 시도하라

일본에서 경영을 하려면 꼭 염두에 두어야 할 사항이 있다. 바로 외국인 경영자는 환영받지 못한다는 점이다. 그러나 전기 작가인 윌리엄 맨체스터William Manchester에 따르면 2차 세계대전 당시 '미국판 카이사르'처럼 일본을 통치했던 더글러스 맥아더Duoglas MacArtheur

장군만큼은 예외였다고 한다. 맥아더 장군은 일본을 민주주의와 재건의 길로 이끈 인물이기 때문이다. 일본에서 외국인이 고위 경영진 자리를 차지한 경우는 거의 없다. 일본 사업가들은 열성적으로 배우는 것으로 유명하다. 이들은 심지어 경쟁 상대로부터도 배운다. 그래서 일본인들은 품질과 성능이 탁월한 제품을 만들어낼 수 있다. 그러나 이들은 외국인들이 경쟁 가치가 없다고 생각한다. 하지만 카를로스 곤은 이 모든 것을 바꾸었다. 물론 결론은 좋았지만, 그 과정만큼은 결코 녹록하지 않았다.

사실 카를로스 곤조차 확신을 갖지 못했다. 곤 자신도 호기심과 회의가 동시에 들었다고 한다. "일본에 진출한 외국인이 원래 시스템을 손톱만큼이라도 바꾸는 것이 불가능할지도 모른다는 생각이 들었다"라고 곤은 말한다. 이러한 거부감은 일본인들 사이에서는 흔한 일이었다. 정말 절실한 상태에 놓이지 않는 한, 일본의 조직들은 현실에 안주하여 이를 유지하기 위해 애쓴다. 그래서 곤은 맞서 싸우기보다는 '닛산 자동차는 내부부터 변해야 한다'는 것을 깨달았다. 곤은 실제로 일본어를 배우기도 했지만, 무엇보다도 닛산 자동차의 모든 조직원이 이해할 수 있는 '경영'으로 의사를 전달했다. 그와 그의 팀은 계획을 짜고 기준을 마련하여 사람들이 책임감을 갖게 하는 데 주력했다.

곤은 먼저 '백지'부터 시작했다. 부채와 사기 저하로 들끓는 조직을 구하기 위해 뛰어들려면 우선 그 조직의 구성원들에 대해 심도 있게 이해하고 있어야 한다. 닛산 자동차의 재정 상태는 시장 점유율 하락, 수익 감소 그리고 220억 달러에 달하는 부채로 인해 심하게 압박을 받고 있었다. 그는 닛산의 구성원들을 잘 몰랐다. 곤은 자신의 시스템을 그들에게 적용하기보다는 사람들을 일일이 알아가는 데 1999년 부임 이후 3개월을 소진했다. 데이비드 마지David Magee는 『회생turnaround』에서, 곤은 전 세계에 퍼져 있는 각 사업장을 돌며 설비를 보고, 사람들과 안면을 텄다고 전한다. 그는 사람들에게 질문하고, 근로자들로부터 아이디어를 구한다는 사실을 알렸다. 그러기 위해서는 엄청난 훈련이 필요했다. 혼돈 상태에 질서를 부여하는 경지까지 올라야 하기 때문이었다. 사실 곤은 해결책을 제시하지 않았다는 이유로 일부 언론으로부터 비판을 받기도 했다. 하지만 결국 그는 프랑스에서 날아와 닛산을 구해낸 유명한 '원가 절감의 귀재'로 등극한다. 곤은 해결책을 알고 있었지만, 닛산 자동차가 할 수 있는 것이 무엇인지 먼저 파악하고 싶었다.

곤은 부임하자마자 곧장 미쉐린 브라질과 미국 사업장에서 근무하던 시절에 고안한 '문화 융합'을 시도했다. 그는 닛산 자동차에서는 오히려 한 발짝 더 나아가 다른 여러 분야의 직원들을 모아서 복합 기능 팀을 구성했다. 엔지니어링, 재무, 마케팅 분야의 직원들을 한데 묶어 드림 팀을 창단한 것이다. 그러한 융합을 통해 신선한 눈으로 해결책을 제시할 뿐만 아니라 문제를 보는 여러 가지 관점을 제안할 수 있었다. 그는 복합 기능 팀에 프랑스인들을 추가로 투입했다. 곤은 복합 기능 팀을 순조롭게 출항시키고 닛산의 근로자들을 파악한 후, 회생 계획에 착수하여 부채 청산, 비용 절감, 행동강령 삭제 그리고 수익성을 회복하기 위해 도전한다. 또한 '계획을 달성하지 못하면 자신은 물론 자신이 직접 출범시킨 경영진 전원이 사임하겠다'라는 개인 공약도 내건다.

정열적인 실천이 성공을 부른다

계획만큼 실천도 중요하며, 이때 커뮤니케이션은 매우 중요한 역할을 한다. 여러 차례 기업회생을 이끈 곤은 앞으로 펼쳐질 일에 대해서도 훤히 꿰뚫는 능력이 있었으므로 커뮤니케이션의 중요성을 알고 있었다. 특히 여러 문화가 복합된 상황일수록 커뮤니케이션은 더욱 중요했다. 결국 언어가 핵심 이슈가 되었다. 동시통역으로 인해 회의시간이 길어질 것이라는 우려의 목소리가 나오자 결국 어쩔 수 없이 영어를 공용어로 사용하기로 했다. 영어는 일본과 프랑스 어느 쪽의 모국어도 아니었지만, 국제 비즈니스 언어이기 때문이었다.

후에 닛산 관리자들은 핵심 비즈니스 단어 40개를 기록한 사전을 만들었고, 모두가 이 단어들만큼은 확실히 알게 되었다고 곤은 전한다. 그 사전에는 '집중'과 '헌신'이라는 단어도 들어 있었다. 집중은 특정 사안에 주의를 모으는 것이며, 헌신은 실행하겠다는 '약속'이다.

기업회생을 위해서는 반드시 일관성을 유지해야 한다. 모든 관리자들은 기대치를 정하고, 목표달성을 위해 최선을 다해야 하지만, 다른 문화에 적응하는 경영자라면 더더욱 이런 자세를 갖추어야 한다. "특히 어려운 시기에는 경영의 일관성이 매우 절실하다. 조직원들이 경영자의 행보를 어느 정도 예측하고 싶어 하기 때문이다"라고 곤은 말한다. 그러한 일관성은 조직원들로 하여금 리더의 반응을 정확히 파악할 수 있게 함으로써 그들의 결정에 힘을 실어준다.

리더는 일관성 있게 말해야 하며, 구성원들은 이에 빠르게 대응해야 한다. 그러나 경영진이 느끼는 속도와 실무진이 반응하는 속도는 다르다. 이 때문에 긴박성이 분명하게 반복적으로 전달되어야 하는데, 관리자들에게 권한을 위임하여 속도를 개선시킬 수 있다. 이는 당시 일본에서는 극단적인 방법이었으므로 관리자들을 주저하게 만들었다. 프랑스 출신 팀 역시 확신을 갖지 못했다. 하지만 일본 관리자들이 재빨리 용기를 내어 그 방법을 실행시켰고 결국 성공에 이르렀다.

닛산 자동차는 인력을 삭감해야 했다. 그 인원은 총 2만 1,000명에 달했다. 닛산의 노조위원장인 마키라 다카후라Akira Takahura는 수년 뒤 "곤 회장은 무라야마 공장을 폐쇄할 때, 근로자들의 요구사항을 최선을 다해 수용했다"라고 회상한다. 그는 강제 해고를 피하기 위해 근로자들에게 전환 배치, 명예퇴직, 다른 사업장으로의 전근이라는 세 가지 선택권을 주었다. 전근을 선택한 근로자들에게는 한 달에 세 번, 집으로 오는 교통비를 지급했다. 일본에서는 이런 경우에 교통비를 한 달에 한 번 지급하는 것이 일반적이었다. 다카후라에 따르면 그 당시 닛산 자동차의 해임 인원 2만 1,000명 가운데 강제 해고는 단 한 명도 없었다고 한다. 자연감소와 명예퇴직을 통해 인력감축을 실시했기 때문이다.

닛산 자동차의 회생이 야심차게 준비되고 있었다. 당초에는 3년의 기한을 잡았지만, 성과를 달성하는 데는 1년도 채 걸리지 않았다. 그야말로 기적이 일어난 셈이다. 기적을 일궈낸 곤은 CEO로 임명되었다. 하지만 그는 회장으로서의 임기를 COO, 즉 최고 운영 책임자라는 타이틀로 시작한다. 일본의 경영문화를 존중하는 차원에서 회장과 CEO 자리는 일본인에게 내주었다. 2년도 채 안 되어 닛산은 절반이 넘는 부채를 갚

왔고, 기록적인 수익을 올리며 수익성을 회복했다. 2년 전 57억 달러의 적자를 기록했던 이 회사는 2001년 회계연도에는 30억 달러의 흑자를 기록했다. 2002년에 곤은 닛산의 회생이 '완료' 되었다고 발표하면서, 이 모든 성공이 닛산의 근로자 덕분이라고 공을 돌렸다.

그는 여러 가지 업적을 이룩했지만, 미래를 준비하는 차원에서 성공적인 신차 출시와 신제품을 준비했다는 점에서 특히 주목할 만하다. CEO라면 원가 절감만으로 장기간 동안 수익을 내는 것은 불가능하다는 것을 잘 알고 있다. 닛산은 기적처럼 시장에서의 제품위상을 되찾았다. 신차 알티마Altima는 2002년 북미 국제 자동차쇼North American International Auto show에서 '올해의 자동차' 로 선정되는 영광을 안았다. 그리고 얼마 지나지 않아 신 G35가 세간의 스포트라이트를 받으며 출시되어 엄청난 매출을 기록했다.

닛산의 강점은 디자인이었다. 닛산에게 디자인은 복합문화의 진수이다. 일본 본사의 디자이너들과 미국 캘리포니아 샌디에이고에 있는 닛산 국제 디자인 센터Nissan Center International Studio 디자이너들이 공동으로 작업하기 때문이다. 시로 나카무라Shiro Nakamura가 이스즈Isuzu에서 닛산 자동차 디자인 팀장으로 전격 스카우트되었다. 곤의 생각과 마찬가지로 나카무라는 닛산의 핵심 원동력으로 '디자인' 을 꼽았다. 곤은 자동차 디자인이 브랜드를 주도하고, 결국 사람들을 전시장으로 이끈다는 것을 알았다. 사람들은 새로운 것, 흥미로운 것을 보고 싶어 하기 때문이다.

닛산 자동차에서의 성공으로 곤은 일본 만화 주인공에서 『포춘 Fortune』의 '2002년 올해의 아시아 경영인' 에 선정되면서 경영 아이콘으로 부상했다. 또한『자동차 뉴스*Automotive News*』에서 주최한 올해의 산업 리더와 아시아 최고 CEO에 2001년, 2002년 연속 선정되는 영광을 누렸다. 일본에서 출간한 그의 자서전은 베스트셀러 반열에 올랐다. 그러나 그는 이러한 성공에도 절대 자만하지 않고 미래에 집중했다. 2002년 4월, 닛산 회생 프로젝트를 마친 후 곤과 그의 팀은 또 다른 계획을 세운다. 이것이 바로 '닛산 180' 프로젝트였다. 이는 2004년 회계연도 말까지 100만 대 이상 매출, 투자 이익률 8퍼센트 증대, 채무 제로를 달성한다는 의미이다. 그는 이 역시 달성해내는 기염을 토했다.

조직원들의 열정과 흥미를 유발하는 기회를 제공하라

곤에게 회생은 성공문화의 창조이다. 저서『변화: 닛산의 역사적 회생은 안에서부터*Shift : Inside Nissan' Historic Revival*』에서 곤은, 르노가 닛산의 문화를 바꾸려 한 것이 아니라 환경이 변화를 주도했다고 밝힌다. 닛산에서 혼돈은 일시적인 풍조 그 이상이었다. 이런 혼돈으로 '나와는 상관없는 일'이라는 정신이 팽배해 있었다. 사람들은 목표를 명확히 알지 못했고, 수익은 추상적인 것에 불과했다. 곤과 그의 팀은 성과 문화와 책임 문화를 만들어내면서 이러한 사고방식을 바꾸어나갔다.

곤은 미래를 짊어지고 나갈 리더의 개발은 경영진의 책임이라고 확신한다. "내일의 리더들은 오늘의 도전을 겪으며 다져진다. 그들은 도전을 겪는 과정에서 문제해결 능력의 향상과 경험을 통한 학습이라는 두 가지 목적을 달성하게 된다"라고 곤은 말한다. 가장 중요한 것은 성과이다. 일본 관리자들은 늦게까지 야근하는 것으로 유명하다. 이른바 자리를 지키고 앉아 있는 것이다. 그러나 곤이 지적하듯 자리 지키기와 생산성은 별개의 문제이다. 일을 제대로 처리하는 것이 가장 중요하다. 대신 조직은 구성원들을 정직하게 대하며, 이들이 조직 내에서 성장하고 보상받을 수 있는 기회를 제공해야 한다. 무엇보다도 곤이 변화를 주도할 수 있었던 이유는, '실적 개선을 향한 빠른 소생' 이외에는 별다른 도리가 없었고 '일본은 대변혁의 준비'가 되어 있었기 때문이다.

곤은 CEO로서 책임감을 통감한다. "CEO의 일차적인 사회적 책임은 바로 회사의 리더가 되는 것이다." 곤은 고위직 리더들을 비롯한 모든 조직원들과 명확한 커뮤니케이션을 주고받는 것이 자신의 임무라고 생각한다. 곤은 이 일본 자동차 회사에 부임한 이후 초창기에 일선 근로자들과 많은 시간을 함께 보냈다. 말 그대로 기본부터 다지는 것이 중요하기 때문이다. 또한 근로자들이 의무를 알고 있는지 확인해야 했다. 즉 개개인 그리고 팀으로서 각자 제몫을 다하여 '회사에서 비전을 이어간다'는 것을 확인하는 것이다. 보상은 단순히 '더 많은 금전적 보상'이 아니라 승진 기회의 형태로 마련되었다. 또한 경영자는 근로자들의 근무 조건을 개선시킬 책임이 있다. 인간적 편의를 도모하는 차원에서 근로자들을 지원하는 것도 중요하기 때문이다. 결과적으로 곤이 말하는 CEO는 '명백함과 열망 그리고 장단기 목표를 조절하는 전략가'이다. 조직원들이 미래에 대해 열정과 흥미를 갖도록 말이다.

곤은 아웃사이더가 의미하는 바를 잘 안다. "나는 늘 다르다는 생각을 했다. 사람들을 통합하기 위해 노력하고, 환경을 이해하기 위해 최선을 다해야 한다." 이러한 관점을 통해 곤은 인간적인 조건에 대한 예리한 통찰력을 얻었다. 한 가지 예가 있다. 닛산 자동차의 한 전임 경영진에 따르면, 르노 경영진이 일본 경영진을 질책한 뒤 회사를 그만두게 했다고 한다. 곤은 재빨리 적절한 대응을 취했다. 그는 "그분들을 찾아가 사과하세요. 일본에서는 절대 그러면 안 됩니다. 창 밖으로 뛰어내릴지도 모릅니다"라고 지시했다.

곤은 탁월한 유머감각을 지녔다. 이는 그의 또 다른 매력이다. 일본에서 이상적인 남편감을 뽑는 조사를 실시했을 때 곤은 유명 농구선수의 뒤를 이어 2위로 뽑히기도 했다. 비즈니스맨, 특히 외국인 비즈니스맨으로서는 거의 드문 일이었다. 심지어 곤과 결혼하고 싶어 하는 여성들도 있었다. 이미 결혼해서 네 명의 자녀를 둔 그는 손자들에게 이야기하는 장면을 상상해본다. "만약 손자들이 나에게 흉측하다거나 비호감이라고 말하면 나는 손자들에게 이렇게 말할 겁니다. '참 유감인데 말이다, 이 설문조사를 보니 많은 여성들이 나와 함께 시간을 보내고 싶어 했던 것 같구나. 심지어 여생을 함께 보냈으면 하는 이들도 있던 걸.'"

곤의 아이들은 그가 일본에서 유명인사로 대접받는 것을 반겼다. 곤은 베스트셀러 『르네상스Renaissance』를 출판하면서 실물사진이 담긴 포스터도 함께 만든 적이 있었다. 그러자 그의 아이들이 사진을 달라고 졸라댔었는데, 받은 지 얼마 되지 않아 그 사진은 휴지통에 나뒹굴었다고 한다. 그는 이 일화를 통해 자신의 명성이 그만큼 반짝한 것에 불과했다고 전하면서 겸손함을 보여주고 있다.

르노의 CEO가 된 곤은 겸손의 미덕을 잊어서는 안 된다. 프랑스에서 CEO는 유명인사가 아니다. 무리에서 튀는 사람들은 영웅이 아니라, 단지 목표물에 불과하다. 프랑스 노조는 거친 협상으로 악명이 높다. 이에 프랑스의 한 노조 위원장은 "곤 회장이 인력 삭감을 당연한 것으로 생각하지 않았으면 한다"라고 말했다. 또 다른 노조원은 『월스트리트 저널』과의 인터뷰에서 "공장폐쇄나 인력감축 계획에 대해 거친 반감이 들끓고 있다"라고 밝혔다. 다행히도 2005년 르노의 사정은 1999년 닛산보다는 좀 나았다. 그러나 증시 분석가들은 곤 회장이 변화를 시도할 것으로 예상한다. 르노의 영업 이익은 6퍼센트 이하로 닛산보다 4포인트나 낮다. 또한 곤은, 2005년 5월 르노의 CEO로 부임하기 직전에 과거의 효과적이었던 전략을 강조했다. '백지' 상태에서 그 어떤 선입견도 갖지 않고 시작하겠다는 말이다.

올바른 방법이 인정받는다

현재 두 개의 자동차 업체를 이끄는 회장으로서 새롭게 도전하는 곤 회장은 파리에 근거를 두고 일본과 미국에서 경영활동을 하면서 시간을 보낸다. '성공은 국적도 초월한다. 무엇보다 성과 달성이 중요하다.' 이는 성공하는 법을 알고 있는, 일에 파묻혀 지내는 리더들이 주로 하는 말이다. 자동차 산업은 회복과 몰락이 모두 눈 깜짝할 사이에 변화하므로 경영자들은 변화에 집중해야 한다. 만일 경영자들이 변화에 잘못 대응하면 그 결과는 회사에 엄청난 해를 불러일으킨다. 곤 역시 이에 동의한다. "좋은 순간에는 나쁜 기억을 떠올려라. 현실적인 감각을 유지하는 데 도움이 된다. 그리고 나쁜 상황에 직면하면 좋았던 순간을 떠올려라. 어려움을 견디는 데 도움이 될 것이다."

카를로스 곤은 올바른 방법으로 성과를 달성한다. 그러므로 좋은 뉴스가 들리고, 늘 언론과 직원들의 응원을 받는다. 이는 그가 사람들과 맞서는 게 아니라 그들과 함께 이뤄내기 때문이다. 수많은 경영진들이 이를 어려운 일이라 여긴다. 그러나 곤은 일본어를 포함해 5개 국어를 하고, 3개 국의 문화를 오가며 맡은 바 책임을 다한다. 여기에는 이민자 출신이라는 것이 어느 정도 도움이 되었겠지만, 다른 사람들과 함께 어울려 옳은 방법으로만 달성하겠다는 자기 자신과의 약속이 더 큰 역할을 했을 것이다. 그는 가능성을 보여주는 이야기를 들려주며, 이러한 가능성은 그의 성과로 확인되었다.

❖ 가시적으로 하라

카를로스 곤은 닛산에 부임해 직원들이 자신을 볼 수 있고, 자신의 말을 들을 수 있도록 부단히 노력했다.

❖ 조직원들의 말에 귀를 기울여라

리더십을 실행하려면 반드시 조직을 알아야 한다. 곤은 닛산의 근로자들에게 물어보며 대답을 듣는 데 수개월을 보냈다.

❖ 강점을 이용하라

복합 기능 팀은 닛산 자동차의 회생에 크게 기여했다. 이들은 조직 전체에 노하우와 기술을 전파함으로써 새로운 관점과 강력한 아이디어를 모두가 이용할 수 있게 했다.

❖ 조직원들을 키워라

어떤 조직이든 조직 내부에서도 얼마든지 성공을 일궈낼 수 있다. 곤은 닛산 자동차의 직원들에게 회생을 맡겼고, 조직 내에서 인재를 육성한다.

❖ 다른 이를 존중하라

일본은 전통을 숭배한다. 곤은 광속도로 닛산을 변화시키면서도 전통만큼은 존중했다. 근로자들의 능력과 권리를 존중해야 조직 내부로부터 변화를 인정받을 수 있다.

❖ 불가능한 일을 가능하게 만들어라

처음 카를로스 곤이 일본에서 성공할 확률은 매우 희박했다. 특히 경영과 문화적 차이가 장애물이었다. 곤은 사람들에게 집중하여 그들이 결과에 헌신하도록 노력했고, 결국 성공을 일궈냈다.

열망을 자극하라

비전 – 조직이 나아가야 할 방향
조정 – 조직이 비전을 달성하는 방법

사람들은 현재 자신의 위치보다 좀더 높은 곳에 소속되고 싶어 한다. 에이브러햄 링컨의 말처럼, 사람들은 '더 나은 쪽으로 끌리는' 조직에 공헌하고 싶어 한다. 그래서 리더는 조직이 나아가야 할 곳과 그 과정에서 궤도를 이탈하지 않고 종점에 무사히 도달할 방법을 명백히 설명해야 한다.

영화감독
Steven Spielberg

미시간 주 주지사
Jennifer Granholm

제록스 CEO
Anne Mulcahy

애리조나 주 상원의원
Jonh McCain

전 IBM CEO
Lou Gerstner

르노–닛산 자동차 CEO
Carlos Ghosn

애플 컴퓨터 CEO
Steve Jobs

NFL 뉴잉글랜드 패트리어츠 감독
Bill Belichick

이베이 CEO
Meg Whitman

유능한 재담꾼, 스티브 잡스의 비전

"이 시대에는 기술에 대한 의존도가 점점 더 높아지고 있다.
처음 접할 때는 놀랍고 신기하지만 곧 사용법을 쉽게 터득할 수 있는
기술을 소개하는 것, 이것이 바로 애플 컴퓨터의 핵심 역량이다."
- 스티브 잡스(애플 컴퓨터 CEO)

과감한 비전을 세워라

군 장교 출신들이 설립한 조직이 있다. 이 조직은 장군이라는 용어를 그대로 사용하면서 조직원들에게 굳은 맹세와 가혹할 정도의 헌신을 강요한다. 또한 거리낌 없이 의견을 표현하다가 수도 없이 추방당하기도 했다. 이 조직은 400년에 걸쳐 사랑, 인간애, 봉사를 최고 가치로 여기며, 가르치고 섬기는 것을 비전으로 삼고 있다. 이 조직은 다름

아닌 성 이냐시오 로욜라Ignatius Loyola가 16세기 스페인에서 창단한 종교단체 '예수회'이다.

오늘날 예수회는 전 세계 문화권에 존재한다. 대학, 정부, 병원 심지어 기독교 교구에서도 예수회를 만날 수 있다. 종교단체인 예수회는 다양한 단련을 거쳐 그들의 사역인 '봉사'를 실천한다. 이들은 무엇보다도 교육자를 자처한다. 이미 전 세계에 많은 예수회 학교를 설립했으며, 워싱턴 D.C.에 있는 조지타운Georgetown 대학도 그 가운데 하나이다.

기독교, 이슬람교, 불교, 유대교 등 모든 종교단체는 엄격한 규범을 고수한다. 특히 이러한 규범은 옷차림, 관습, 문화에서 주로 드러난다. 그러나 예수회는 다르다. 물론 일부 예수회 교인들은 그들만의 공동체를 형성해서 살기도 하지만 일반 속세 혹은 기독교 교구에서 거주하는 사람들도 있다. 그러나 이들은 신과 예수회를 향한 헌신으로 하나가 된다. 이들의 비전은 다른 사역을 통해 신께 헌신하는 것이다. 이러한 사역은 끝이 있기는 하지만, 그 끝이 언제인지 모르므로 개인적인 것이 될 수도 있다. 예수회의 교인들은 틈틈이 학구적인 삶을 살면서, 농업에서 의학 분야에 이르기까지 다양한 직업에 종사한다. 예수회 교인이 되기란 쉽지 않다. 대학을 졸업한 이후에나 예수회의 일원이 되는 과정을 시작할 수 있으며, 이 과정에는 장장 12년이라는 긴 세월이 소요되기 때문이다. 이 기간 동안에 종교적인 훈련보다는 석사 수준의 교육과 신학 그리고 공동체 섬김 등을 골고루 배운다. 예수 그리스도는 33세에 돌아가셨다. 따라서 예수회에서는 이 나이에 성직을 수임한다. 모든 예수회 형제들이 성직을 수임하지는 않는다. 공동체에서 다른 중요한 임무를 맡는 이들도 상당수이다.

17세기 예수회 사제이자 이상주의적 경영 사상가인 발타자르 그라시안 Baltasar Grascian은 위대함에 대해 말하면서 열망이라는 개념을 잘 표현했다.

위대한 사람들은 현세에서 인정받기 마련이다. 하지만 모두가 그렇지만은 않다. 어떤 이들은 후세에 가서 더욱 빛을 발하기도 한다. 진정한 학자는 영원히 기억되므로 이 시대가 그를 알아보지 못한다 해도 후세에 가서 진가를 발휘할 수 있다.

시대가 지나도 변하지 않으며, 섬김의 비전을 세우고 달성할 수 있는 규칙을 만들어라.

영화 속에서 영웅을 연기한다고 해서 실생활에서도 그렇게 살기란 거의 불가능하다. 영화배우 크리스토퍼 리브Christopher Reeve를 제외하고 말이다. 196센티미터의 장신에다 근육질의 미남인 크리스토퍼 리브는 영화 속 슈퍼맨에 딱 들어맞는 배우였다. 하지만 슈퍼맨의 또 다른 자아, 클락 켄트Clark Kent야말로 마음 약하고, 농담 잘하며, 맡은 바 임무에 최선을 다하는 리브의 실제 모습을 잘 보여준다. 그 당시 리브는 '영웅이란 뒤따르는 결론과 상관없이 물불 안 가리고 용기 있게 희생하는 사람'이라고 생각했다. 줄리어드 대학 출신인 리브는 연극과 영화를 넘나드는 유능한 배우였고, 영화 「슈퍼맨」과 속편들의 성공 이후에 '고정된 이미지에서 벗어나기' 위해 다양한 역할을 하려고 애썼다.

하지만 리브는, 1995년 5월 불의의 낙마 사고로 사지가 마비되고 말았다. 그후 그는 신체마비 장애인의 존엄성과 권리를 옹호하는 데 온몸을 불사른다. 그는 척추 손상으로 목 아래의 신체를 움직일 수 없게 된데다 호흡기 없이는 숨쉬기도 어려운 형편에 놓이고 말았다. 그는 한때 자살을 기도하기도 했지만, 아이들의 얼굴이 떠올라 차마 목숨을 끊을 수가 없었다고 한다. 스키와 보트 조종, 승마에 이르기까지 스포츠광으로서 경쟁을 즐겼던 그는 모든 정신력을 건강 회복에 쏟았다. 척추 손상은 심각했지만, 일부 신경은 살아 있었다. 그는 신경을 자극하고 근육을 정상으로 유지하지 위해 열심히 재활훈련을 했다. 재활운동은 가혹했다. 그러나 이 가혹함은 자신을 소생시키고, 할 수 있다는 믿음을 갖기 위해 참아내야 할 대가였다. 이것이 바로 그의 웅대한 비전이 되었다.

휠체어에서 일어서지도 못하는 처지였지만, 리브는 열심히 대중에게 얼굴을 비췄다. 의회에 로비도 하고, 1996년에는 미국 민주당 전당대회에서 연설을 하기도 했다. 2003년에는 『사이콜로지 투데이*Psychology Today*』라는 의학잡지에 그의 인터뷰 기사가 실리기도 했다. "여러분이 휠체어에 앉아 있다 해도, 자신의 주장을 굽히지 말고 활발히 활동해야 합니다." 리브는 사고 후, 신경세포 재생에 줄기세포를 이용하는 연구의 허가를 얻기 위해 여론에 호소할 때만 대외활동을 했다. 이러한 활동의 일환으로 2004년 10월 표창장을 받기 위해 시카고로 향했던 그는 그후 일주일이 지나 세상을 뜨고 말았다.

그는 또한 척추연구기금 마련을 위해서도 활발히 활동했다. 그가 세상을 떴을 때 크리스토퍼 리브 마비 재단Christoper Reeve Paralysis

Foundation은 연구비로 4,650만 달러 이상을 모금했다. "그는 현실 속의 슈퍼맨이 되었다"라고 영국의 의학연구회Medical Research Council CEO인 콜린 블레이크모어Colin Blakemore는 말했다. 또 영국 척추손상협회Spinal Injuries Association의 폴 스미스Paul Smith는 이렇게 말했다. "그의 용기, 그의 영웅적인 모습은 정말 훌륭했다. 리브야말로 이 시대의 진정한 승리자이다. 척추 손상이라는 말을 생각하는 동시에 크리스토퍼 리브가 저절로 떠오를 정도다." 리브의 예는 긍정적인 변화를 이끌어냈다. "그는 능력의 한계를 점차 확대해나갔으며, 그가 없었다면 지금까지 달성해온 성과는 꿈도 꾸지 못했을 것이다"라고 스미스는 덧붙였다.

척추 손상으로 마비된 후에도 리브는 연기와 영화 연출을 포기하지 않았다. 휠체어를 탄 한 사진사가 살인을 목격한 이야기를 그린 리메이크 영화 「이창Rear Window」에서 그는 매우 인상적인 배역을 맡았다. 그는 접사 촬영에 집중하면서 독백과 얼굴 표정을 이용하여 살인자를 법의 처벌을 받도록 하려는 힘겨운 몸부림을 그려냈다. 열한 살짜리 사지마비 어린 소녀가 신체장애를 극복하고 하버드를 졸업한다는 내용의 영화 「더 브룩 앨리슨 스토리Brooke Ellison Story」가 그의 유작이 되었으며, 그는 마지막까지 최선을 다했다.

리브는 현실주의자였다. 실제로 그는 아침마다 깨어나 울부짖었으며, 생각만큼 몸이 회복되지 않아 회전벨트 운동기구, 자전거 타기 같은 재활운동을 포기한 적도 있었다고 한다. 또한 그가 생각하는 영웅이란 『이코노미스트』의 표현처럼 '단순히 참아내는 이'라고 생각하기에 이르기도 했다. 그는 세상을 뜨기 바로 직전에 오프라 윈프리Oprah Winfrey와의 인터뷰에서 그는 다시 걷고 싶다고 말했다. 만약 그럴 수 없다면 어떻게 하겠느냐는 윈프리의 질문에 그는 "그러면 지금처럼 그냥 못 걷는 거죠" 라고 대답했다. 결국 리브는 다시 걷지 못했다. 그러나 마비 치료와 연구를 위해서 그는 큰 걸음을 내딛었다. 몸이 정상이 아니어도 용기를 낼 수 있음을 보여주기 위해 영화에서 그리고 현실에서 최선을 다했다. 중요한 것은 신체가 아니라 우리의 마음이다. 크리스토퍼 리브의 용기는 슈퍼 영웅다웠으며, 그의 비전은 계속될 것이다. 지금 이 순간에도 분명 어디에선가 우리의 슈퍼맨은 미소 짓고 있을 것이다.

리더는 조직에 올바른 방향을 제시해야 한다. 리더가 어떤 방향을 제시하는지에 따라 성공과 실패가 달려 있다. 예수회의 일원들에게는 대학 설립, 봉사활동, 법, 과학, 의학연구도 비전이 될 수 있다. 크리스토퍼 리브에게 비전은 개인적인 것이면서 동시에 조직 전체를 위한 것이다. 신체장애를 떨쳐버리기 위한 그의 눈물겨운 노력으로 인해 다른 이들도 '할 수 있다' 는 자극을 받았으며, 가치 있는 목표 달성을 위해 기금도 마련할 수 있었다. 사람들에게 목적지에 대한 열망을 심어주기 위해 목적지의 그림을 명확히 그려주는 것이 리더의 몫이다.

비전은 출발점이다. 출발점으로서 비전은 조직의 현재뿐 아니라 미래의 모습까지 내다볼 수 있도록 이끌고나가야 한다. 또한 비전은 기대를 불러일으킨다. 인간은 본성적으로 일어날 일에 대한 메시지를 수용한다. 예를 들어 빌 게이츠Bill Gates는 1995년 12월 7일 마이크로소프트Micro-soft가 인터넷에 집중할 것이라고 발표했고, 이에 따라 비전이 과거보다 더 명확해질 것이라고 밝혔다. 빌 게이츠는 이미 엄청난 성공을 이룩했음에도 인터넷 사업으로 영역을 확장하면 더 밝은 미래가 펼쳐질 것이라고 확신했다. 그로부터 10년이 지난 지금 마이크로소프트사는 디지털 정보 검색 분야에서 일인자 자리를 놓고 구글Google과 경쟁하고 있다. 이 디지털 검색 분야는 정보와 상업거래에서 보여준 인터넷 혁명의 힘을 개인에게 실어줄 수 있는 중요한 분야이다. 보통 성공하고 나면 조직적인 타성이 뒤따르게 마련이다. 그러나 빌 게이츠의 이러한 미래 전망을 보면 마이크로소프트사는 조직적 매너리즘을 피해왔다는 사실을 알 수 있다. 바로 이 점을 눈여겨봐야 한다.

단순성과 웅대함의 균형을 유지하라

본래 비전은 숭고하다. 사람들이 또 다른 목적지를 향해 옮겨갈 수 있도록 자극하는 것이 비전의 역할이다. 말과 마찬가지로 영감이 고취된 찬양 역시 우리의 잠재의식의 메아리에서 나올 수 있다는 사실은 참으로 경이로운 일이다. 그러나 비전이 상상에서 현실로 바뀌려면 간단하고도 직접적인 설명이 필요하다. 예를 들어 '우리는 건강관리용 IT 시스템 생산의 일인자가 되는 것이 목표이다' 또는 '우리는 신장질환 치료법의 대표주자가 될 것이다' 라는 내용을 비전으로 삼는다고 하자. '건강관리용 IT 시스템', '신장질환 치료법' 등의 표현은 한정적이면서도 직접적이다. 그래서 근로자들이 한눈에 읽고 소화해낼 수 있으며, 비전을 길이 기억할 수 있다. 단순하게 출발하자. 비전을 고심할 때 리더는 아래와 같은 사항들을 고려해야 한다.

❖ 크게 생각하라

표현을 단순화했다고 해서 웅대함을 무시하는 것은 아니다. 가장 많이 인용되는 예로 존 F. 케네디의 도전을 들 수 있다. 1960년대 말까지 달에 유인 우주선을 발사하고, 지구로 무사히 귀환시키는 것이 그의 도전이었다. 말로는 간단하지만 이는 수천 명의 헌신적인 노력과 해당 인프라 구조의 건설 그리고 수십억의 투자가 필요했다. 빌 클린턴 대통령도 비전을 제시했다. 즉 국민들이 건강보험에 가입하지 않아도 건강관리를 제공하겠다는 것이었다. 이 비전은 간단했으나 모호했다. 훌륭한 생각임에는 틀림없지만, 행동으로 이끌 수 있는 정신이 깃들어 있지 않았다. 게다가 클린턴 대통령은 그 발의권 통과를 결정하는 의회에 의견을 묻지도 않았다. 행정부 내에서 계획만 구상했던 것이다. 결과적으로 이 발의권은 당파 싸움의 희생양이 되어 의회에서 흐지부지 표류하게 되었다. 앞서 말했듯이 비전을 통해 사람들은 생각의 폭을 넓혀야 하고, 가능성을 구체화하며, 비전에서 자신의 역할을 고심할 수 있어야 한다. 비전을 성공시키려면 생각을 크게 해야 한다. 이와 관련해, 스티브 잡스는 비전의 그림을 크게 그리는 거장으로 인정받는다. 잡스의 커뮤니케이션은, 기자에게나 애플 컴퓨터의 회의석상에서나 상관없이 PC나 아이팟iPod과 같은 애플 컴퓨터의 제품으로 맞이하게 될 미래의 잠재성으로 넘쳐난다.

♣ 비전에 집중하라

크고 방대한 비전일수록 비전을 초점의 대상으로 만드는 것은 리더에게 달려 있다. '여우는 많은 것을 알고 있다. 그렇지만 고슴도치는 큰 것 하나밖에 모른다' 라는 그리스 격언이 있다. 이 말은 이사야 베를린Isaiah Berlin이 처음 인용하면서 유명해졌고, 작가이자 컨설턴트인 짐 콜린스Jim Collins가 이 말을 인용했다. 큰 비전 하나에 집중하면 리더가 포용하기도 쉽고 조직원들 역시 수월하게 집중할 수 있다. 비전에 집중하면 조정과 실행의 통로가 열리며, 궁극적으로 성과를 달성할 수 있다.

♣ 현실적인 용어로 비전을 표현하라

비전이 웅대할수록 듣는 이들에게 현실적으로 다가서야 한다. 이를 위해, 비전이 달성되면 구체적으로 어떤 모습이 될지를 이야기하라. 업계 최고가 되고 싶은 조직이라면 성과를 통해 얻을 수 있는 결론이 무엇인지 설명하라. 예를 들면 '회사의 제품이 예상보다 더 잘 작동할 것이다' 또는 '소비자들을 지지자로 확보할 수 있다.', '기자들이 앞을 다투어 우리 조직을 취재하고 싶어 할 것이다', '직원들 개개인이 스카우트 대상 1위가 된다', '주식이 매수 추천 종목으로, 블루칩 대접을 받는다' 등이 있을 것이다. 이러한 예문들은 해당 산업 분야에서 리더십이 의미하는 바를 설명하는 명확한 용어이며, 이를 통해 열망을 촉진시킬 수 있다. 이러한 열망은 전략적이지는 않지만 구체적이므로 달성 가능하다는 것을 명심하라. 전략적인 특성은 조정 단계에서 다룰 것이다.

비전은 '내가 그것으로부터 얻을 수 있는 것' 을 뜻한다. 즉 비전을 달성하면 주주들에게 더 나은 조직을 만들 수 있을 것이다. 그리고 보상과 혜택이 따르므로 사람들이 기꺼이 발을 벗고 나선다. 소비자들은 삶을 풍성하게 만들기 위해 우리의 제품과 서비스를 구매한다. 또 주주들은 높은 수익률 때문에 우리 주식을 보유하려 한다.

❖ 비전을 주입하라

리더십은 설득이다. 거론되지 않는 비전은 설득되지 않은 비전이나 마찬가지다. 사람들을 천막 안으로 끌어들여 무슨 일이 벌어지고 있는지 보여주어라. 정당에 상관없이 성공가도를 달리는 정치인들은 자신의 주장을 남들에게 설득시키는 능력이 탁월하다. 마찬가지로 사회봉사 단체나 비영리 단체의 유능한 리더들은 기금을 마련하는 데 뛰어나다. 이들은 각 조직의 의도에 따라 사람들의 마음을 움직이기 때문이다. 이 리더들은 영업사원처럼 비전을 팔고 있는 것이다. 모든 비전에는 자신의 이야기에 일관성을 유지할 수 있는 열정적이고 유능한 영업사원이 필요하다.

❖ 개인적인 용어로 비전에 대해 커뮤니케이션하라

커뮤니케이션에는 관심이 필요하다. 리더는 조직원들에게 그들이 바라는 것이 무엇인지 물어볼 줄 알아야 한다. 비전은 실천을 유도한다. 즉 근무시간을 알리는 사이렌 소리와 같다. 이 때문에 비전은 사람들을 포용하고 있어야 한다. 필 나이트Phil Knight는 경영의 다방면에서 직원들을 참여시켜 나이키Nike를 키워왔다. 그는 커뮤니케이션을 통해 자신의 헌신을 알렸다. 이로써 나이트의 헌신, 참여에 대한 이야기들이 전사에 퍼져나갔다. 비전 자체를 발표하라는 말이 아니다. 비전을 중심으로 엮은 이야기를 통해 근로자들의 참여가 필요하다는 것을 알려야 한다. 리더가 원하는 것에서 직원들이 실현할 수 있는 일로 중심을 이동해야만 비전을 공유할 수 있다.

크게 생각하기부터 집중하기, 결단력 체크, 비전 주입, 비전의 개인화 등 모든 요점사항들을 잘 결합하면 전통적인 리더 수준 이상으로 멀리 내다보는 것이 가능해진다.

공유할 수 있는 비전 만들기

비전을 미션과 연결시켜라. 비전과 미션은 쉽게 구별할 수 없다. 그러나 굳이 구분하자면 비전은 가고자 하는 곳이며, 미션은 비전을 실행하면서 해야 할 일이라고 정의할 수 있다. 미션은 다음 장에서 좀더 자세히 알아보기로 하자. 만일 구성원들을 포섭하지 못하면 비전은 리더한테만 국한되어 리더 혼자서만 달성하는 수준에 그치게 되므로 이는 매우 중요하다. 그러나 리더가 비전 달성 과정을 공개하면 모두에게 합류할 수 있는 기회를 주므로 여러 가지 방법으로 사람들을 끌어들일 수 있다. 다음의 몇 가지를 살펴보자.

❖ 근무지 이외의 장소에서 비전을 유지하라

사람들이 모두 함께 모여 비전에 대해 논의하게 만들어라. 방해물이 적으므로 근무지 이외의 장소가 제일 좋다. 또한 가능하면 디자이너들의 예를 들어라. 디자이너들은 영감을 얻기 위해, 대상에 해당되는 예를 구해다가 주위에 늘어놓는다. 눈에 보이는 예로는 사진, 예술작품, 천 조각, 간단한 장치 등을 들 수 있다. 이들은 이처럼 자기 안에만 갇혀 있지 않고, 주위에 영감을 줄 만한 것을 늘어놓아 뭔가 색다른 것에 집중할 수 있도록 준비를 한다. 비슷한 예로 비전의 성과 증대를 돕는 사람들은 특별활동, 게임, 심지어 가상실험을 통해 사람들에게서 번뜩이는 생각을 이끌어내기 위해 애쓴다. 이러한 비전 실천 과정에는 직원들의 참여가 필수이다.

❖ 비전 맵을 만들어라

말로 표현하기 힘들다면 그림으로 이해시켜라. 달성하고자 하는 것, 장애물, 그리고 이를 극복할 방법이 담겨 있는 비전 맵을 이용하자. 사람들이 함께 모여서 비전 맵을 만들게 하라. 그렇게 하면 눈으로 보는 언어인 사진을 통해 말로 표현하고 싶지 않았던 생각이나 감정을 더욱 자유롭게 털어놓을 것이다. 특히 그림문자를 이용하면 더 수월하다. 사람들이 그림 그리는 것을 힘겨워한다면 생각을 표현해줄 그림을 잡지에서 오려 붙이게 하라.

❖ 비전 이야기를 들려주어라

비전 여행을 차근차근 현실로 만들어라. 미국의 개척자들은 오리건과

캘리포니아를 건너며 여행일지를 기록했다. 그렇게 함으로써 보고, 듣고, 힘겨웠던 일들을 전해주었다. 특히 강을 걸어서 건넜던 일, 전투에서 대승을 거둔 일, 여행 중에 만나거나 유감스럽게 싸우기도 했던 인디언 이야기, 흥미로운 사람들 등 획기적인 사건들을 부각시켰다. 비전 역시 길을 따라가는 여행처럼 이야기를 만들어낼 수 있다. 이 과정에서 일어난 이야기를 사람들이 공유할 수 있도록 하라. 홈페이지에 그 이야기들을 올려보자. 그리고 이러한 과정을 여러 번 반복해라.

조직을 올바른 방향으로 이끄는 비전

지금까지는 조직 전체에 초점을 맞추어 비전을 논의했다. 비전이 수천 명을 이끄는 리더만을 위한 것이라고 생각하면 큰 오산이다. 비전은 각 부서, 팀 그리고 심지어 개개인들에게도 필요하다. 사실 비전을 표현하는 또 다른 말로는 단련이 있다. 모두가 올바른 길로 가야 한다. 크게 생각하기, 집중하기, 자세히 설명하기, 영업사원다운 마인드, 열망 갖기는 국부적 비전, 즉 팀이나 개인 비전 수립의 필수 요소이다.

국부적 비전은 전체 비전을 지원하는 데도 중요한 역할을 한다. 사람들이 비전을 받아들이는 것은 팀과 조직의 리더에게 달려 있다. 비전을 보여주는 것만으로는 충분하지 않다. 조직의 구성원들은 비전을 자신의 것으로 만들어야 한다. 비전을 받아들이는 것은 조정 단계에 해당되지만, 또한 비전 과정에도 해당된다. 리더는 마음을 열고 비전 수립 과정에서 사람들과 공유해야 한다. 중요한 것은, 비전 과정에 참여한 모두를 아우를 수 있는 말로 비전 이야기를 들려주는 것이다. 비전 과정의 일환으로, 다른 사람들의 지원과 참여 없이는 성공할 수 없다는 내용의 이야기를 전해라. CEO가 연단에 서서, 동종업계에서 최고가 되고 싶다고 말하는 것은 너무 상투적이다. 그러나 품질, 서비스, 매출 면에서 일등 회사가 되고 싶다는 목표달성 계획을 제시할 때, 이것이 바로 비전이 되는 것이다.

비전의 공유는 부서를 위한 비전을 만든다는 것을 뜻하기도 한다. 그리고 자신을 그 비전에 맞추어 조정해야 한다. 만약 조직에 비전이 없다면, 회사가 지향하는 데에 맞추어라. 예를 들어 의료장비 제조업체의 정보 담당 이사가 있다. 그의 비전은 정보기술, 즉 IT를 적용하여 회사를 보좌하는 것이다. 이때 그와 조직원들은 회사의 R&D, 조업, 인력관리, 마케팅, 영업, 고객만족 등의 기능을 지원할 수 있는 비전을 만들어내야 한다. 결국 그의 비전은 회사의 목적을 보완해주는 역할을 하게 된다.

리더는 사람들과 규칙적인 커뮤니케이션을 통해 비전을 되풀이해야 한다. 프레젠테이션과 보고를 할 때도 비전을 연결시켜라. 조정을 제시하고 조직원들에게 목적의식을 심어줄 수 있다. 이러한 방법이 사람들에게 아주 엄격한 분위기를 풍길 수도 있으나 실제적으로 좋은 훈육이 된다. 사람들이 비전을 생각하고 명백히 함으로써 비전에 보탬을 줄 수 있다. 이것이 바로 일을 계획에 맞추어 제때 진행하는 방법이다.

비전과 커뮤니케이션

비전은 커뮤니케이션 실행 계획에 중요한 역할을 한다. 리더는 회사의 목표를 알고 있어야 한다. 그래야 조직원들을 더 잘 이끌 수 있으며, 현재 진행하는 일이 회사에 대한 지원이라는 사실을 깨닫고서 성과의 기대치를 정하고 직원들과 협동하여 이에 대한 사후처리를 할 수 있다. 비전에 대해 커뮤니케이션할 때는 아래와 같은 사항을 고려하자.

❖ 비전을 선포하라

비전을 거하게 발표하라. 모든 근로자들이 참여할 수 있는 행사를 기획하라. 사람들이 비전강령에 서명할 수 있도록 맹세의 공간을 만들어라. 지원을 아끼지 않겠다는 뜻을 서명으로 보여주는 것이다.

❖ 비전을 선전하라

그래픽 처리로 비전 강령과 회사 로고를 연결시켜라. 배너와 포스터, 모자나 티셔츠에 그림을 넣어라. 리더의 목표를 사람들에게 알려라.

❖ 비전을 개인화하라

홈페이지에 비전 파트를 만들고, 비전 자체와 비전이 직원들에게 시사하는 바에 대해 코멘트를 달게 하라. 그러한 비전의 개인화를 통해 사람들 비전을 진심으로 지원하게끔 유도한다. 이는 비전 실천에 대한 헌신을 유도하여 사람들로 하여금 비전을 진심으로 지원하게 만든다.

비전, 변화의 추세를 따르라

비전 강령이 완전히 고정된 것은 아니다. 특히 조직 전체보다는 부서의 비전 강령이 그러하다. 새로운 시장으로의 진출, 비전달성 완료 등과 같이 여건이 바뀌면서 비전은 교체될 수도 있다. 목표달성을 위한 실행이 완료되었다면, 조직원들에게 새로운 강령을 전달하라. 예컨대, 부서의 비전으로서 새로운 시스템 통합이 달성되었다면 열망을 자극할 다른 것을 생각해야 한다.

부서 차원의 비전 역시 중요한 역할을 한다. 비전의 촉진을 돕기 때문이다. 한 리더가 더 높은 직급의 리더로부터 부서 차원의 비전에 대한 지원을 요청하려면 적당한 이유를 제시해야 한다. 부서 차원의 비전이 조직의 비전을 보완해주고, 이러한 목적을 달성하기 위해 훌륭한 강령을 마련하는 것은 비전을 세우는 데 튼튼한 밑받침이 된다. 그러나 비전만이 전부는 아니다. 결정적으로 괜찮은 사업이 뒷받침되어야 한다. 결국 온갖 종류의 커뮤니케이션으로 비전을 통합해야 메시지를 올바른 길로 이끌어갈 수 있다.

비전에 헌신을 다하라

마지막 강령으로, 조직은 조직원들에게 비전 강령이나 비전 맵에 서명을 요구한다. 이는 미국 헌법 창시자들이 독립선언서에 서명하는 것과 흡사하다. 서명이라는 행동 자체는 헌신에 대한 가시적인 표시이다. 이 증표를 통해 개개인은 비전을 관리하며 비전을 현실화하겠다는 의지를 보여준다. 비전은 조직 내에 존재하는 자석과도 같다. 리더는 자석에 올바른 방향을 제시하고 사람들로부터 그 방향으로 가겠다는 동의를 받아낼 책임이 있다. 이는 상당히 어려운 일이다. 하지만 꾸준히 커뮤니케이션하고 자주 이야기를 전하면 비로소 비전은 생명력을 얻는다.

비전 스토리 플래너

비전은 가능성이다. 조직의 현재 모습과 미래의 모습은 어떨지 생각해보자. 그리고 아래의 질문을 아우르는 이야기를 그려보자.

❖ 사람들이 새로운 비전에 대한 열망을 유도하는 데 필요한 것은 무엇인가?
❖ 비전 달성을 위해 습득해야 할 것은 무엇인가?
❖ 비전 달성을 위해 리더들이 구성원들에게 요구할 사항은 무엇인가?
❖ 비전 달성을 위해 구성원들에게 동기를 부여할 방법은 무엇인가?

커뮤니케이션 실천 단계(비전)

❖ 열망을 자극하라. 흥미를 유발시켜라.
❖ 이상을 실천에 옮겨라. 무엇을 할지에 집중하라.
❖ 희생에 대해 이야기하라. 사람들이 해야 할 것을 상기시켜라.
❖ 성과를 보여주어라. 꾸준히 커뮤니케이션하고, 비전을 전하고 설득시켜라.

스티브 잡스

컴퓨터 화면에 나타난 그림이 '안녕하세요!' 라고 말했다. 필기체로 쓰인 이 말은 매킨토시 컴퓨터 텔레비전 광고의 시작 부분에 나온다. 1984년 매킨토시가 처음 출시되었던 시절, 컴퓨터는 거추장스러운 기계 취급을 받고 있었다. PC혁명으로 발전을 거듭하고 있었으나 사람들의 흥미를 끌기에는 역부족이었다. 당시 컴퓨터 화면 색깔은 초록색이나 황색이었고, 소프트웨어는 사용하기에 부담스러웠다. 20년이 지난 후 매킨토시는 최고급 그래픽 생성 프로그램, 얇고 매혹적인 노트북, 초소형 스타일까지 완벽한 구성의 제품 라인으로 변화했다. 매킨토시의 변모와 함께, 한 남자도 변화를 거듭했다. 그는 원래 이 회사의 CEO였으나, 한 차례 물러난 뒤 복귀하여 현재 최신 유행을 선도하는 업체들인 애플Apple과 픽사Pixar의 CEO로 변모했다. 그는 기술과 엔터테인먼트를 동시에 끌어안고서 아이튠스 뮤직 스토어iTunes Music Store와 라이센스 협약을 맺었고, 아이팟이라는 전혀 새로운 방식을 통해 음악 다운로드의 합법화를 이끌어냈다.

많은 기업인들이 사업을 성공으로 이끌고 또 다른 사업을 시작한다. 이를 통해 일부 기업가들은 높은 수익을 달성하기도 하지만 동종업계 이외의 분야에서는 잘 알려지지 않는다. 반면 스티브 잡스는 거의 30년 전에 PC혁명을 추진한 이후, 기술의 힘을 빌려 아직까지도 꿈을 현실에 융합시키는 아이디어를 밀어붙이고 있다. 그의 이야기는 순수하고 단순한 비전에서 우러나온 추진력과 야망의 보고 그 자체이다. 이 열정으로 그는 현재의 위치, 앞으로의 방향에 대해 끊임없이 이야기한다. 그는 그야말로 유능한 재담꾼이다.

잡스가 뛰어든 모든 사업은 그 생명을 길게 이어가고 있다. 그의 말을 빌리면 '픽사는 기술적으로 가장 진보한 창의적인 회사이며, 애플 컴퓨터는 기술적으로 특화된 창조적으로 가장 진보한 업체'이다. 애플 컴퓨터는 잡스가 의문형으로 표현한 단 하나의 전제를 경영의 모토로 삼고 있다. '사용자들에게 얼마나 쉬울까? 사용자들에게 얼마나 대단한 것일까?' 픽사는 사람들이 포용할 만한 이야기를 전하는 데 초점을 맞춘다. 「토이 스토리Toy Story」부터 「니모를 찾아서Finding Nemo」, 「인크레더블Incredible」이 그 예이다. 그는 그러한 집중으로 결국 성과를 이루어냈다. 이에 애플 컴퓨터의 2005년 매출은 130억 달러에 달할 것으로 전망된다. 아이튠 iTune은 음악 다운로드 시장에서 70퍼센트 이상의 점유율을 자랑하며, 「니모를 찾아서」는 역대 최고 매출을 올린 애니메이션으로 등극했다.

꿈을 실행하라

가장 중요한 것을 먼저 행하라. 애플 컴퓨터는 전형적인 실리콘밸리 기업이다. 창고에서 청년 두서너 명이 컴퓨터 회사를 차린 이후로 수십억 달러의 가치를 창출하는 업체로 성장한 이 회사는 실리콘밸리의 일하는 방식뿐 아니라 현장 사람들이 일하는 방식, 아니 그 이상을 변화시켰다. 이를 믿지 못하는 사람들에게 잡스는 기꺼이 자신의 이야기를 전해줄 것이다. 그는 부끄러워하지 않는다. 넉살 좋게 사람들의 약을 올리기도 했다. 그러나 그의 업적, 지금도 진행되는 일은 끊임없이 기술을 개발하여 사람들이 원하는 일을 할 수 있게 하는 것이다.

즉, 그는 '어떤 기술이 또 가능한지'를 꼼꼼히 따져 허풍처럼 늘어놓지만, 성공으로 증명해 보인다. 애플 II, 매킨토시, 아이맥iMac, 아이팟, 아이튠으로 말이다. 다른 기업인들처럼 그도 좌절을 겪었다. 직접 고용한 경영진이 그를 이사회에서 내쫓은 것이다. 그러고 나서 그가 설립한 컴퓨터 벤처회사는 큰 빛을 보지 못했다. 그는 의기양양하게 애플 컴퓨터로 복귀했다. 그러나 그는 강력한 경쟁 상대이자 데스크탑 컴퓨터의 대부인 빌 게이츠로부터 돈을 빌려 이 구닥다리 회사를 지켜내야 했다.

그것은 단지 시초에 불과했다. 그는 과감히 제품라인을 가지치기하고 신제품인 아이맥을 도입했다. 나중에 이 신제품은 컴퓨터 시장에서 크게 히트를 치며 애플 컴퓨터가 유저를 확보하는 데 크게 기여한다. 한편 애플 컴퓨터는 유닉스를 바탕으로 한 새로운 운영체제를 출시했다. 맥 OS X라는 이름의 이 제품은 애플 컴퓨터에게는 과감한 기술도약과 미래 가능성을 위한 탐사선 발사와도 같은 의미이다.

『포춘』에 애플 컴퓨터 기사를 실은 브렌트 슈렌더Brent Schlender는 OS X를 '포르셰와 탱크의 혼합'이라며 치켜세웠다. 우아하고 멋진데다 튼튼하기까지 했기 때문이다. 그러나 다른 개발자들이 이 운영체제에 맞는 응용 소프트웨어를 개발하지 않았다. 역시나 애플 컴퓨터는 늘 그래왔듯 혼자 힘으로 버텼다. 그러다 2005년 '타이거Tiger'라는 이름의 최신 버전을 출시했다. 더욱 과감한 소프트웨어 패키지도 함께 내놓았다. 이는 편집용 응용 프로그램과 워드 및 프레젠테이션 프로그램 등을 혼합한 생산성 소프트웨어이다. 한때 선마이크로시스템스Sun Microsystems의 기술 담당 중역을 지낸 과감하고 통찰력 있는 사상가인 빌 조이Bill Joy는 말했다. "소프트웨어 업계에 종사하는 사람이라면 아이라이프iLife로부터 많은 것을 배울 수 있다." 이보다 더 기분 좋은 극찬은 없을 것이다.

커뮤니케이션에는 홍보가 중요하다

잡스는 애플 컴퓨터 설립 이후 줄곧 리더십 커뮤니케이션의 모범을 보여주고 있다. 그는 말, 행동, 이미지를 비전 목표에 적절히 사용하는 법을 알고 있다. 다시 말해 제대로 홍보하는 법을 알고 있다는 의미이다. 잡스의 예는 모든 PR이 똑같지 않음을 잘 보여준다.

맥월드Macworld를 떠올려보자. 이는 유저 그룹을 위한 견본 전시 행사로, 꾸준히 열리고 있다. 컴퓨터 산업 분야에서 중요한 위치에 있는 사람들이 2, 3일에 걸쳐 이 행사를 관람한다. 관람자 중에는 목적과 수단을 가리지 않거나 가만히 있지 못하고 떠들어대는 극성스러운 사람들도 있는데, 결국 이들에 의해 이 행사는 성공적으로 진행된다. 또한 컴퓨터 분야 기자들만이 아니라 금융, 경제, 심지어 주요 핵심사안을 다루는 언론매체들까지 새롭고 획기적인 것을 보러 온다. 이런 점에서 스티브 잡스의 능력이 돋보인다.

잡스는 종전에 기업 강단에서 실시하던 제품출시 행사를 언론매체의 이벤트로 바꾸어놓았다. 무대 위에서, 무선 마이크를 통해 들리는 목소리와 실물보다 더 크게 번쩍이는 화면만 보아도 잡스가 컴퓨터 업계를 손안에 쥐고 있다는 것을 알 수 있다. 이러한 제품출시 행사에서 그는 세 가지 목적을 한 번에 달성한다. 언론매체에 뉴스를 제공하고, 아이팟과 아이튠의 신규 사용자와 애플 컴퓨터 신봉자들에게 응용기술을 꾸준히 개척할 것이라고 안심시킨다. 특히 애플 컴퓨터 스스로 PC혁명의 기수라는 사실을 재확인한다. 이로써 일석이조가 아닌 일석삼조의 효과를 톡톡히 누리는 것이다.

비전을 경영하라

잡스는 비전에 대해서 단도직입적으로 말한다. "우리는 이제까지는 없었던 최고의 개인 컴퓨터를 만들고 있다." 그는 재무적 측면에 대한 타 업체와의 경쟁에서 차별화를 실시한다. 잡스는 한때 경쟁업체들을 '유통업체'에 불과하다고 비하하기도 했다. 이 업체들은 마이크로소프트사가 만든 소프트웨어, 인텔이 만든 부품을 똑같이 사용하고 있었기 때문이다. 재무적 측면에서 차별화하면서 잡스는 애플 컴퓨터의 위상을 진실한 이상주의적 컴퓨터 제조업체로 정립할 수 있었다. 그가 말하는 '우리 VS 그들' 테마는 애플을 위해 헌신하는 직원들과 수백만 명의 애플 컴퓨터 사용자들에게 매우 효과적으로 수용된다.

최근 애플 컴퓨터에는 변화가 일고 있다. 애플의 로비에 아이팟 삼단 광고 게시판이 나붙었다. 아이팟을 통해 애플 컴퓨터가 기술적 우위로 수익을 낼 수 있었으니 당연한 것이었다. 이것은 과거 그 어떤 제품도 해내지 못한 성과였다. 애플 컴퓨터는 PC업계에서 5퍼센트의 점유율을 확보하고 있다. 반면 아이튠 뮤직 스토어는 음악 다운로드 시장의 70퍼센트를 차지하고 있다. 2004년 아이팟은 460만 개가 팔려 그 자체만으로도 엄청난 베스트셀러를 기록했고, 99달러의 저가에 소매로 팔리는 아이팟 플래시 드라이브 버전은 최고의 히트상품이 되었다.

원숙미가 주는 여유

한때 스티브 잡스는 좋지 않은 성격으로 더 유명했다. 잡스에 대한 기사는 '변덕스러움', '불같은 성격', '신경질적', '편집증적'이라는 표현들이 주를 이뤘다. 2005년에는 허가 없이 발행된 전기가 출간되면서, 그의 비호감적인 면이 또다시 도마 위에 올랐다. 자신의 사생활 보호에 지독하다고 알려져 있던 잡스였던 만큼 허가받지 않은 전기에 대해 강력한 이의를 제기했다. 그후 애플 컴퓨터는 같은 출판사에서 나온 책을 회사의 서가에서 모두 치워버렸다.『이코노미스트』는 그가 묘한 행동을 할 때마다 그의 특징만 늘어날 뿐이라고 말했다. 그의 리더십 스킬은 날로 향상되고 있다. 차세대에 눈을 돌리고 '뛰어난 채용자이자 경영자'로 알려지고 싶어 한다는 것을 보면 그가 '연륜 있고 현명한 사람'이 되어간다는 것을 눈치 챌 수 있다. 그는 재무 전문가, 제조업 전문가를 채용해 지원을 받았다. 그는 또한 오라클Oracle의 래리 엘리슨Larry Ellison, 인투이트Intuite의 빌 캠벨Bill Campbell 그리고 지넨테크Genentech 의 아트 레빈슨Art Levinson과 같은 실리콘밸리 출신의 뛰어난 경영진들로 이사회를 보강했다.

2004년 잡스는 췌장암 선고를 받았다. 발병하기만 하면 한 달 내로 사망하는 치명적인 병이었지만, 잡스는 예외적으로 외과 치료를 받으면서 5년 이상 생존할 확률이 90퍼센트에 달했다. 2005년 50세가 된 그는 몸 상태가 좋다고 말한다. 그는 자신의 성격대로, 나이가 들어가면서도 도전을 꾸준히 이어가고 있다. '나이가 들면서 앞을 내다볼 수 있게 되었지만 참을성은 그대로이다.' 그러나 연륜을 더해가면서 통찰력이 생겼다. '사람들이 무엇을 물어볼지 꿰뚫게 된다.' 직무에 적합한 사람을 찾는 것은 프로젝트에 투자할 시간을 좀더 확보하는 데 도움이 된다. 이를 통해 잡스 또한 프로젝트를 추진하기 전에 숙고할 수 있는 시간적인 여유를 얻을 수 있었다.

중요한 순간에는 거리낌 없이 말하라

잡스는 이상주의자답게 싸움에서 물러서지 않는다. 심지어 함께 비즈니스를 영위하는 회사라도 말이다. 영화, 음악을 비롯한 온라인 컨텐츠 제품의 해적판 때문에 영화산업과 기술 하드웨어 업체들은 사소한 충돌을 계속해왔다. 픽사와 독점 유통계약을 맺은 디즈니의 회장

마이클 아이즈너Michael EisEer는 온라인 비디오 해적판의 제거 조치를 취하지 않았다며 애플 컴퓨터를 맹비난했다. 아이즈너는 애플 컴퓨터의 캠페인 '찢기, 섞기, 굽기Rip, Mix, Burn'를 가리켜 해적판을 조장한다며 비난했다.

픽사 픽처스Pixar Pictures는 디즈니를 통해 6억 달러를 벌어들이고 있었지만, 잡스는 이에 굴하거나 결코 얌전히 당하고만 있지 않았다. 잡스는 기술을 오해하고 있다며 아이즈너에게 비난을 퍼부었다. 애플 컴퓨터의 캠페인은 온라인 다운로드나 카피가 아닌 합법적인 디스크 카피를 놓고 말하는 것이기 때문이다. '기술 전도사'인 잡스는 말한다. "이는 중요한 사안이다. 광고 문구를 위협하여 해결될 차원의 문제가 아니다. 독창적인 아이디어를 가진 컴퓨터 과학자가 이를 해결해줘야 한다. 그러나 그 사람이 누구일지, 언제가 될지는 아무도 모른다."

해답은 바로 아이튠 뮤직이었다. 음악 교환으로 발생한 소동에 발을 들여놓고, 법원이 냅스터Napster를 불법이라고 선고한 후, 잡스는 한 가지 해결책을 내놓는다. 즉, 소비자들이 99센트로 노래 한 곡을 구매한다는 것이다. 음반업계는 허가증 거래를 선호했다. 그러나 전형적인 비즈니스맨인 잡스는 사람들은 음악을 소유하고 싶어 하지 빌리려 하는 것이 아니라고 설득했다. 아이튠 뮤직 스토어는 수십억 달러의 수익을 올렸고 다운로드를 합법화했다. 2005년 1월에 아이튠은 2억 5천만 개의 음악을 판매했다. 잡스에게 이러한 변화는 대범함과 기술의 환상적인 융합이었다.

그러나 마이클 아이즈너와의 충돌은 끝나지 않았다. 픽사는 아이즈너가 디즈니의 경영을 맡고 있는 동안에는 유통계약을 갱신하지 않았다. 아이즈너는 사퇴 압박을 받았고 2005년 공식적으로 은퇴했다. 후임 CEO로는 로버트 이거Robert Iger가 임명되었다. 이에 잡스가 축하 이메일을 보냄으로써 증시 분석가들과 언론매체들은 아이즈너의 은퇴로 픽사와 디즈니가 재계약을 맺게 될 것이라고 기대했다.

▌미래를 향한 비전을 제시하라

　　2005년 6월 스탠포드 대학 졸업 연설에서 잡스는 꽁꽁 숨겨두었던 사적인 이야기를 꺼냈다. 그는 인생의 중요한 시점을 '점으로 잇는다'라고 표현하며, 대학 중퇴, 애플로부터 퇴출, 암 선고라는 세 가지 중요한 이야기를 풀어나갔다.

　잡스에게 정식 교실 수업은 어울리지 않았다. 부모의 생돈을 축내고 싶지도 않았다. 그래서 입학한 지 6개월 만에 리드 칼리지Reed College에서의 학업을 중단하고, 18개월 후에는 자퇴했다. 그러나 그는 칼리그라피(글자를 아름답게 쓰는 기술. 필기체·필적·서법 등의 뜻으로, 좁게는 서예를 가리키고 넓게는 활자 이외의 서체를 뜻하는 말 ― 역주) 수업을 청강하였다. 갑작스런 수업이라 잘 이해되지는 않았지만, 매킨토시의 활자 폰트를 좀더 매력 있고 예술가적으로 만들어줄 아이디어를 얻을 수 있었다.

　애플 컴퓨터의 출발을 떠올리며 잡스는 '내 생애 최고의 경험이었다'라고 말했다. 잡스는 무엇보다도 이 회사에서 퇴출당하면서 우선사항과

'재시작'에 다시 집중하고, 컴퓨터 회사인 넥스트Next와 애니메이션 회사인 픽사를 통해 기업가 정신의 길로 들어설 수 있었다.

마지막으로 잡스는 암 선고에 대해 이야기했다. 다행히 치료가 가능했고, 몇 달밖에 살지 못한다는 초기 진단은 오진으로 판명되었다. 그러나 한 번 겪은 경험은 오래 기억에 남는 법, 그래서 이렇게 학생들과 공유할 수 있는 것이다. "여러분의 시간은 한정되어 있습니다. 그러니 다른 사람을 위해 살아가는 데 귀한 시간을 허비하지 마세요. 또 다른 사람들의 의견에 여러분의 진정한 목소리가 굴복해서는 안 됩니다. 무엇보다도 여러분의 가슴과 직감이 이끄는 대로 할 수 있는 용기를 가져야 합니다." 마지막으로 잡스는 따뜻하고 솔직한 연설을 『지구일람Whole Earth Catalog』 마지막 발행본의 글을 인용하며 마무리했다. 이는 스테판 브랜즈Stephen Brands가 발행한 잡지로 젊은 시절 잡스에게 영감을 주곤 했다. "젊게 살아라. 미련하게 살아라." 이 말은 잡스의 삶뿐만 아니라 차세대 사상가와 실천가들의 삶에서도 가이드 역할을 해왔다.

증시 분석가들과 회의주의자들이 수년 동안 왈가왈부해왔지만, 애플 컴퓨터의 미래에 대해 단언할 수 있는 사람은 없다. 한때 증시 분석가들은 그래픽과 웹 디자이너, 사진가, 데스크탑 출판사들 그리고 멀티미디어 전문가들에게 절대적 존재로서 틈새시장을 공략하고 있는 애플 컴퓨터가 살아남기는 힘들 것으로 보았다. 여전히 이러한 의구심이 이어져오고 있기는 하지만, 아이팟과 아이뮤직iMusic이 힘을 실어주고 있는 애플 컴퓨터는 엄청난 수익을 거둬들이면서 R&D에 막대한 투자를 할 수 있게 되었다. "애플 컴퓨터의 본성이 바뀌지 않는 것은 정말 대단한 일이다", "바뀐 것이 있다면 강 건너편이 우리와 가까워지고 있다는 것이다"라고 잡스는 말했다. 콘텐츠가 있는 기술과 기술을 보유한 콘텐츠를 통해, 애플 컴퓨터는 전에는 넘볼 수 없었던 분야로 진출할 수 있게 되었다. 잡스는 '실용적인 디자인'의 혼합이라는 새로운 컴퓨터 시대의 도래를 전망한다. 또한 새로운 컴퓨터 시대가 우리를 어디로 이끌지는 아무도 모르지만, 놀랍고 시끌벅적한 여정이 될 것임은 분명하다고 예견한다.

도전에 처해 어려움을 극복해야 하는 리더들은 스티브 잡스의 세계관 구상, 구체화, 주입 능력을 파악하면서 배울 점이 많다. 잡스는 결론적으로 이렇게 말한다. "사람들이 다소 놀라다가 즐거워한 후, 곧바로 사용법을 터득할 수 있는 고도의 기술을 전파하는 것이 애플 컴퓨터의 핵심 역량이다."

❖ 비전을 선포하라

우리가 어디로 가고 있는지 사람들에게 전하라. 모두 다 흥미를 가질 수 있도록
하라. 스티브 잡스는 주주에게 그의 세계관을 주입했고, 함께 미래를 꿈꾸자고
했다.

❖ 다른 이들로부터 배워라

다른 이들이 하는 것을 유심히 보아라. 기술자들과 마찬가지로 스티브 잡스 역
시 지식이란 자신이 알고 있는 것을 공유하는 과정이라고 생각한다.

❖ 전문가를 고용하라

자신이 할 수 없는 것을 해줄 사람들을 주위에 배치시켜라. 잡스는 재직하는 내
내 유능한 사람들을 고용했다. 그 가운데 하나인 존 스컬리John Sculley가 잡스를
퇴출시키기도 했지만, 그 외의 많은 사람들이 그의 성공을 도왔다.

❖ 저항하라

리더의 믿음을 사람들에게 알려라. 모두가 포기하라고 했지만, 잡스는 끝까지
애플 컴퓨터의 곁을 지켰다. 결국 그는 지금도 그 자리에 있으며, 그의 회사로
만들었다.

❖ 메시지를 현실화하라

스티브 잡스는 신세대 기업인 그 자체이다. 좀더 접근하기 쉽고, 사용 가능하며,
즐길 수 있도록 디자인과 기술의 융합을 시도하는 새로운 아이디어를 추진하는
데 모든 능력을 헌신할 준비가 되어 있고, 그럴 의지와 실력까지 갖춘 사람이기
때문이다.

헌신을 전하는 앤 멀케이의 조정

③

"훌륭한 리더십은 오랜 시간 공들여 산을 옮기지만,
형편없는 리더십은 하룻밤 동안 엄청난 손실을 초래할 수 있다."
– 앤 멀케이(제록스 CEO)

조정은 비전을 현실화시킨다

　　엄청난 인기를 몰고 다니는 자동차 회사도 아니다. 다임러크라이슬러DaimlerChrysler, BMW, 아니면 포르쉐Porsche와 같은 차별화된 특징도 없다. 혼다Honda나 볼보Volvo처럼 업계의 선두주자도 아니었다. 그렇다고 제너럴 모터스처럼 업계 최대의 규모를 자랑하는 것도 아니다. 다른 자동차 회사와 마찬가지로 주기적인 수익변동으로 어려움을 겪고 있다. 하지만 믿을 만한 교통수단을 만들겠다는 일념 아래 소비자를 위하는 마음만큼은 세계 최고인 자동차 회사가 있다. 이 회사는 바로 도요타Toyota이다.

경기 변동에도 도요타는 자동차 업계의 터줏대감으로서 자리를 지켜왔다. 도요타는 텔레비전 드라마 스타트렉Star Trek의 로봇인간 보그Borg와 비슷한 점이 있다. 스타트렉의 팬들이라면 전체 신경처리 장치가 생각, 방향감각, 행동을 통제하는 로봇인간인 보그를 잘 알 것이다. 이러한 보그처럼 도요타는 조직의 발전에 모든 요소를 맞추는 조직이라고 자칭한다. 그러나 파괴적인 보그와 달리, 세계 최고의 자동차와 트럭을 만들어내는 도요타는 건설적이다. 이 회사의 목표는 세계 지배가 아니라, 시장 점유율을 늘리는 것으로 몇 년 전 10퍼센트였던 점유율을 15퍼센트로 확대할 계획이다. 또 한 가지 보그와 다른 점은 로봇인간은 의견차를 묵살하는 반면 도요타는 다양한 의견을 바탕으로 발전을 거듭한다는 점이다.

일본 회사들의 성공신화 뒤에는 한번 내려진 결정에 절대 복종하고 따르는 조직문화가 있다. 조직원들은 개성 없이 관료적으로 그리고 맹목적으로 조직의 결정을 따른다. 예컨대 회사가 진출할 시장이나 개선시킬 요소에 대해 결정해야 한다고 하자. 논란과 논쟁이 뜨겁게 달아오르고 심지어 불협화음이 나오기도 한다. 그러나 일단 결정이 내려지고 나면 의견차를 접고, 같은 목적을 향해 똘똘 뭉친다. 이와 달리 미국 기업들은 결정이 내려지기 전부터, 결정 과정을 지나 결정을 내린 후에도 끊임없이 논쟁을 이어간다. 그러한 불화로 말미암아 목적을 향한 조정에 어려움이 따른다.

자동차계의 증시 분석가인 마리앤 켈러Maryann Keller는 "세계가 진저

리칠 정도로 도요타는 도전을 즐긴다. 도요타가 세계 시장의 15퍼센트 점유, 비용절감 50퍼센트가 목표라고 발표하자, 모두들 비명을 지른다. 그 이유는 상대방의 명치를 치는 것과 같기 때문이다"라고 단언한다. 경쟁업체들은 숨을 몰아쉬면서도 도요타가 목표를 달성하지 못할 것이라고 생각한다. 린 생산방식Lean Manufacturing(신제품 개발 프로젝트를 줄이고 재고를 적게 보유하는 이른바 군살 없는 생산방식—역주)을 만들어내고 같은 조립라인에서 다른 제품도 생산할 수 있는 유연한 제조방식인 도요타 생산방식을 고안한 도요타는 폐기물, 시간과 비용을 더 줄일 새로운 생산방식에 스스로 맞춰간다.

그렇다고 해서 도요타가, 사무라이가 칼을 막무가내로 휘두르듯 비용을 절감하는 것은 아니다. 오히려 초밥의 명장처럼 정교하게 칼질하기 위해 애쓴다. 무엇보다 공급업체들과 공존하면서 서로에게 이익을 주는 목적을 추구한다는 점이 중요하다. 계열의 원리에 바탕을 둔 회사 간의 지분 보유, 주문자 상표부착방식OEM 등은 조정의 또 다른 예가 된다. 그러나 이러한 시스템이 신흥시장에서 비용절감 효과를 내지 못하자, 도요타는 신흥시장의 공급업체들에게 도요타 생산방식을 수출할 수 있을 것이라고 확신했다. 도요타는 이제 신흥시장 진출 전략으로 '국제 다목적차 프로젝트IMV'에 전념하고 있다. 그들은 아시아와 남미에서 지역별로 값싸게 생산된 부품으로 트럭, SUV 차량, 미니 밴 등을 생산해 그 지역에 공급한다. 이러한 모험을 성공적으로 이끌어내면서 도요타는 15퍼센트라는 시장 점유율을 확보했다.

도요타가 세계무대에서 순탄하게 성장가도만을 달린 것만은 아니다.

관건은 늘 품질이었다. 게다가 회사가 성장할수록 내부에서 키워낸 도요타 생산방식 전문가가 부족했다. 고도로 훈련된 전문가들은 품질과 효율성 면에서 도요타를 차별화하여 업계 리더로 거듭나도록 돕는다. 부족한 인원을 메우기 위해 도요타는 공급업체 네트워크를 통해 품질 전문가의 스카우트를 시도하고 있다. 이러한 상황은 마치 교사들이 제자들을 키워 놓고, 나중에 제자들을 이용하는 것과 같은 원리이다. 아트 니미Art Nimii 라는 도요타의 한 중역은 다음과 같이 말했다. "지금부터 도요타 전 그룹의 능력 통합을 이용해 세계를 변화시키는 데 전념할 것이다. 개별적인 한 회사로서 자원부족에 시달릴지 모르지만 한 그룹으로서는 여전히 많은 자원을 확보하고 있다."

도요타는 조직에 팽배한 관료주의를 꼼꼼히 살펴보면서 단점을 보완하고자 한다. 전임 회장 히로시 오쿠다Hiroshi Okuda는 도요타가 지나치게 관료적이며, 지나치게 자주 회의를 진행한다는 것에 대해 인정했다. 오쿠다 회장의 지시로 도요타는 사내 커뮤니케이션과 지식경영 시스템을 개선하기 위해 IT 시스템을 개선하고 있다. 전설적인 농구 선수인 윌트 체임벌린Wilt Chamberlain은 한때 대중에 비친 자신의 이미지에 대해 이렇게 말한 적이 있다. "아무도 골리앗을 응원하지 않는다." 이는 세계 거물급 자동차 회사인 도요타에게도 적용될 수 있는 얘기다. 그러나 도요타는 조직의 효율성 제고를 위한 조정 차원에서, 단일 비전과 미션으로 조직이 단결하는 것이 어떤 의미를 갖는지를 잘 보여준다.

간혹 예상 밖의 행동을 할 때도 조정이 발생한다. 2000년에 팻 루소

Pat Russo는 AT&T에서 분사된 루슨트Lucent의 존경받는 중역으로 재직하고 있었다. 루슨트는 전화기 제조용 장비 제조회사를 제외하고, 모든 사업부를 분사했다. 그러나 CEO 자리를 제의받지 못한 루소는 루슨트를 떠났다. 잠시 휴식을 취하면서 최고경영자가 되고 싶은 욕망을 다시 느낀 루소는 코닥이 그녀에게 회장직을 제의하자, 이를 받아들였다. 그후 그녀는 가지치기와 인력삭감을 통한 기업회생에 몰두했다. 그러나 코닥에 입성한 지 1년도 안 되어 루슨트가 그녀에게 러브콜을 보냈다. CEO로 와달라는 간곡한 요청에 결국 그녀는 과거에 함께했던 중역들과 재결합한다.

복귀 자체는 차라리 쉬운 축에 들었다. 잘나가는 회사를 구조조정하는 것은 너무나 힘든 일이었던 것이다. 사업부 분사, R&D, 비용, 인력까지 모든 것을 아우르는 구조조정이었다. 루소와 함께 근무하던 직원들은 AT&T를 평생직장으로 여겼다. 이런 사람들에게, 구조조정은 가혹한 일이었다. 초고속 승진을 해오던 그녀에게 그러한 선택은 수도 없이 많아서 그녀는 이미 그러한 힘든 선택에 익숙해 있었다. 그러나 삭감만이 유일한 해답은 아니다. 2004년 말 루소는 "가치를 창조하는 한 가지 방법은 개선을 위해 구조조정을 하는 것이다. 그러나 이것은 오래 지속될 수 있는 모델이 아니다. 생산성 향상, 매출 증대 등을 통한 성장이 필요하다"라고 말했다. 기술 분야는 예측도 힘들 뿐만 아니라 하루가 다르게 변하고 있다. 이 분야에서 루슨트는 인터넷 전화인 VOIP와 무선 기술 분야에서의 성장을 도모한다. 기술 분야의 미래는 전망이 밝다. 그러나 현실주의자인 루소는 알 수 없는 너무 먼 미래를 내다보지는 않는다.

"우리는 미래에 집중하지 않습니다. 성장에 집중할 뿐입니다. 우리가 지금 다루고 있는 대상에 초점을 두고 있는 것이죠. 그것이 바로 우리가 할 일입니다."

대기업을 이끄는 여성 CEO로서 루소는 비판받는 만큼 인정도 많이 받는다. 이탈리아계 대가족 집안에서 외동딸로 태어나 '남자아이들과 뒹굴며' 자란 그녀에게는 탁월한 커뮤니케이션 능력이 있다. 그녀는 CEO다운 명확하고 시원시원한 말솜씨를 지녔다. 한편 붙임성 있고 사교적인 스타일인 데 비해 대중에게 쉽게 자신을 드러내지 않는 편이다. 그렇지만 알고 보면 그녀는 친절하며, 초콜릿에 약하다고 한다.

루소에 대한 고객들의 인지도는 점점 높아졌다. 루슨트로 복귀한 후 주요 고객들과의 관계 회복에 많은 시간을 할애했기 때문이다. 그 당시 그녀는 『포춘』에 이렇게 말했다, "세상에 공짜는 없다. 진행하는 모든 일에서 고객의 인정을 받아야 한다." 소비자, 경쟁업체, 투자자 그 누구도 기술 분야에서 매 분기마다 수익을 내는 것은 힘들다. 그래서 일이 잘 진행되는지 파악할 수 있는 전문성을 지닌 담당자를 확보하는 일이 무엇보다 중요하다.

조정은 비전을 현실화시킨다. 도요타에게 조정은 전 세계에 퍼져 있는 기업을 한데 모으는 비결이다. 루슨트의 팻 루소에게 조정이란, 현재와 미래의 텔레커뮤니케이션 기술을 확보하기 위해 현명한 사람들을 한데 엮는 것이었다. 조정은 이 두 회사에게 비전이 실행될 수 있음을 보장한다.

조정은 조직의 비전과 미션 달성에 조직원들을 맞추는 것으로 미식축구에서 잘 엿볼 수 있다. 미식축구의 목표, 즉 비전은 승리이며, 미션은 승리를 위해 자신이 지닌 재능과 기술을 이용하는 것이다. 러닝게임(공을 가지고 뛰는 것—역주)에 강한 팀이 있고, 패스를 잘하는 팀도 있다. 또 특별한 장기가 없어도 두루두루 잘해 경쟁력을 확보하는 팀도 있다. 감독들은 경기운영 계획을 짜내고, 선수들에게 각자의 역할을 분담시킨다. 공격라인의 선수 포지션으로는 쿼터백, 풀링가드, 러닝백, 와이드 리시버, 타이트엔드, 센터가 있으며 선수들은 각자의 위치와 역할을 알고 있어야 한다. 수비라인 선수들은 미들라인 배커의 지시에 따라 각자 자신이 맡은 역할을 해야 한다. 수비라인 선수들의 미션은 공격을 차단하는 것이다. 조정의 하이라이트는 공격과 수비라인 선수들이 각자의 위치에 서서 볼을 스냅(처음 던지기—역주)하려고 준비 자세를 취할 때이다. 볼을 던지면 경기는 조정에서 실행단계로 옮겨간다. 이 실행단계는 다음 장에서 알아보도록 하겠다.

'권한'을 조정하라

적합한 능력, 기술, 임무를 가진 사람들을 직무에 맞게 배치해야 실행도 잘 이루어지며, 결국 실질적인 성과도 얻을 수 있다. 리더가 향하고자 하는 것을 아는 것만으로는 충분하지 않다. 때로는 목적지에 도달하는 법을 아는 것이 더 중요하다. 리더는 목표, 전략 그리고 목적을 명확히 설명하여 미래로 질주할 수 있는 지름길을 찾아낼 수 있어야 한다.

조정은 인원을 적재적소에 배치하는 것에서 시작한다. 리더는 커뮤니케이션을 통해 구성원들에게 각각의 기대치를 정해줌으로써 그들이 할 일과 비전달성에 필요한 일을 파악할 수 있게 해야 한다. 경영자들은 보통 이메일이나 일대일 방식으로 자신들의 기대치를 전달한다. 제록스 회장인 앤 멀케이는 직원들과의 커뮤니케이션에 있어 달인이다. 멀케이는 힘든 시기에는 진실을 전하고 좋은 시절에는 등을 다독이며 칭찬한다. 특히 그녀의 경영 방식에서 핵심은 신뢰이며, 이는 제록스가 결정적인 고비를 극복하는 데 큰 역할을 했다.

작가 마커스 버킹햄Marcus Buckingham과 커트 코프만Curt Coffman은 『먼저, 규칙을 깨라First Break All the Rules』를 공동집필했다. 이 독창적인 책에서 이들은 재능과 기술이라는 두 가지 능력에 대해 말한다. 재능은 타고나는 것이지만 기술은 후천적으로 습득한 능력이다. 예를 들어 타이거 우즈Tiger Woods는 골프와 크게 상관없을 법한, 몇 가지 핵심 재능을 지녔다. 첫 번째 재능은 노력하는 의지이다. 그는 이전에 수천 번이나 달성했던 목표도 수없이 반복한다. 두 번째 재능은 승부욕이다. 그는 치열한 경쟁을 즐긴다. 조건이 열악할수록 이기고 싶은 욕망이 커지기 때문에 얻는 즐거움은 배가된다. 반대로 그가 가진 기술이라면 골프채를 들고 공을 치는 능력, 티오프에서 장타 치기, 벙커에서 빠져나오기, 탁월한 퍼팅 등이 있을 것이다. 이러한 재능과 기술에 따라 사람들을 조정하는 것은 리더의 몫이다.

커뮤니케이션을 강화하라

리더들은 늘 같은 방식의 커뮤니케이션을 사용할 수 있다. 그러나 커뮤니케이션을 통해 전달되는 임무의 세부사항은 현장 감독관들의 몫이다. 사람들은 비전에 대한 주인의식을 가지고 비전에 맞춘 조정을 시작해야 자신이 할 일을 명확히 할 수 있다. 훌륭한 이니셔티브 initiative를 선택하라. 예를 들어, 제조업체의 부회장이라면 식스시그마 Six Sigma 실시를 생각해볼 것이다. 식스시그마를 한다는 것은 특정 임무의 전문가를 양성하는 것이다. 이들의 역할은 새로운 욕구와 할당된 임무에 따라 결정된다. 식스시그마의 진정한 성과는 품질향상이다. 조정을 위해서는 우선 이 프로그램을 실행하겠다는 결정, 그리고 직무에 대한 주인의식, 이를 실행할 후보자 임명 등이 선행되어야 한다.

조정을 위해서는 미션에 대한 충실성을 가져야 한다. 앞에서 언급했듯이 미션은 조직의 비전 달성에 필요한 일이다. 즉 미션은 구성원들이 만들어낼 제품과 서비스에 대해 설명하고, 그 이유를 설명해준다. 이해를 도와줄 예를 들어보자. "우리의 미션은 건강한 삶을 원하는 사람들에게 음식을 공급하는 것이다." 이는 조직을 위해 일하는 사람들의 문화와 정신에 대한 설명이다. "고객을 위한 우리의 헌신은, 인간을 중시하는 문화를 창달하기 위한 노력을 바탕으로 한다." 이 미션 속에는 헌신이 내재해 있다. 더 많은 조직들이 미션 강령에 윤리적인 헌신을 가미한다. "우리의 경영 철학은 청렴함과 정직함이다. 우리가 추구하고자 하는 소중한 가치에는 윤리적인 기준에 대한 헌신이 반영되어 있다."

목표 안에서 미션을 찾아라

미션 강령은 본질적인 이야기의 기본 틀이다. 즉 회사가 하는 일과 회사가 지지하는 것을 대략적으로 작성해놓은 것이다. 이야기의 줄거리가 서술적이면 리더들이 조정에 대해 커뮤니케이션하기가 수월하다. 미션 강령에 대해 커뮤니케이션 하면서 조정을 진행하면, 리더들은 회사가 추구하는 핵심인 비전 달성에 대해 전달할 수 있다. 또한 미션은 회사가 제공하는 제품과 서비스에 명확성을 부여하며, 회사의 문화와 가치를 비전에 일치시켜 조정에 전념할 것을 강조한다.

실화를 각색한 영화의 한 장면을 보자. 영화 「퍼펙트 스톰Prefect Storm」에서 선장은 선원들에게 폭풍이 끝나기를 기다릴 것인지, 아니면 폭풍우를 뚫고 전진할 것인지를 결정하게 한다. 이때 얼음기계가 고장 나면서 빨리 항구로 가지 않으면 황새치가 썩게 되는 더욱 절박한 위기에 처한다. 결정이 더 어려워진 것이다. 모든 선원들은 황새치를 잡아 돈을 벌기를 원했다. 결국 이들은 어떤 위험이 닥치더라도 황새치가 썩기 전에 항구로 돌아가는 것을 우선순위로 두고 용감하게 허리케인을 뚫고 글로스터Glouster로 향한다. 중대한 결정에는 그만한 희생이 따른다. 이 선원들이 고생하는 것은 안타깝지만, 경영의 관점에서 보면 선원들의 묵인하에 선장은 미션보다 목표를 우선시하는 잘못을 범했다. 이 상황에서 목표는 폭풍우에 맞서 생선을 운반하여 돈을 버는 것이지만, 미션은 어부로서 생계를 이어가는 것이다. 잡은 고기를 잃는다 해도 살아남는 것이 미션인 것이다.

미션이 우선이다

경영자들도 미션과 목표를 놓고 선택해야 하는 상황에 처한다. 그러나 다행히도 현실은 그리 극단적이지도 않으며 비교적 규칙적이다. 경영자의 임무는 대부분 조직에 지령을 내리는 것이다. 이 지령은 미션과 목적, 규칙과 규율로 표현될 수 있다. 그러한 효율적인 경영에서 이러한 규율은 없어서는 안 되는 것이기는 하지만, 지나치게 절차에 집중한 나머지 초점을 잃어버리는 일이 발생하기도 한다. 한 걸음 물러서서 미션을 생각하기보다는, 단순히 더 많은 규율을 부과하려 하기 때문이다. 미션을 통해 조직이 할 일과 수행 방법을 전해야 한다. 예를 들어 소형 엔진 생산업체가 품질 향상 이니셔티브를 실시한다고 하자. 그들은 결함을 축소하여 품질을 향상시키면서 전반적인 목적을 위해 최선을 다할 것이다. 그러나 결함 축소 자체만 염두에 둔다면 제품의 전반적인 품질은 떨어질 것이다. 소비자들의 선호도는 아랑곳하지 않고, 결함이 적은 제품을 만들기 위해 디자인을 간소화한다면 결국 실적 악화를 초래할 수 있다. 물론 이는 다소 극단적인 예이다.

여러 목표 가운데 하나만 강조하는 것은, 모든 성과를 희생하여 한 가지 성과를 얻는 꼴이다. 이와 같은 원인으로 예기치 않은 결과가 발생하는 아주 적절한 예가 있다. 개의 품종개량에서는 선 자세나 귀 모양과 같이 개별적인 특징에 초점을 맞추어 원하는 품종을 만든다. 그러나 이때 유전적인 병적 소인 혹은 공격성이 많은 열성 유전자를 고를 확률도 높다. 일부 경영진들은 개를 대하듯 직원들에게 명령하거나 한 방 걸어 찬

후, 즉각적인 반응을 기대한다. 사람들은 개가 아닌데도 말이다.

▌조화와 균형을 이루어라

미션에서 조정의 목표와 목적은 경영상 성과를 측정하는 기준을 마련하는 것이다. 그러나 간혹 임무와 개인에게 필요한 것들을 놓고 잘못된 조정을 실시하기도 한다. 물론 성공의 궁극적인 척도는 의도한 성과의 달성이다. 하지만 이러한 척도에 인간적인 요소도 가미되어야 한다. 리더는 이상적으로 직원과 소비자 모두가 만족하는 성과를 원하고, 쉽지는 않겠지만 이러한 균형이 딱 맞는 성과를 달성하는 것이 바람직하다. 근로자들이 만족해야만 시간이 지날수록 열심히 노력하여 새로운 아이디어를 구상해내고, 결국 제품을 개선하고 소비자의 지속적인 만족을 이끌어낼 수 있기 때문이다. 미션과 일맥상통하는 목표를 개발하는 것이 모든 경영자의 역할이며, 이때 커뮤니케이션을 이용하면 좀더 수월하게 목표를 마련하고 배치할 수 있다. 다음의 몇 가지 제안들을 참고하자.

✤ 미션을 명확히 하라

구성원들은 자신들이 하는 일의 특성을 잘 알고 있어야 한다. 미국의 해안경비대를 예로 들어보자. 그들의 미션은 해안가에서 물놀이하는 사람들을 지켜주고 사람들로부터 바닷가를 보호하는 것이다. 영화 「퍼펙트 스톰」의 주인공인 사가Saga는 선원이면서 뉴잉글랜드 해안경비대 대원이기도 하다. 구조요청이 있으면 위험한 바다로 뛰어드는 것이 그의 임무이다. 대원들은 다른 사람들을 구하는 데 목숨을 거는데, 이것이 그들의 미션이자 그들이 사는 법이다. 그들을 이끄는 사관이나 하사관급 장교들은 미션을 명확히 밝히고, 그 결과 구성원 모두에게 미션은 철저히 각인된다. 구두로 끊임없는 커뮤니케이션을 하고 그날의 사건을 글로 쓰는 해안경비대의 방식을 이용함으로써 경영자들은 자신의 미션을 단련할 수 있다.

❖ 목표를 제시하라

직원들이 임무를 완수하게 하려면 목표를 제시해야 한다. 성공한 사람들은 목표를 향해 살아가며 그 과정을 통해 활력을 얻는다. 물론 목표 달성 과정에는 미션이 포함되어야 한다. 경영자들은 미션을 명확히 하고 기준이 되는 목표를 마련해주어야 하며, 근로자들이 그들의 업무목표를 조화롭게 발전시키도록 독려해야 한다. 이러한 과정을 효과적으로 실천하는 분야가 바로 건강관리 산업이다. 건강관리 분야 종사자들은 금액이 한정된 환경에서 일한다. 관리자와 실무자 모두가 고품질의 건강관리 서비스를 제공할 방법을 찾고 있다. 물론 환자들을 만족시킴과 동시에 합리적인 가격으로 말이다. 예를 들어 '환자를 돌본다'는 경영층과 실무자 간 미션과 목표가 균형을 이루면 아이디어는 나오기 마련이다.

❖ 균형을 유지하라

성공 주도형 사람들은 목표를 달성하고 싶은 만큼, 고삐도 느슨하게 풀어줘야 한다. 결국 목표에만 집중을 쏟아부으면 미션에는 그만 구멍이 뚫려버린다. 눈앞에 있는 임무에 지나치게 집중하다보면 큰 그림을 보는 관점을 잃게 된다는 뜻이다. 품질 서비스 개선, 고객만족, 근로자보상 등이 그 예이다. 한 관리자가 근로자를 툭 치면서 "환상에서 깨어나 현실을 직시하라"라고 말해주지 않으면, 그 근로자는 자신의 임무에만 너무 집중하게 된다. 그러다보면 그 일만 너무 깊이 파내서 엉뚱한 결과를 얻거나 지쳐 쓰러지게 된다. 어떤 것이 먼저가 될지는 모르지만 말이다. 관리자는 조직원들이 업무에 대한 시야를 넓힐 수 있도록 조언해주어야 한다. 목표를 통해 미션을 보완하기 위해서는, 관리자들이 업무적인 요구사항과 개인적인 요구사항을 균형 있게 조절해야 한다. 이러한 균형이 뒤따르면 조직원들은 스스로 기분이 좋아지며, 신바람이 나서 업무에 임할 것이다. 결국 집중력, 창조력, 헌신의 마음을 더 쉽게 얻을 수 있다.

미션을 증진시켜라

비전과 미션은 목표를 통해 촉진되어야 한다. 그렇지 않으면 조직 내에서 잘못된 조정을 실시하여 모든 일이 틀어진다. 그럼에도 목표가 달성되는 순간이 있다. 바로 강제적인 리드가 있을 때이다. 예를 들어 한 회사가 시장 점유율을 잃고 있다면 경쟁력 회복을 위해 제품라인을 바꾸어야 한다. 즉 이러한 목표를 달성하는 데 모든 자원을 집중시켜야 하며 마케팅, 교육, 경력개발과 같은 분야를 구조조정해야 한다. 미션을 통해서 고품질의 제품과 양질의 인력을 동시에 얻을 수 있지만, 구조조정과 같은 고통스러운 과정을 거쳐야만 미션을 달성하는 경우도 발생한다. 회사가 안정되고 시장에 신제품을 출시해야 인력에 재투자할 여력이 생기기 때문이다.

미션을 증대시키기 위해서는 사람에 대한 투자를 절대 멈춰서는 안 된다. 관리자가 명확한 커뮤니케이션을 실시하고 사람에 집중함으로써, 그러한 투자를 보강할 수 있다. 또한 관리자가 직원들이 업무를 수행하고 성과를 달성할 능력이 있다고 믿고 있다는 것을 분명히 보여주는 것이기도 하다. 미션과 목표가 균형을 이루면 조화로운 목표가 되고, 이는 제품과 고객에 있어 중요한 가치로 거듭난다.

█ 문화의 가교, 커뮤니케이션

조정을 주도하는 데 문화는 중요한 역할을 한다. 문화가 강할수록 사람들은 이니셔티브를 쉽게 따른다. 문화는 조직이 지닌 규범, 행동, 가이드라인 그리고 가치 등의 집합체이다. 미션이 우리가 할 일이라면 문화는 우리를 정의한다. 간혹 문화가 사람에만 집중한다는 말도 있지만 그 차원을 넘어설 때도 한다. 조직의 업무수행 방법, 조직원을 다루는 법, 고객에게 조직의 약속을 전달하는 방법 등과 같이 문화는 바로 조직의 영혼을 뜻하기 때문이다. 예를 들어 근로자가 의사결정에 참여하는 문화에서는 조정을 실행하는 일이 처음부터 천천히 진행된다. 사람들이 조정에 대해 생각하고 논의하려 하기 때문이다. 만약 상명하달식 문화라면 조정이 아주 신속히 진행된다. 그러나 궁극적으로 조정을 유지하는 것은 참여를 추구하는 조직에서 나오기 마련이다. 사람들은 일반적으로 자신들과 이해관계가 있는 것을 지지하기 때문이다. 조직의 뜻을 따르는 것은 조직이 원하는 일을 하는 것이며, 이때 비전을 공유해야 헌신이 유발될 수 있다.

문화의 가교 역할을 하는 것이 바로 커뮤니케이션이다. 문화가 서로 연결되면 이야기도 풍부해진다. 예컨대 3M은 혁신의 대표주자이다. 3M은 전 직원이 모두 참여하는 문화를 자랑한다. 결과적으로 혁신에 대한 이야기가 풍부해지는데, 이 가운데 가장 유명한 일화가 바로 포스트잇을 발명한 한 근로자의 이야기이다. 월그린스Walgreen's처럼 후계자들 대부분이 집안 출신인 가족경영 회사의 문화에서는 특히 설립자에 대한 이야기가 풍부하다. 집안 후계자들의 리더십 아래 오늘날까지 나름의 문화를 이어오고 있기 때문이다. 이야기는 문화를, 더 크게는 조직의 미션을 보강하므로 미션에 대한 의식이 강하면 조정을 촉진시킬 기회는 늘어난다.

성과를 달성하는 전략적인 핵심요소, 조정

조정은 비전, 미션, 실행을 고정시켜주는 중요한 요소이다. 즉, 성과를 달성하는 데 있어 전략적인 핵심요소이다. 조직들은 구성원들이 비전을 달성할 수 있도록 전략적인 계획, 그리고 목표와 전술의 개발, 설명에 많은 시간을 들인다. 조정은 전략적인 계획에서 나온다. 비전과 계획을 연결시키고 더 나아가 실행으로 연결시켜주기 때문이다. 예컨대 모세는 유대인을 가나안 땅으로 인도한다는 비전을 가지고 있었다. 이 비전 달성을 위해 그는 유대인을 풀어주도록 메뚜기 떼와 가뭄으로 파라오를 성가시게 했다. 모든 이스라엘 사람들이 모세의 전략에 따랐고, 그 계획은 성공적이었다. 이스라엘 사람들은 홍해를 건너 출애굽을 한다. 하지만 그후 모세를 따르던 사람들은 광야에서 방황하게 되고, 모세의 리더십뿐 아니라 심지어 하나님에 대한 믿음마저 저버린다. 이 때문에 모세는 조정을 다시 실행해야겠다고 통감한다. 이렇게 해서 십계명이 탄생했다. 계명에 복종시켜 유대민족을 올바른 길로, 가나안 땅으로 무사안착을 주도했던 것이다. 모세 자신은 성공적인 결말을 보지 못했으나 사람들에게 올바른 길을 제시하였으며, 조정 상태를 유지하게 하여 가나안까지 인도할 수 있었다.

커뮤니케이션은 조정의 주요 원동력이다. 즉 커뮤니케이션을 이용하면 사람들이 비전과 미션을 따르게 할 수 있다. 조정을 유도하기 위해서 아래 사항을 유념하자.

❖ 미션을 강조하라

미션은 목적을 촉진시킨다. 미션을 고수하는 것이 바로 조정이다. 대법원까지 가서도 소수계 우대정책을 고수한 미시간 대학과 미시간 대학 총장인 메리 수 콜먼Mary Sue Coleman의 예를 살펴보자. 미시간 대학이

96

법원에 제소되었을 당시 총장은 아니었지만, 메리는 흔쾌히 학교를 지지했다. 그녀는 학생과 사회 전반에 혜택을 주기 위해 다양한 배움의 환경을 조성하고 제공하는 것이 대학의 미션이라고 그녀는 주장했다. 이러한 그녀의 주장으로 대학 커뮤니티 내에서 조정이 강화되었고, 다른 조직들의 지지를 이끌어낼 수 있었다. 실제로 미 국방부는 법정 조언자의 소송사건 적요서를 제출하기도 했다.

❖ 전략을 기술하라

계획에 커뮤니케이션이 수반되지 않으면 계획으로 끝나고 만다. 리더는 사람들에게 이야기를 전달하면서 다음에 할 일을 준비시킨다. 리더는 개략적인 이야기와 뼈대 혹은 모든 일들을 통합하는 전략을 그린다. 전략적인 계획의 형태로 전달하면 조직원들에게 쉽게 전략을 알릴 수 있다. 모두가 그것을 바라보게 해야 한다. 많은 조직들이 전략적인 계획을 전달하기 위해 첫 공개회의를 개최한다. 이로써 구성원들은 조직이 기대하는 바를 알고, 계획을 실행할 아이디어를 제시하는 것이다. 회의에서 이야기가 나오고, 이 이야기들은 조정을 지도하는 데 유용하게 쓰일 것이다.

❖ 각 계획을 실행에 연계시켜라

조정의 비결은 실행이다. 비전과 미션 모두 목적을 제시하고 조정은 뼈대 역할을 한다. 거시적인 차원에서 실행될 일의 전달은 리더의 몫이다. 그리고 팀과 부서 차원의 커뮤니케이션은 관리자들에게 달려 있다. 각 실행방법은 전략적인 계획에서 나온다. 현장 집행자가 기본적인 계획을 설정하여 실행을 유도한다. 그러나 조정이 실행을 암시하고 있다는 것을 사람들에게 꾸준히 상기시키는 일은 리더의 역할이다. 계획을 실행으로 연결하지 못한다면 엄청난 피해가 따른다. 미국 연방정부가 허리케인 카트리나에 성의 없이 대응한 것이 그 대표적인 예이다.

❖ 실행방법에서도 우선순위를 가려라

조정의 핵심요소는 우선순위를 매기는 것이다. 일의 순서를 매기면서 그 기준과 타당한 이유 알려라. 홈 데포Home Depot의 카리스마적인 설립자 버니 마커Bernie Marcu와 아서 블랭크Arthur Blank의 뒤를 이어 개리 나델리Gary Nardelli가 CEO로 임명되었다. 그는 회사가 성장과 수익 목표치를 달성하기 위해서는 개선이 필요하다는 것을 깨달았다. 이것이 바로 그가 CEO로 임명된 이유이기도 했다. 나델리는 새로운 기업의 비전을 따르지 않는 관리자의 제거를 비롯한 좋지 않은 일을 하도록 강요받았다. 그와 그의 팀은 자신들의 임무 가운데 우선순위를 매기고, 이 거대한 상점이 목표성장수치를 달성할 수 있도록 조정을 실시했다.

❖ 이정표를 만들어라

비전은 가나안 땅과 같은 것이다. 그러나 비전을 훌륭히 실행하는 데에는 수년이 걸린다. 이 과정에서 비전을 끊임없이 보강해주고, 나름의 이유도 알려줘야 미션을 수행할 수 있다. 사람들의 마음을 강화하는 방법으로는 이정표의 설정이 있다. 이정표는 진행과정을 표시해준다. 제품의 이정표는 신제품, 생산, 유통을 아우르는 전략적인 의도와 목적이 되며, 서비스에서는 다양한 테스트와 실제 실행에 대한 전략적인 의도와 목적이 이정표가 된다. 뒤에서도 논의하겠지만, 이정표는 축하해주어야 할 순간을 알려주기도 한다. 여기서 성공을 인지하는 것이 중요하다. 이정표를 얻기 위해 사람들이 했던 일에 관한 이야기는 조정의 개발에 중요한 역할을 한다. 또한 사람들과 기업을 결합시키는 데도 한몫한다.

✤ 계획의 유연성을 살려라

비전을 한 번 정했다고 해서 반드시 그대로 유지해야만 하는 것은 아니다. 움직이는 행성처럼 유연성을 지녀야 한다. 미션 달성 과정에서 비전의 의도 자체가 변하는 일은 흔치 않다. 단지 유연성을 가지고 변경되는 정도이다. 시장이 변하고 환경이 진화하므로 잘나가는 조직은 이에 적당히 반응한다. 이러한 변화는 조정하는 과정에서 나타나고 따라서 사람들이 한곳에 집중하는 것을 어렵게 한다. 이때 리더들이 앞장서서 중심을 잡고, 중간에서 비전과 미션을 상기시키며 사람들을 한데 모아야 한다. 유연성은 필수적이고 바람직하며 확고하고 꾸준한 리더십의 예이다.

이러한 커뮤니케이션 활동은 이야기를 통해 강화되며 조정을 가시적으로 만들어주는 동시에 필요한 지원을 받아낸다.

조정은 지속적인 결단력이다

조정은 비전에서 나온다. 비전 역시 조정에 대한 지속적인 결단으로 작용한다. 예컨대, 사람들이 목적에 집중할 때가 바로 비전을 촉진시킬 수 있는 좋은 기회이다. 반대로 사람들이 목적에 집중하지 않는다면 비전은 재검토되어야 한다. 조정에 대한 거부감은 언제나 있기 마련이다. 비전은 변화를 의미하고, 조정은 이 변화의 두 번째 단계이기 때문이다. 이야기를 통해 커뮤니케이션을 지속적으로 보강하다보면 이 변화의 과정을 촉진시킬 수 있다.

조정 스토리 플래너

조정은 사람들이 비전을 따르게 하는 과정에서 나온다. 조정 과정을 돕기 위해 다음과 같은 질문들에 유념한 후, 이야기를 생각해보자.

❖ 조직의 미션을 강조하는 방법은 무엇인가?
❖ 사람들이 따라야 할 전략을 설명할 방법은 무엇인가?
❖ 조정을 성과와 연결할 방법은 무엇인가?
❖ 조정 과정에서 어떤 이정표가 나올 것인가?

커뮤니케이션 실천 단계(조정)

❖ 열망을 자극하라. 비전을 반복해서 말하라.
❖ 이상을 실천에 옮겨라. 전략적 계획에 대해 커뮤니케이션하라.
❖ 희생에 대해 이야기하라. 역할을 할당하라.
❖ 성과를 보여주어라. 협동이 필요함을 전하라.

앤 멀케이

비즈니스를 창조하고 키우는 기업가들에게 칭찬과 아낌없는 보상을 주며, 새롭고 색다른 것에 관심을 보이는 것은 우리 사회의 본성이다. 이는 기업가들이 꿈을 바탕으로 일을 추진하고, 자신과 전체 커뮤니티를 위한 기회를 만들기 때문이다. 이와는 반대로 실패한 사업체를 회생시키는 기업인들은 상대적으로 관심을 끌지 못한다. 물론 예외도 있기는 하지만 동종업계 이외의 분야에서 그러한 CEO들은 대부분 명성을 얻지 못한다. 회생은 그러한 CEO의 당연한 임무이므로 어떤 명성도 더 기대해서는 안 되는 것처럼 여겨진다. 물론 꺼져가는 비즈니스의 불씨를 되살리는 임무는 단순히 기업체의 구제 이상이다. 즉 과거의 실수를 인정하고 성장하려는 용기, 새로운 아이디어에 전념하는 사람들을 신뢰하는 행동으로, 앤 멀케이와 제록스가 바로 이러한 케이스이다.

정교함의 대명사인 제록스는 복사기를 발명했다. 제록스의 엔지니어들은 심지어 팔로 알토Palo Alto에 있는 제록스 PARC(Palo Alto Research Center)에서 개인 컴퓨터를 개발하는 일에 협력하기도 했다. 첫 번째 비즈니스를 통해 이 회사는 하나의 산업을 창조해냈으나 두 번째 발명 때문에 산업에서 후미에 처지고 말았다. 1980년대에 아시아의 저가 복사기들이 미국 시장을 공략하자 제록스는 쇠락하기 시작했다. 사실 제록스의 전임 회장은 제록스보다 저렴한 일본산 제품이 수입되면 고전을 면치 못할 것이라고 말한 적도 있었지만, 제록스는 품질과 팀워크 그리고 헌신으로 똘똘 뭉쳐 역경을 극복했다. 이 과정에서 제록스는 제품라인을 확대하고 정보관리를 시작했다. 다시 말해, 제록스는 탄력 있는 기업이 되었다. 마치 멀케이처럼 말이다.

가족의 힘

남자 형제가 네 명이나 되는 가정에서 자란 멀케이는 사내나 다름없었다. 멀케이 집안은 남매가 돌아가면서 집안일을 했다. 『뉴욕타임스』에 실린 대로, 그녀의 아버지는 어머니에게도 남녀 구분을 두지 않아 어머니가 집안의 경제권을 가지고 있었다고 한다. 아버지는 아이들에게 창의력을 강조했다. 저녁식사 시간에는 토론이 이어지는 일이 다반사였고, 정치, 종교 그리고 최근에 일어난 중요한 사건 등 모든 것이 논쟁거리가 되었다. 때로는 언성이 높아지기도 했으나 이러한 논쟁은 멀케이가 가치, 특성, 지성을 추구하며 성공하도록 하는 데 큰 역할을 했다.

다른 CEO들과는 달리 멀케이는 CEO가 되겠다는 꿈을 꾸어본 적이 없었다. 그는 오히려 회사를 그만두고 싶어 했다. 새로운 수첩을 살 때마다 그 수첩을 다 쓰기 전에 회사를 그만두겠다는 다짐을 할 정도였다. 그녀의 남편, 조Joe는 평생 제록스에 근무하며 다양한 활동을 했다. 이 부부는 누구 한 사람이 출장을 가게 되면, 다른 한쪽이 아이들과 함께 집에 머물기로 합의했다. 멀케이는 일과 삶의 균형을 이어갈 수 있게 해준 회사에 감사해 한다. 그러다 머지않아 멀케이는 최고경영자까지 올랐으며, 결국 그녀의 남편이 집안일을 좀더 많이 맡게 되었다.

힘든 임무

　멀케이는 직장생활을 그만두겠다던 자신과의 약속은 지키지 못할 것이다. 그러나 그녀는 다른 사람들과의 약속은 지키고 있다. 이러한 사실 때문에 그녀는 제록스를 회생시키는 데 더할 나위 없이 완벽한 적임자이다. 2000년 제록스의 상황이 급속히 악화되었다. 부채가 170억 달러에 달한 반면 회사가 보유한 현금은 1억 5천 5백만 달러에 불과했다. 주가는 최고 60달러 수준에서 5달러 이하로 곤두박질쳤다. '제록스가 무너지면 모든 것을 잃을까 봐 그녀는 두려워했다'라고 훗날 제록스의 고위직 리더 중 한 명이 털어놓았다. 그렇지만 멀케이는 너무 고지식해서 CEO 자리를 거부할 수가 없었다. 좀더 열성적인 CEO라면 이런 순간에 '고맙지만 사양하겠습니다'라고 말하겠지만, 그녀는 그렇게 하지 않았다.

　몇 년 후 멀케이는 '우리는 대부분 앞을 내다보면서도 어떤 일이 벌어질지 알아채지 못합니다'라고 위기에 대해 이야기했다. 그렇지만 가톨릭 학교 출신인 그녀는 소극적인 자세로 움츠리지는 않았다. 그녀는 책임감과 결단력을 지닌 정력적인 사람이었으며, 또한 의리도 있었다. 그녀의 오빠 톰 돌란Tom Dolan도 제록스에서 30년을 근무한 베테랑이며, 남편 조는 35년 동안 근무했다. 그녀는 오빠와 남편을 비롯한 제록스의 모든 사람들에게 빚을 졌으므로 최선을 다해야겠다고 다짐했다.

　한때 법정관리에 들어간 제록스의 부도는 시간문제였다. 그러나 멀케이는 그것을 받아들이지 않았다. 그녀가 이를 인정하지 않을 수 있었던 것은, 재무에 해박한 지식이 있었기에 가능한 일이었다. 그녀는 제록스의 고위 재무담당 관리자들의 지도 아래 재무와 관련해 집중적으로 연구하기 시작했다. 멀케이가 두려워했던 것은 그러한 재무수치가 아니었다. 그녀는 법정관리가 암시하는 것을 의식하고 있었는데, 재무적인 어려움보다 직원들의 사기 저하가 더 우려되었기 때문이었다. 이를 타개하기 위해 그녀는 상급 관리직 100명을 만나 헌신적인 노력을 해줄 것을 부탁했다. 그녀가 최선을 다한다면 이들도 똑같이 해야 했다. 타성에 젖은 근로자들의 마음자세가 회사를 무너뜨리고 있었으므로 반드시 변화를 거쳐야만 했다.

훗날 그녀는 "우리 9만 명 모두가 우물쭈물거렸다"라고 말했다. 당시 상급 관리자였던 어술라 번스Ursula Burns는 이미 다른 업체의 고위직을 수락한 상태였다. 그녀는 멀케이와의 동고동락을 거절했다. 번스는 선두에 서서 경영의 재검토와 합리화를 피력해 회생을 지원했던 인물이었는데도 말이다.

사람들을 믿어라

멀케이는 커뮤니케이션을 통해 사람들에 대한 믿음을 실천했다. 멀케이에게 커뮤니케이션은 참여의 과정이었다. "이는 사람들에게 상황에 맞추는 법을 말해주고, 그들의 마음의 소리에 귀를 기울이는 것이다." 커뮤니케이션은 또한 용기 있는 행동이다. "많은 사람들 앞에서 날카로운 질문을 받고, 경우에 따라서는 '잘 모르겠다'고 말하는 것이다." 일반 사원과의 커뮤니케이션을 통해 멀케이는 제록스의 회생계획을 마련했다. 계획을 구상하자마자, 멀케이와 그녀의 팀은 회의를 통해 그 내용을 모든 근로자들에게 전달하기 위해 애썼다. 그녀는 또한 자신의 명성에 해가 될 것을 염려해 제록스가 처한 문제들을 그럴싸하게 포장하지도 않았다. 이 회사의 미래가 벼랑 끝에 매달려 있었기 때문이다. 그리고 그녀가 직원들을 신뢰하고 있었다고 떠올린다. "이러한 과정에서 그녀는 '어려움을 극복할 수 있다'고 계속 반복했다." 그녀는 많은 직원들이 인내하고 있다는 것을 잊지 않고 사람들에게 정직한 태도로 임했다.

극복해야 할 일은 한두 가지가 아니었다. 그 가운데 하나가, 증권거래위원회가 제록스 수색에 착수한 것이다. 청렴함이 자랑거리였던 회사인만큼 그러한 수사는 참아내기 힘든 무거운 짐이었다. 특히 타이코Tyco의 데니스 코즐로우스키Dennis Kozlowski와 월드컴WorldCom의 버니 에버스 Bernie Ebbers 같은 수상쩍은 산업계 거물들과 함께 『타임지』에 사진이 실린 멀케이는 더할 나위 없이 힘들었다. 결국 제록스는 멀케이가 CEO로 부임하기 전에 있었던 회계부정과 관련해 100억 달러의 벌금을 지불하기로 한 후 혐의를 벗을 수 있었다. 그러나 모든 회생 과정이 그렇듯 제록스의 회생이 순탄한 길만 걸었던 것은 아니다. 한동안 실적 악화와 같은 악재들이 상황을 더욱 어렵게 만들었다. 심지어 확신에 차 있었던 멀케이 또한 회생에 대해 의구심을 품은 적도 있었다. 그녀는 일본 출장에서 돌아오는 길에 제록스의 연륜 있는 핵심 전략가에게 들었던 칭찬을 떠올렸다. 그 메시지는 그녀가 노력하는 데 큰 버팀목이 되었다.

커뮤니케이션이 우선이다

멀케이는 열정적인 커뮤니케이터였다. 화려한 화술 때문이 아니라 헌신이 담긴 커뮤니케이션을 하기 때문이다. 어술라 번스는 회생 과정에서 그녀가 직원들에게 보여준 것을 '안수按手'에 비교한다. 『포춘』에 멀케이 기사를 실었던 베시 모리스Betsy Morris는 그녀의 헌신을 놓고 '선교사의 열성' 수준이라고 말했다. 멀케이는 또한 경영진들이 꺼려하는 중요한 조치를 취한다. 바로 커뮤니케이션을 개인화했던 것이다. 그녀는 프레젠테이션을 하면서 직원들의 상식에 호소했다. '단 1달러라도 회사공금을 자기 돈처럼 아껴라.' 희생을 감수하더라도 멀케이는 결코 자신에게 관대하게 행동하지 않는다.

그녀는 2000년 제록스 회장으로 부임한 지 얼마 지나지 않아 재무 분석가들에게 제록스의 사업 모델을 가리켜 '지속 불가능'이라고 말했다. 제록스의 주가는 하루 사이 26퍼센트가 하락했다. "그녀는 좋은 것뿐 아니라 나쁘고 흉한 것까지 모든 것을 솔직하게 터놓는 천성을 지녔다." 동시에 그녀는 일터에서 헌신을 다한다. 최고경영자가 역할을 다해내는 것을 보면 직원들도 힘을 낼 것으로 믿고 있기 때문이다.

회의론자들은, 멀케이처럼 한 직장에 일생을 건 사람들은 일터에서 유혈사태를 벌이고 싶어 하지 않는다고 생각한다. 멀케이는 그런 비판을 무시한다. 그녀는 도전을 받아들이고 힘든 결정을 내렸다. 이러한 결정 중에는 인력 삭감과 사업부의 폐쇄도 포함되었다. 2만 3,000명이 넘는 인력을 해고하는 결정은 멀케이에게 쉽지만은 않은 일이었다. 그러나 그녀는 근로자, 은퇴자, 주주단을 다 포용하는 조직의 욕구를 먼저 생각했다. "나는 문화이다. 만약 문화를 이끌어가는 방법을 알아낼 수 없다면, 나는 이 업무에 적당한 인물이 아니다." 그녀는 기업 채권단에게 분노에 차서 답했다. 그녀에게 제록스는 단순히 한 회사가 아니라, 가족이며 목표였다.

멀케이에게 절대적으로 시급한 것은 다양성이며, 이것이 현실이다. 다양성에 대한 연설을 하면서 그녀는 다양한 국가 출신들이 고위 리더에 오른 이야기를 했다. 그녀의 주요 조언자로는 미국계 흑인 여성인 어술라 번스가 있다. 그녀는 회생 노력이 이어지는 동안 멀케이의 믿을 만한 동료가 되어주었다. 멀케이는 또한 이런 주제를 놓고 농담을 하기도 한다. 골프를 즐기느냐는 질문에 즐겨 치지 않으나, 만약 남성만 가입하는 클럽인 '오거스타 내셔널Augusta National'에 초청받는다면 함께할 의향이 있다고 말했다.

제록스의 자본 총액이 90퍼센트가량 하락한 이후, 제록스에 수십 억을 빌려준 은행가들은 안절부절못했다. 그러자 금융계와의 커뮤니케이션이 중요한 문제로 떠올랐다. 한 경영진이 제록스가 70억 달러를 빚진 50개가 넘는 은행 리더들에게 앞서 연설했던 멀케이의 이야기를 전해주었지만, 그녀는 냉랭한 대접을 받았다고 한다. 그녀는 자리에 앉으면서 '이 사람들을 웃게 만들 묘안이 없을까?'라고 고민했다. 그러나 그녀 옆자리에 있던 한 은행가가 빈정대면서 말했다. '70억 달러, 거액입니다.' 은행가에게서 온정과 포용은 찾아볼 수가 없었다. 그들은 자산과 계획만 원할 뿐이었다. 결국 멀케이는 그들이 원하는 대로 되돌려주었다. 그녀의 리더십 아래 제록스는 모든 채무를 청산하고 건전한 재무 구조를 마련했다.

제록스는 고객들과 커뮤니케이션하는 데 전념했다. 실제로 제록스가 어려움에 빠지자 일부 기업들은 제록스의 파산을 우려한 나머지 거래업체 대상에서 배제시키기도 했다. 멀케이는 이러한 상황에 정면으로 맞섰다. 그녀는 일선에 뛰어들어 주요 고객들을 직접 만났으며, 영업 팀의 발전과 존속에 역량을 집중했다. 고객들에게 제대로 된 서비스를 하기 위해서는 영업 팀이 중요했기 때문이다.

개인적인 헌신

멀케이가 기업의 최고 자리에 오를 수 있었던 것은 영업 사원으로 회사 생활을 시작했기 때문이다. "쉽게 성과를 측정할 줄 아는 것이 그녀에게 큰 도움이 되었다. 성공이냐 실패냐 둘 중 하나다." 이제 그녀는 CEO로서 여성들도 성과만 보여준다면 누구든 관리자로 오를 수 있도록 도울 작정이다. "여성들이 최고 경영층으로 진입하려면 제대로 된 경험을 전달해주는 수송관이 중요하다." 멀케이에 따르면 '대체적으로 여성들은 성공에 보탬이 될 만한 경험과는 거리가 먼 임무에 배치된다'고 한다. 승진 가능성이 있는 위치에 배정된 사람들은 주로 남성들이다. "사람들은 안정적인 것을 추구하므로 남성을 선호한다." 멀케이는 심지어 자기 회사 관리층 여성 근로자의 숫자에 만족하지 않는다. "우리는 승리 선언에는 관심이 없다. 다만 다른 업체들보다 좀더 낫기는 해도 아직 만족스럽지는 못한 수준이다."

멀케이는 듣는 사람이며 반응하는 사람이다. 궁극적으로 모든 비즈니스는 사람들의 노력으로 지탱된다. 인정해주는 것은 제록스의 문화이다. 멀케이는 두 가지 이유로 사람들에게 받은 편지에 최선을 다해 답장을 쓴다. 첫째, 그녀는 사람들의 제안을 듣길 원하며, 둘째, 답장이 사람들을 인정하는 것을 보여주는 방법이 된다고 생각하기 때문이다. "정말 답장을 받을 것이라고 생각지도 못했습니다"라고 직원들은 말한다. 그녀는 남들과는 뭔가 다른 일을 한다. 예를 들어 그녀와 함께 어려움을 견뎌준 직원에게 생일에 휴가를 주는 것이다. 이는 멀케이가 회사에 에너지와 방향을 제시해주는 방법 가운데 하나이다.

멀케이는 사교적이어서 직원들과 함께 회의하고 교제하는 것을 가장 즐긴다. 공식적인 프레젠테이션에서도 그녀는 중심적인 역할보다는 사람들의 생각을 듣는 것을 원한다. 이렇게 생각을 주고받는 과정에서 그녀는 사람들의 헌신을 느낀다. 사람들 역시 그녀의 헌신을 느낄 수 있다. 그들의 개인적인 이야기는 멀케이뿐 아니라 회사의 모든 사람들에게 에너지를 준다. 그리하여 한때 성공가도를 달리다 잠시 휘청거렸던 회사는 결국 노력, 규율, 성공을 전하는 이야기를 통해 다시 자존심을 회복할 수 있었다.

❖ 정직하게 말하라

근로자들도 사실을 알 자격이 있다. 앤 멀케이는 정직한 사람이다. 그녀는 좋지 않은 이야기도 감추지 않고 모든 직원들과 공유한다.

❖ 메시지를 꾸준히 주입시켜라

커뮤니케이션의 실행은 힘들다. 목표, 전략, 전술을 명백히 전달하는 데는 오랜 시간이 걸리기 때문이다.

❖ 조직원들의 말에 귀를 기울여라

사람들이 따르기를 원한다면 잘나가는 리더들이 그랬듯이 그들의 말과 생각에 귀를 기울여야 한다.

❖ 소비자들에게 집중하라

제록스의 비즈니스가 점차 수익성을 잃어가고 있을 때 앤 멀케이는 소원해져가는 소비자와의 관계를 회복시키기 위해 일선에 나섰다. 아주 효과적인 전략이었다.

❖ 일에 헌신하라

쇄락해가는 기업을 회생시키는 일은 쉽지 않다. 멀케이는 최선을 다해 헌신했고, 성공을 위해 열심히 일했다.

❖ 조직원들을 믿어라

제록스가 힘겨워하고 있을 때 멀케이는 제록스를 살리기 위해서는 사람들과 함께해야 한다는 것을 알았다.

❖ 규율을 강조하라

멀케이 같은 훌륭한 리더들은 사람들로 하여금 자신의 행동에 책임지도록 한다. 그러한 책임감을 통해 재앙이 기회로 바뀌었다.

❖ 열정을 가져라

앤 멀케이는 제록스를 가족으로 생각하며 제록스 직원들과 회사의 문화에 헌신했다.

이상을 실천으로 옮겨라

실행 - 조직이 해야 할 일
단련 - 조직이 나가야 할 궤도를 유지하는 방법

계획만큼 실천도 중요하다. 계획을 실행하기 위해서는 엄청난 헌신이 필요하다. 그러므로 리더는 임무를 수행하기 위해 필요한 것을 보여주어야 하며, 실천 과정에 참여하여 조직원들이 목표와 임무에 집중하도록 인도해야 한다. 그러면 실행은 열망과 노력이 적당히 균형 잡힌 행동으로 발전한다.

영화감독
Steven Spielberg

미시간 주 주지사
Jennifer Granholm

제록스 CEO
Anne Mulcahy

애리조나 주 상원의원
Jonh McCain

전 IBM CEO
Lou Gerstner

르노-닛산 자동차 CEO
Carlos Ghosn

애플 컴퓨터 CEO
Steve Jobs

NFL 뉴잉글랜드 패트리어츠 감독
Bill Belichick

이베이 CEO
Meg Whitman

결단력 있는 최고경영자, 루 거스너의 실행

"실행은 기계가 잘 돌아가는지 확인하는 것과 마찬가지로
힘들고, 어렵고, 지루한 일이다. 여기에는 책임감이 필요하다.
책임감이 충분치 못한 경우에는 재빨리 변화해야 한다."
- 루 거스너(전 IBM CEO)

실행을 실천한 이야기

순식간에 준비가 끝났다. 뜨거운 논란이 이어지고 있다. 국가는 전쟁 중이다. 사담 후세인 체제의 퇴각을 요구하는 시위가 몇 시간째 이어지면서 미국과 영국 연합군이 국경을 넘어 이라크로 돌격했다. 바그다드의 하늘을 가로질러 미국 전투기들이 미리 선정된 목표물을 향해 유도탄을 쏟아부었다. 방송사들은 알렉산더Alexander, 율리시스 카이

사르Julius Caesar, 나폴레옹Napoleon, 그리고 어윈 롬멜Irwin Rommel, 스톤월 잭슨Stonewall Jackson, 조지 패튼George Patton 등 그 어떤 장군도 단시간 내에 그렇게 많은 영토를 정복해본 적이 없다는 한심한 소리를 늘어놓았다.

미국 텔레비전들은 이 전쟁을 생생하게 각 가정으로 송신했다. 사상 최초 실시간으로 전쟁을 생중계한 것이다. 미국 방송사들은 미군이 죽어가는 모습을 송신하지는 않았다. 알자지라Aljazeera 방송만이 이러한 장면과 더불어 이라크 시민들이 죽어가는 모습을 수시간 동안 보여주었다. 방송을 통해 얻은 효과는 미국인들의 대통령, 특히 미군부대에 대한 격려였다.

바그다드로의 진격이 완벽하게 이루어진 것은 아니다. 과거의 전쟁들에 비해 사상자 수는 적었지만, 방송에 나온 퇴역 군인 출신의 해설자들은 또 다른 것을 예견하고 있었다. 미국 육군 참모총장인 윌리엄 월레스William Wallace가 더 많은 군대와 물자를 갖추지 않고서는 전쟁에서 승리하기 힘들다고 인정하고 나선 것이다. 최소한의 비용을 들여 전쟁에 승리하겠다는 미국의 시나리오에 적합한 '군사전략'이 없었기 때문이다. 그러나 거의 일주일도 안 되어 미국 군대가 바그다드 공항을 함락하고 도시를 포위했을 때, 이러한 반대의견은 잊혀져갔다. 별명이 '바그다드 밥Baghdad Bob'인 이라크 정보부 장관이 정신 나간 단언을 했지만, 미국 군대는 이에 아랑곳하지 않고 단 며칠 만에 도시를 점령했다. 그리고 미군의 지원으로 이라크 전역에 걸쳐 독재자의 동상이 철거되었다.

관찰자들은 멀리서 벌어지는 전쟁을 인공위성 비디오 폰으로 상세히 지켜보면서 실행에 대해 배울 수 있는 기회를 얻었다. 정치인들이 논쟁을 벌이고 미국 여론도 찬반으로 나뉘어 혼선을 거듭하는 동안, 미군은 맡은 바 임무를 다했다. 실수 없이 용기와 확신을 가지고 말이다. 그들은 엄청나게 강력한 저항에 맞서면서도 물러서지 않았다. 이것은 거시적 그리고 미시적 수준에서의 실행이었다. 지상에서는 육군이, 하늘에서는 공군이, 그리고 수백 마일 떨어진 함대와 벙커로부터의 지원 덕분에 이 모든 것이 가능했다. 용맹함과 불굴의 의지 그리고 순수한 결의로 모두 다같이 똘똘 뭉쳤다. 이것이 바로 실행이다.

성공적인 공격을 통한 훌륭한 실행이었다. 그러나 불행히도 전쟁 후 지상 운영 때문에 어두운 그림자가 드리워졌다. 이라크인들은 반국가적인 행동으로 사무실, 병원, 대학, 공공 편의시설 등 모든 공공시설들을 약탈하여 자신들의 부를 채우는 데 여념이 없었다. 연합군이 보유한 병력으로는 그러한 약탈을 저지할 수 없었다. 곧 이라크 국내외 테러리스트들로 구성된 반란군은 수천 명의 사상자를 낸 연합군과 장기전에 들어갔다. 연합군은 임무를 꾸준히 실행하면서도, 인프라 구조 재건뿐 아니라 평화 유지에도 최선을 다했다. 1년도 안 되어 미국 내 분위기는 반전 쪽으로 흐르기 시작했다. 그러나 병력의 수도 부족하고 무장도 하지 않았던 미군에 대한 존경심만큼은 커졌다. 미군을 타깃으로 한 자살폭탄과 사소한 충돌이 끊임없이 이어졌지만, 미군들은 열과 성을 다해 임무를 수행했다. 미군은 이라크 방어군을 훈련시켰으며, 이들 덕분에 이라크인들은 2005년 1월 자유선거를 치를 수 있었다. 세계가 미군의 업적과 희생을 기억해줄지는 시간이 지나면 알 수 있을 것이다.

이 남자를 보면 실행의 예를 잘 엿볼 수 있다. 타고난 직업에 관해서라면 이보다 더 적절한 예는 없을 것이다. 같은 업계에 종사하는 동료들은 지금 자신들이 알고 있는 것 대부분을 이 사람에게서 배웠다고 인정한다. 그는 대통령과 친구 사이였다. 취미로 카레이싱과 보트레이싱을 즐겼으며, 주로 속도와 관계된 것을 좋아했다. 이 남자를 다룬 영화에서는 영화배우 존 웨인John Wayne이 주인공을 맡아 열연했다. 그는 빨간색을 좋아해 자신의 장비에 온통 빨간색을 칠하곤 했다. 이 때문에 별명도 유전 소방관에게는 이례적으로 '레드 어데어Red Adair'였다. 물론 정식으로 이 분야에 뛰어들 수 있는 루트가 있는 것은 아니었지만, 레드 어데어는 유전진화라는 분야에 아주 우연히 발을 들여놓게 되었다.

레드가 처음 이 운명의 일과 마주했던 것은 아칸소 주 스맥오버Smack-over에서였다. 한 유전에 소방관들마저 철수할 만큼 통제할 수 없는 불길이 타오르고 있었다. 이때 누군가가 레드에게 물었다. "이봐, 돈 좀 벌어보겠나?" 레드는 그 원전에 다가서서는 한 손으로 천연가스 공급을 중단시키고 불을 진화했다. 그 순간부터 그는 타고난 소방관의 길을 걷기 시작한다. 그러다 제2차 세계대전에 참전하기 위해 잠시 그 일을 접어두었다. 군대에서 그가 맡은 임무는 유전 진화보다 수천 배나 더 어려운 폭탄처리였다. 그는 군복무를 하는 과정에서 중요한 것 두 가지를 배웠다. 바로 폭발물의 적절한 사용과 차분함을 유지하는 것이었다.

불타는 유전을 진화하는 일이 위험하다는 말은 상당히 절제된 표현이다. 그야말로 정말 위험한 일이기 때문이다. 그러나 만약 자신이 하는 일에 대해 지식을 쌓는다면 위험을 최소화할 수 있을 것이다. 와일드 웰 컨트롤Wild WEll Control의 CEO인 패트릭 캠벨Patrick Campbell은 '만약 레드의 상황에 있다면 모두가 레드처럼 할 것입니다. 그는 매우 힘든 일을 하고 있습니다'라고 말한다. 캠벨은 어데어가 산업현장에서 적절한 방법으로 불을 진화하는 방법을 교육할 것이라고 믿는다. 어데어는, 동종 산업계의 또 다른 전설적인 인물인 마이런 킨리Myron Kinley와 함께 일하면서 유전 진화를 위해 다이너마이트 사용을 지시했다. 눈에는 눈, 이에는 이였다. 폭탄을 적시에 올바르게 설치하면 불이 탈 때 필요한 산소와 연료공급을 중단시킬 수 있다.

어데어는 텍사스에서 자수성가했지만, 그 명성은 바다와 사막에서 유전화재를 진압하면서 쌓아나갔다. 그는 최초로 해양 유전화재를 진압한 인물이며, 1962년 알제리에서 6개월 동안 불타올라 '사막의 담배 라이터'라는 악명까지 얻은 화재를 진압하기도 했다. 존 글렌John Glenn에 따르면 그가 비행기로 이동할 때 그 화마의 화염을 볼 수 있을 정도로 엄청난 화재였다고 한다.

1991년 어데어는 아무도 해내지 못한 화재를 진압하면서 최고의 업적을 남겼다. 사담 후세인 군대가 쿠웨이트에서 퇴각하면서 유전에 불을 붙인 것이다. 당시 그 화재 상황은 가히 생지옥이라고 표현될 정도였으며, 실제로 연기는 1만 5,000피트 상공까지 퍼져나갔다. 당시 유전 근처는 온도가 화씨 3,000도까지 올라갔고, 한치 앞도 내다볼 수가 없을 정도였다고 한다. 이때 500만 배럴, 가치로 환산하면 1억5천만 달러 정도가 매일 화염으로 사라졌다. 이러한 화재를 진압하는 데 레드만한 적격자는 없었고, 그는 친구인 조지 W. 부시 대통령에게 불도저와 시멘트를 지원해줄 것을 부탁한 후 현장으로 달려갔다. 그는 자기를 과신하는 듯하면서도 점잖게 말했다. "우리는 불을 끈 다음 다른 장소로 이동할 뿐이다." 어데어와 팀이 고안해낸 방법은 바닷물을 파이프로 끌어올리는 것이었다. 사람들을 벌벌 떨게 만들면서 3~5년 동안 활활 타오르던 화염도 레드 팀이 진압하는 데 9개월 정도면 충분했다.

어데어는 늘 좋은 이야깃거리다. 그는 미디어에 호소했고 미디어는 그에게 다시 구애했다. 그러나 석유 회사들은 자신들의 자산인 유전이 연기 속에 사라지고 있다는 사실을 알리고 싶어 하지 않았기 때문에 이런 관행은 계속되지 못했다. 텔레비전 뉴스 앵커인 데이브 워드Dave Ward는 수년간 어데어의 모험을 취재했고, 자신의 절친한 친구를 두고 이렇게 말한다. "그는 늘 장담했던 것을 실천한다. 결국 그 앞에서 무릎을 꿇지 않은 유전화재가 없었으며, 단 한 사람도 잃지 않았다."

또 다른 친구이자 전임 NFL(북아메리카 프로 미식축구 리그) 미식축구 감독인 범 필립스Bum Phillips가 레드에 대해 즐겨하는 이야기가 하나 있다. 한 텍사스 출신 남자가 진주로 된 천국의 문 앞에 서서 성 베드로를 성가시게 굴고 있다. 그 남자는 텍사스 주를 자랑하는 데 여념이 없었다. 그러자 성 베드로는 그에게 지옥의 불 사진을 보여주면서 텍사스에도 이와 비슷한 것이 있는지 물었다. 그 남자가 대답했다. "없습니다. 그런데 그런 불을 끌 수 있는 사람은 있죠. 레드 어데어라는 사내입니다."

어떤 유명한 영화감독이 이런 말을 한 적이 있다. 영화 연출은 누워서 떡 먹기보다 쉽다. 그의 말은 완전한 농담은 아니었다. 그에게는 연출이라는 행위가 좋은 이야기, 탁월한 대본 그리고 철저한 제작준비, 타고난 연기자들과 능숙한 기술진을 바탕으로 논리적으로 진행해가는 것이기 때문이다. 다른 말로 그의 연출은 탁월한 실행을 촉진하고 이로부터 혜택을 얻는 것이다.

실행은 쉽지 않다. 사실 실행은 종종 비전과 현실을 구분해준다. 움직이는 벌에 달려 있는 비전은 제대로 실행되지 않는다. 비전을 품고 비전에 대한 조정을 실행하기 위해서는 통찰력, 상상력 그리고 커뮤니케이션 능력이 필요하다. 또한 꿋꿋함, 인내, 그리고 다음 장에서 살펴볼 훈련이 제대로 된 실행에 필요한 요소들이다. 이것이 바로 미군이 이라크를 침공하면서 보여준 교훈이며, 레드 어데어가 일생 동안 세계에서 가장 위험한 화마와 싸워오면서 우리에게 전해준 교훈인 것이다.

실행이 어려운 만큼 그에 상응하는 가치가 있다. 실행은 비전에서 약속된, 그리고 조정을 통해 보강된 성과를 가져오기 때문이다. 그러나 회사 경영, 병원 운영, 조직의 장이나 팀의 감독이 되는 것과 같이 삶에서 일어나는 좋은 일들이 늘 그렇듯 실행에는 고된 일이 요구된다. 실행은 종종 사람들로 하여금 집중과 노력 그리고 시간을 들여 열중하게 만든다. 이처럼 실행은 정말 소모적인 것이다.

실행을 보여주는 가장 좋은 예는 영업에서 찾아볼 수 있다. 영업사원들은 실행에 필요한 추진력을 타고났다. 이들은 고객들에게 프레젠테이션하고, 고객과 협상하고 거래하는 등 고객에게 물품을 제안할 책임이 있다. 그들에게 실행은 중요하다. 이들은 전화, 방문 그리고 프레젠테이션, 판매에 따른 후속조치, 실적이라는 용어로 표현된 기준에 따라 평가를 받는다. 그리고 영업적인 조직은 영업을 위한 전화 통화 수, 매출기록

그리고 수익 등 숫자에 얽매이게 된다. 영업사원들은 비즈니스 과정의 마지막 단계로 제품 혹은 서비스, 그리고 마케팅에서 할당된 지원으로 활동한다.

이들은 또한 마케팅 그래프나 순서도를 다루는 가상적인 업무가 아닌 실제 세계에서 거래를 한다. 이들의 타깃이 되는 소비자들은 영업사원이 제시하는 물건을 마음에 들어하거나 싫어하기도 한다. 심지어 다른 제품이나 다른 영업사원을 선호할 수도 있고, 예산 삭감에 직면하여 제품 구매가 어려운 상황에 처해 있을 수도 있다. 영업사원들은 종종 독립적이기도 하다. 그러나 큰 조직에 소속된 영업사원들은 마케팅, 물류, 유통 등 고객만족을 위해 노력하는 다른 부분들과 잘 융합해야 한다. 여기서 영업사원들의 역할은 성과를 인도하는 것이다. 이들은 실행 면에서 탁월하기 때문이다.

영업사원들의 성공 비결은 바로 탁월한 커뮤니케이션 기술이다. 영업사원들은 다른 사람들의 말에 귀를 기울이며, 마음을 잘 읽는다. 영업사원들은 수요자들이 솔깃할 만한 장점을 들먹이며 제품을 소개하는 법을 알고 있다. 또 종종 타고난 재담꾼이 있어 이들이 전하는 이야기는 영업 과정 전반에 귀착된다. 영업 담당 관리자들은 영업사원을 훈련시킨다. 이들은 소비자의 조건을 다양화하고 신입 영업사원들에게 행동하는 법과 말하는 법을 가르치며, 자주 피드백을 주고 보완해주면서 체험할 수 있게 한다. 영업 담당 리더들은 강력한 리더십 모델이 되고, 팀의 기여를 중요시하며, 커뮤니케이션을 이용하여 조직원들을 가르치고 코치하고 영감을 불어넣어주는 사람들이다.

권한 위임이 실행을 부른다

실행을 할 때는 커뮤니케이션부터 시작해야 한다. "나는 무엇을 해야 하지?"라는 질문은 뒤처져 있는 조직 내에서 울려 퍼지기 마련이다. 그러나 세으름뱅이는 이러한 푸념을 늘어놓지 않는다. 이 말은 오히려 조직 내에서 가장 헌신적인 사람에게서 나오는 말이다. 이는 근무시간에 직원이 해야 할 일에 관한 내용이므로 가장 기본적인 답이 나올 만한 질문이다. 이 질문에 간결하고 논리적이며 신중한 답이 나오지 않으면 비즈니스 조직보다는 무정부주의적 집단에서 발생하는 상황이 초래된다. 즉, 많은 사람들이 근무시간에 빈둥거리기 시작하는 것이다.

이와 같은 상황이 발생하는 이유는 다양하다. 조직개편, 합병, 새로운 관리자 부임 등이 그 예이다. 이 예들에는 공통적인 특징이 있다. 즉, 권한 위임의 실패로 문제가 발생하는 것이다. 권한 위임이란, 각 계층별로 근로자들에 대한 임무 할당이 될 수도 있으며, 책임과 권한을 부여하는 형태가 될 수도 있다. 이때 기본적으로 사람들을 뭉치게 하는 요인이 필요하다. 이것이 바로 커뮤니케이션으로, 이를 통해 사람들의 참여를 촉진하고 정보를 제공할 수 있다.

❖ 직원들에게 무엇을 해야 하는지에 대해 알려라

모르는 상태에서 그것을 실행에 옮길 수는 없는 노릇이다. 전쟁 영화나 텔레비전 뉴스에서 보았던 상황보고를 떠올려보자. 지휘관들이 미션과 목적에 대해 설명하고 임무를 할당하는 방법에 주목해보자. 관리자들도 이와 같이 할 수 있다. 새로운 프로젝트가 할당되면 사람들을 한데 뭉치게 하라. 업무의 범위와 조직의 기대를 개략적으로 설명하라. 그러고 나서 업무를 할당하거나 일대일 미팅을 하라.

✤ 참여를 유도하라

경영은 일이 잘 돌아가게 하는 것이다. 리더십은 다른 사람들이 잘 실행하도록 이끄는 것이다. 업무를 할당하는 과정에서 사람들에게 강력한 말로 표현하라. 때로는 사람들에게 그 업무에 관심이 있는지를 직접 물어보는 것도 좋다. 하지만 그 정도로 여유를 부릴 만한 겨를이 없을지도 모른다. 업무를 할당하면서 직무수행 방법을 말하지는 말라. 스스로 그 일을 해낼 수 있도록 하라. 조언을 할 수는 있지만, 사람들이 요구하지 않거나 혹은 프로젝트가 제대로 진행되고 있다면 굳이 하지 않아도 된다. 그러나 미리 업무실행 계획을 물어보고 적절한 코멘트를 하는 것은 상관없다. 차후 고위 관리층에게 실행계획을 보고할 때 이러한 방법을 떠올려라.

✤ 책임을 부여하라

권한을 위임하면 그 결과를 감수해야 한다. 관리자는 직원들에게 업무와 그 결과에 책임을 져야 한다는 사실을 전해야 한다. 책임은 부담을 주기는 하지만 인정을 뜻하기도 한다. 이때 리더는 이 두 가지 요소를 적절히 사용해야 한다. 이 요소를 이용해 사람들로 하여금 다른 이들의 업무수행과 직무에 필요한 수단을 강구해줄 책임이 있기 때문이다. 책임은 주인의식을 낳는다. 경영에서 주인의식은 엄청나게 중요하다.

❖ 권한을 부여하라

권한 위임의 핵심은 임무수행 권한을 주는 것이다. 리더는 프로젝트를 이끌어나갈 리더를 임명하면서 책임자와 결정권자가 누구인지 나머지 팀원들에게 분명히 알려야 한다. 팀원들이 당연히 알고 있을 것으로 생각해서는 안 된다. 말로 혹은 서면으로, 가능하다면 두 가지 방법 모두를 사용하여 팀에 알려라. 믿음직한 직원에게 권한을 부여하면 다음의 세 가지가 뒤따른다. 첫째, 권한 위임은 팀의 리더가 결정할 수 있으며, 둘째, 리더가 책임을 공유할 의지가 있음을 팀에게 전달할 수 있으며, 셋째, 미래 리더들을 발굴하는 계기를 마련할 수 있다.

대화를 통해 이해를 구하라

경험이 풍부한 관리자들은 일이 순조롭게 진행되고 있다는 사실 정도는 파악할 수 있다. 그러나 리더가 직원들에게 바라는 것이 무엇인지에 대해서는 미처 모르고 있을 수도 있다. 바로 커뮤니케이션에 문제가 있는 것이다. 직원들이 대화에 참여하게 하라. 개개인이 해왔던 일의 성과 정도에 대해 언급하면서 긍정적인 것부터 이야기해라. 그러고 나서 세부적인 내용으로 들어가라. 그 직원이 현재 자신의 업무를 마음에 들어하는지 물어라. 직원들은 맡은 업무를 위해 최선을 다하고 있는데 간혹 동료 또는 업무 방식이 자신의 임무에 방해가 될 수도 있다. 그 이유를 물어라. 만일 사람이나 업무과정과 관계된 경영 차원의 문제라면 고쳐라. 그리고 그 직원이 다른 업무를 하고 싶어 한다면 그 이유를 물어라. 아마도 현재 맡은 일이 너무 도전적이거나 지나치게 버거울 수도 있다. 리더는 사람들에게 질문을 던져야 답을 얻을 수 있다.

리더가 사람들의 말에 귀를 기울이는 것 자체만으로도 엄청나게 긍정적인 효과를 얻을 수 있다. 따라서 일은 곧 실행될 것이다. 그러나 만약을 대비하여 리더와 직원이 일정, 자원, 인력 면에서 다른 대안을 마련할 수 있는지를 고려하라. 물론 리더가 모든 조치를 취한다 해도 업무가 제대로 진행되지 않는다면 그 직원을 다른 부서나 다른 조직에서 일하도록 끌어내야 한다. 경영에는 인간적인 조건이 조합된 규율이 필요하다. 그러나 그것은 규율에 불과하다. 결과에 대한 책임은 리더의 몫이므로, 그들의 업무가 끝까지 진행되도록 신경을 써야 한다.

경영에서 권한 위임은 매우 중요하다. 그러나 번번이 간과되거나 무시되는 경향이 있다. 직원과 함께 업무에 대해 이야기를 나누는 것만으로도 업무를 올바르게 진행시키는 데 중요한 역할을 한다. 실행방법, 성과의 목적에 대해 대화하는 것이 좀더 가치 있는 일일 수도 있다. 그리고 효과적인 권한 위임의 비결은 서로 상대방의 이야기를 들어주는 것이다. 상대방 모두에게 업무진행 수단으로써 아이디어와 문제점을 공유할 기회가 되기 때문이다. 이와 같이 모두를 하나로 만들고 더 나아가 업무 진행을 유도하는 커뮤니케이션은 권한 위임의 절대적인 요소이다.

주도적인 실행을 위한 전략

　　다양한 이야기로 보강되는 커뮤니케이션은 주어진 임무, 즉 실행에 집중할 수 있게 해준다. 커뮤니케이션은 업무실행 내내 이어지며, 업무를 촉진시킨다. 루 거스너는 그다지 사교적인 경영자는 아니다. 그러나 그는 논거가 분명한 커뮤니케이션을 즐긴다. 거스너는 지위가 높은 관리자들에게 자신의 전략을 명백히 설명하여 전략의 이행을 기대했다. 어떤 전술을 전개하느냐는 전략을 이해한 관리자들에게 달려 있다. 이들은 아래와 같은 전술을 폈다.

❖ 실행단계를 취하라

　　조정은 적당한 인물을 적소에 배정하는 것이다. 실행은 발사단추를 누르고 일이 진행되도록 하는 것이다. 제품판촉과 관계된 모든 조치들로 잘 다듬어진 마케팅 계획을 취하라. 실행단계에서는 계획을 실천으로 옮긴다. 예컨대 광고대행사는 광고를 만들고 광고지를 인쇄한다. PR 담당자들은 핵심 메시지를 알린다. 마케팅 담당자들은 판매계획을 세운다. 이것이 바로 실천이며 실행인 것이다.

❖ 팀을 관리하라

　　조정은 기준에 맞추어 많은 업무들을 정렬시키는 것이다. 가끔 이 업무들은 팀의 노력 여하에 좌우되기도 하다가, 최근 수십 년 동안 엔지니어링과 보수 등에서 다양한 분야에 자율경영팀이 적용되었다. 이 같은 자율경영은 팀에게 자율성을 부여하고, 효율적인 업무진행을 가능하게 만든다. 그러나 관습에 따라 혹은 부득이하게 경영진의 참여가 심화되는 경우도 있다. 방법이야 어찌되었든 팀원과 팀의 리더 간의 커뮤니케이션이 중요하다. 또한 관리자들은 최고의 방식뿐 아니라 자원을 얻기 위해 자기들만의 네트워크를 만들 수도 있다.

✤ 후속조치를 취하라

일의 수월한 진행, 즉 실행으로 결과를 이끌어내는 것은 리더에게 달려 있으며, 충분한 커뮤니케이션이 필요하다. 질문을 하거나 직원들로부터 철저한 보고를 받는 것은 간섭이 아니다. 그것은 확실한 실행을 이루기 위한 과정의 일부이다. 제품 개발 팀의 리더들은 일을 지나치게 방치해두었을 때 오히려 제대로 진행되지 않는다는 사실을 빨리 알아차린다. 그래서 이들은 간섭을 하는 것이다.

신뢰를 바탕으로 한 방임을 통한 리드

리더십은 주로 다른 사람들을 지원하면서 이들이 성공하도록 이끈다. 앞서 논의한 바와 같이 책임과 권한 위임이 중요하다. 그러나 관리자들은 임무 실행에 대한 책임은 맡으면서 이에 필요한 자원이나 권한은 얻지 못하는 경우가 종종 있다. 이것은 제대로 된 권한 위임이 아니다. 리더가 관리자에게 권한을 위임해야 한다는 사실을 모르고 있거나, 혹은 리더가 개인적인 권한을 상실할까 봐 꼭 쥐고 놓아주지 않는 경우인데, 이러한 상황은 모든 것을 무기력하게 만든다. 임무에 대한 권한을 위임받은 사람이 권한을 적절히 행사할 수 없으므로, 권한을 쥐고 있는 리더가 모든 일에 세세하게 관여하려 들기 때문이다.

감독은 방임을 통한 리더십의 형태이다. 부모는 자식들에게 수없이 작별인사를 한다. 물론 작별의 정도는 유치원, 대학, 독립 등 자식이 어떤 환경에 놓여 있느냐에 따라 다르다. 이처럼 리더들도 세부적인 업무에서는 완전히 손을 떼야 한다. 육아에서 방임은 자유를 의미한다. 아이들은 자유롭게 배우고 자신의 삶을 개척한다. 관리자들은 직원들을 옭아매는 고삐를 느슨하게 풀어주어 직원들이 스스로 기술을 개발하고 좀더 중요한 역할로 성장할 수 있게 해야 한다. 동시에 관리자에게는 자신을 재발견하고 새로운 도전을 찾는 계기가 될 수 있다. 물론 세세한 업무는 직원들에게도 힘든 일이지만, 관리자들에게는 더욱 힘들다. 세세한 업무에 신경 쓰다보면 관리자들이 능력을 발휘하는 데 제동을 걸기 때문이다. 관리자가 방임하지 못한다면 자신의 능력 안에 갇혀서 절대 성장할 수 없다. 이 관리자는 직원들이 능력에 맞게 업무를 실행하는 것을 저해하여 결국 성과 달성을 미약하게 만든다.

방임을 통해 팀을 이끄는 것은 대단히 힘든 일이다. 그 이유는 주로 이중의 신뢰형태 때문이다. 관리자는 직원들을 믿고 책임과 권한을 주어야 하며, 이로써 자신이 한 걸음 물러서는 것을 배운다고 믿어야 한다. 관리자는 수차례에 걸쳐 문제가 생길 징조가 보일 때 선한 의도로 다시 관여하려 한다. 마치 유치원생을 둔 부모가 코트를 입을 수 있도록 도와

주듯, 불안한 관리자들은 자신이 코트 단추를 잘 채워주겠다며 덤벼들 것이다. 하지만 그러한 관여는 아이들에게는 도움이 될 수 있어도, 직원들에게까지 늘 해당되는 이야기는 아니다.

커뮤니케이션의 관점에서 보면 관리자들은 이러한 주제에 대한 경험을 다른 사람들과 공유해야 한다. 경영의 과정에 이러한 경험의 공유가 적절히 반영되어 있지 않다면, 이야기를 전달함으로써 경험 공유를 통한 방임의 과정을 가시적으로 만들어 수용하게 할 수 있다. 무엇보다 핵심은, 조직 전반에 걸쳐 한 차원 높은 신뢰를 쌓는 것이다.

실행은 성과를 달성하는 것

물론 실행은 힘든 일이다. 인기 있는 제품, 최상급 병원, 학생들의 학습열 고취, 경기에서의 승리 등 어떤 형태든 실행으로 얻어지는 보상은 모두 달콤하다. 실행은 비전과 조정을 통해 이루어진다. 즉 서면상으로만 존재하던 계획을 제품이나 서비스를 이용하여 사람들을 만족시키는 계획으로 실천하는 것이다. 실행에 있어 존엄성은 당연한 것으로 받아들여지거나 전체적으로 간과되기도 한다. 그러나 비전달성과 미션지원을 위해 희생하면 더욱 강한 목적의식이 생겨난다. 이는 많은 사람들이 개인적인 일은 뒤로 미룬 채, 더 위대한 일을 하기 위해 최선을 다했음을 뜻한다. 이러한 실행은 진정으로 숭고하다. 그리고 그 숭고함을 다루는 많은 이야기들이 있다.

실행 스토리 플래너

실행은 비전과 조정을 성과로 전환시킨다. 실행에 도움이 될 만한 다음의 질문들에 대해 고민해보자. 그리고 실행 과정을 지원해줄 이야기를 구상하라.

❖ 가장 먼저 취할 조치는 무엇이며, 그 이유는?

❖ 각 팀들이 실행 과정을 이끌어갈 방법은 무엇이며, 이 방법이 중요한 이유는?

❖ 사람들이 제대로 임무를 수행하도록 리더가 취해야 할 후속 조치는 무엇인가? 그들이 맡은 바 임무를 다하지 않을 경우 리더가 할 일은 무엇인가?

❖ 방임을 통한 경영을 위해 리더가 해야 할 훈련은 무엇인가?

커뮤니케이션 실천 단계(실행)

❖ 열망을 자극하라. 비전을 주입시켜라.

❖ 이상을 실천에 옮겨라. 조정과 실행을 연계시켜라.

❖ 희생에 대해 이야기하라. 조직원들이 할 일에 대해 반복하여 말하라.

❖ 성과를 보여주어라. 밀어붙여라.

루 거스너

아무리 좋은 의도라고 해도, 경영자의 '퇴임식'에서 경제 전문 기자가 사과문을 낭독하는 일은 흔치 않다. 역사상 가장 성공적인 변화를 이끌어낸 루 거스너가 IBM의 CEO 자리에서 물러나는 일도 예삿일이 아니지만 말이다. 『포춘』의 저명한 칼럼니스트인 스튜어트 알솝Stewart Alsop이 거스너에 대해 IBM의 CEO 자리에 적합한 인물이 아니라고 의구심을 표출했던 것에 대해 공개적으로 '사과' 했다. 알솝을 비롯한 언론계와 금융계 사람들은, 매킨지McKinsey 컨설턴트 출신이자 아메리칸 익스프레스American Express에서 중역을 지내고 RJR 나비스코Nabisco의 CEO였던 인물은 미국의 유서 깊은 기관의 최고 경영진으로는 적당하지 않다고 보았다. 알솝은 거스너가 기술에는 문외한이라고 지적했으나 결국 사실과는 다른 것으로 판명된 셈이다.

IBM 내부의 문제를 짊어질 인물

사실 거스너는 IBM을 이끌어갈 최고경영자 후보 가운데 한 사람이었다. 보도에 따르면 GE의 잭 웰치Jack Welch와 그 당시 얼라이드 시그널Allied Signal의 래리 보시디Larry Bossidy에게 최고경영자 자리를 제안했으나 이들은 이유를 둘러대며 거절했다고 한다. 1993년 IBM은 지금처럼 컴퓨터 하드웨어를 전 세계 기업들에게 설치해줄 만큼 기술의 귀재는 아니었다. 그 당시 PC 혁명이 지구촌에 몰아쳤는데, 그 과정에서 경영자들은 정보기술, 즉 IT를 달리 보게 되었다. 정보는 힘이었으며, 모두들 데스크탑을 이용해 자신의 책상에서 그 힘을 누리고 싶어 했다. 당시 IBM은 PC 혁명을 발 빠르게 수용하지도 못했고, 비전, 전략, 실행 면에서 많은 문제를 안고 있었다. 늘 그렇듯 IBM의 과실에 대해 정면 돌파로 맞섰던 사람들이 있었다.

1994년 IBM은 인력의 절반가량을 해고했다. 이는 평생직장으로 자부심을 갖고 있던 직원들에게는 배신행위와도 같았다. IBM은 내부적으로 혼란을 겪고 있었지만, 구시대의 경영자들에게는 모든 상태가 정상인 것처럼 보였다. 거스너의 후임자이자 당시 글로벌 서비스를 주창하던 샘 팔미사노Sam Pamisano는 말했다. "사람들은 좋은 얘기를 주고받으면서 회의를 진행하고 '수고 많으셨습니다' 라는 말로 끝냅니다." 결과가 좋든 나쁘든 회의는 똑같다. 물론 결과가 나빴다면 회의에 참석했던 사람들은 이런 말을 덧붙였을 것이다. "최선을 다했다는 것은 잘 알고 있습니다."

CEO 자리를 제안 받았을 때 거스너는 IBM과 관계를 맺고 싶지 않았다. 그러나 IBM은 열렬히 그를 원했다. 존슨 앤 존슨Johnson & Johnson의 전임 CEO이자 IBM의 이사인 제임스 E. 버크James E Burke는 "거스너는 완강했다. 힘겨운 일이 산재해 있었지만, 그가 잘 해낼 것임을 알았습니다"라고 말했다. "본능적으로 전략적인 사고를 할 수 있고, 이러한 사고를 훈련하고 즐기는 그런 인물이 필요했다." 거스너가 거부하자 애국심을 들먹이며 그를 비난하는 소리들이 나왔다. 『포춘』 기자인 베치 모리스는 거스너를 CEO 자리에 앉히는 것을 '나라를 위한 명예로운 의무' 라고 표현했다. 버크는 거스너에게 더욱 냉정하게 말했다. "거스너, 당신은 CEO 자리를 승낙함으로써 조국에 은혜를 갚아야 합니다." 그는 전세계에 메인프레임 컴퓨팅을 판매해왔던 우량기업을 잃게 되는 것을 그냥 보고만 있을 수는 없었던 것이다. 하지만 결국 모순적이게도 월스트리트 금융 전문가와 IBM 내부의 사람들은 IBM이 살아남아야 하지만, 분사될 수밖에 없을 것이라고 생각했다. 결국 IBM은 거스너를 CEO 자리에 앉혔고, 분사전략을 택할 필요도 없었다.

터프가이 루 거스너

　　　　　루 거스너는 다른 사람들의 전략에 별 관심을 두지 않는다. 터프하고 호전적이며, 탁월한 감각과 예민함으로 최고경영자 자리까지 오를 수 있었다. 롱아일랜드의 노동자 집안에서 태어난 거스너에게 그의 부모는 탁월한 감각을 심어주었다. 특히 유명한 가톨릭 대학 예비학교인 샤미나드Chaminade의 규율을 거치면서 이러한 감각을 더욱 가다듬을 수 있었다. 같은 학교 출신이자 NBC 회장과 GE 부회장을 역임한 로버트 라이트Robert Wright의 말에 따르면 "규율을 한 번 어기면 잠을 못자게 하며, 두 번 어기면 학교를 떠나야 한다." 심지어 규율을 어겼다는 이유로 퇴학을 당하는 사람도 있었다. 우수한 학생이었던 거스너는 다트머스Dartmouth 대학에 장학금을 받고 입학했다. 그후 거스너는 하버드MBA에 진학했으며, 후에 최고 경영 컨설팅 회사인 매킨지 앤 컴퍼니

Mackinsey & Company에 28세의 나이로 입사하였다. 거스너는 머리도 좋았지만, 이를 뒷받침해줄 결단력도 갖추고 있었다. 그는 IBM에서 성공적으로 일을 진행시키기 위해 혼신을 다해 결단을 내려야 했다.

능력이 출중한 그가 매킨지 앤 컴퍼니에서 처음 맡은 보직은 수석 보좌관이었다. 그는 무엇보다 다른 이들의 조언을 따르기 위해 애썼다. 하지만 이는 신출내기는 물론 루 거스너처럼 기민한 사람들에게도 다소 위험이 따르는 방식이었다. 거스너는 말한다. "물론 첫해에는 근무하면서 다른 사람들의 조언에 의존하다보니 내 마음에 드는 것들도 있기는 했지만, 좋지 않은 아이디어로 지적인 치명타를 입기도 했습니다." 이를 방지하기 위한 조치로는 재무, 마케팅, 법률 그리고 PR 등 각 분야에서 재능 있는 고위급 직원들을 주위에 배치시키는 것이다.

아메리칸 익스프레스와 RJR 나비스코를 다시 소생시킨 기업 회생 베테랑인 거스너는 훗날 이렇게 말했다. "서로 잘 이해하고 의지할 수 있는 사람들을 곁에 두는 것은 엄청난 도움이 된다." IBM이 여타의 큰 조직처럼 성공하려면 이 회사의 내부 인력에 대한 의존도 필요했다. 또 회사와 동고동락했던 베테랑들을 믿어야 한다. 거스너는 그런 베테랑들을 찾아 승진시켰다. RJR 나비스코의 한 전임 경영진은 자신이 모시던 회장의 업무 방식에 대해 이렇게 표현했다. "그는 모두가 전략에 몰두하게 했고, 그런 다음 세세한 것에는 관여하지 않았습니다. 만약 세세한 배려를 기대했다면 그것은 큰 오산입니다." 대신 거스너는 멘토를 붙여주었다. 그는 직원들이 기술개발에 힘쓰고 업무에 잘 적응하도록 다독이며 '잘했어'라고 칭찬해주기보다는 도전하게 하는 스타일이다. 그러나 확실한 보상으로 성과를 인정해준다. 실제로 그는 IBM에서 역대 최고의 보너스를 지급했다.

▍복귀 그리고 기업의 회생

IBM의 회생은, 사적인 측면과 공적인 측면으로 나눠볼 수 있다. 거스너는 IBM의 CEO 자리를 승낙한 이후 리더십을 체험했다. 그는 리더십을 분명하게 발휘하며, 부임 후 90일 동안 핵심 실행 조치들과 자신이 기대하고 있는 것을 알렸다. 그는 IBM에서 재직하는 동안 펴낸 개인적인 이야기 『코끼리를 춤추게 하라』를 통해 리더십에 대해 조목조목 전하고 있다. 이 책을 보면 그가 달성하려 했던 기대에 대해 확실히 알 수 있다. 예를 들어 IBM은 자금 운용과 고객만족에 좀더 집중하고 전략 개발을 해야만 했다. 이를 위한 일환으로 거스너는 평등을 주창했다.

한편 그는 고위 관리자들에게 리더십 스타일을 강조했다. '원칙에 따른 경영', '강력한 경쟁전략과 계획, 팀워크에 대한 믿음' '성과에 대한 보상' 등이 그의 리더십 스타일이었던 것이다. 또한 '빠르게 움직여라'라는 자신의 신조를 모두와 공유함으로써 고위층 리더들에게도 신속한 움직임을 요구하고 있다. "자괴감 따위는 도움이 되지 않는다. 그리고 IBM 직원들에게는 사탕발림 같은 연설도 필요치 않다. 오로지 리더십과 방향감각이 필요하다. 이것은 나 혼자만이 아니라 우리 모두의 노력에서 비롯하는 것이다."

회생의 공적인 측면은 그렇게 순탄하지만은 않았다. 그는 CEO로 취임한 이후 3개월이 지나자 처음으로 기자회견을 열었다. "내가 IBM에 비전을 제시할 시기에 대해 이런저런 얘기들이 많다. 이에 대해 한마디 하자면, 비전은 IBM에게 지금 당장 제일 시급한 것이다." 그 당시 그는 수익성, 고객에 내한 집중, 전략적 지침, 해결지향이라는 네 가지를 우선순위로 구분했다. 이는 이목을 집중하는 비전 강령이었지만, 긍정적인 반응보다는 비판의 소리를 불러왔다. 인력 삭감에 치중했고, 너무 전략적이며, 너무 내부에만 초점을 맞추고 있다는 이유에서였다. 심지어 『이코노미스트』는 '너무 근시안적'이라고 꼬집었다.

거스너는 그러한 비평에 분통이 터졌다. 그러나 결국 그가 옳았음이 드러났다. 그는 자신의 저서에서 '지금 당장'이라는 말을 빼서는 안 된다고 강조하고 있다. 실제로 사본에서 많이 빠뜨리기도 했지만, 거스너는 이 두 단어를 중시하는 이유에 대해 이렇게 설명했다. "통찰력 있는 사람들이 마련한 비전 강령은 이미 수도 없이 많다. 문제는 앞날에 대한 것이 아니라, 지금 당장 틀어지고 있는 일을 바로잡는 것이다. IBM을 뜯어 고치는 것은 실행과 관계된 일이다. 비난의 대상을 찾기보다는 IBM을 되살리는 데 긴박성을 갖는 것이 중요하다."

거스너는 가장 먼저 경영위원회를 없앴다. 한때 이 위원회는 회사가 투자할 새로운 아이디어와 기술을 심사했다. 좋은 발상이기는 했지만, 시간이 지나면서 이 경영 위원회는 타성에 젖어 제 역할을 하지 못했다. 새로운 아이디어의 관문이라기보다는 오히려 아이디어를 가로막는 장벽으로 왕좌 뒤의 권력이 되었다. 거스너는 이 위원회를 해산시킴으로써 기업이 나아가야 할 방향에 대해 더욱 직접적인 통제권을 가질 수 있었다. 물론 거스너가 이를 주도한 까닭은 권력 때문이 아니라 변화를 이끌어내기 위해서였다. IBM은 좀더 소비자 지향적으로 바뀌어야 했지만, 이를 실행에 옮기는 일은 쉽지 않았다. 특히 IBM처럼 권력이 지리적 위치와 사업부마다 뿌리 내리고 있는 큰 조직에서는 더욱 쉽지 않았다.

거스너는 IBM이 소비자적 관점을 받아들이도록 했다. 이는 많은 회사들이 주창하고 있지만, 역시 제대로 실행하는 곳은 거의 없다. 이것이 IBM에게 의미하는 바는 하드웨어 공급업체에서 소프트웨어 솔루션과 하드웨어의 통합 서비스를 공급하는 업체로의 변모이다. 오랫동안 다른 동종 업체들은 배제하고, 수요자들을 자사의 시스템으로 끌어들인 것으로 유명한 IBM은 이제 다른 업체들의 하드웨어도 사용 가능하게 하는 등 시스템을 소비자들이 원하는 방향으로 바꾸었다. 고리타분한 IBM에게는 이단과도 같은 전략이었겠지만, 새로 태어난 IBM에게는 생명의 복음과도 같았다. 변화가 필요한 이유는 바로 시장이 변했기 때문이다.

IT는 더 이상 독자적인 접근 메인 프레임을 고수하지 않고 하드웨어, 미들웨어, 응용 소프트웨어를 통합하는 정보 네트워크로 진화했다. 다른 방식의 도입으로, 조직 내 IT 전문가들은 재무, 마케팅, 엔지니어링 등 모든 분야에서 데이터를 처리해야 하는 내부 고객들에게 솔루션을 제공하는 존재가 되었다. 또한 모든 직원에게 전자 메일이 필요했다. 공교롭게도 IBM은, 초기 인터넷 시대에 많은 기업들이 사용했던 전문 사무 시스템의 선봉자로 특허권을 가지고 있었다.

1995년 무렵 IBM은 수익이 늘기 시작했다. 1997년에 거스너는 뒤집힌

배를 바로잡을 영웅으로 대접받기에 이른다. 그러나 그것으로 임무를 마친 것은 아니었다. 그는 이렇게 썼다. 'IBM은 급속한 붕괴로 과거의 자만을 떨쳐버릴 수 있었다." 거스너는 IBM이 전진하려면 '긴장감'을 유지해야 한다고 생각했다. 마침내 인터넷 붐이 도래했고, 과거에는 IT의 진화를 놓쳤던 IBM이지만, 이번만큼은 절대 기회를 놓치지 않았다. 전자상거래는 IBM이 소비자들에게 집중하고 있음을 보여줄 기회인 동시에 가상적이면서 실제적 환경에서 소비자들을 위한 하드웨어, 소프트웨어, 네트워크 솔루션을 꾸준히 공급할 수 또 하나의 기회이다. 즉 IBM은 과거에 보여주었던 리더십을 발휘하여 과거의 영광을 다시 찾을 것이다.

리더십을 개인화하라

거스너에게 중요한 것은 개인적인 리더십, 즉 가시적이고 실행 가능한 리더십이다. 거스너는 '최고의 리더들은 고성과주의 문화를 만든다'라고 했다. 그러한 문화는 우연히 발생되는 것이 아니라, 위대한 CEO들이 소매를 걷어붙이고 자신의 문제인 것처럼 해결할 때 탄생시킬 수 있다. 그러한 리더들은 '실무자들 뒤에 숨지 않는다', '이들은 매일 소비자들, 공급업체들 그리고 비즈니스 파트너들을 만난다.' 이 리더십을 촉진시키는 것은 '커뮤니케이션과 솔직함, 정직하게 말하려는 의지, 그리고 다른 사람들의 지식을 존중하는 것'이다. 근로자들을 존중한다는 말은 '기업이 추진하는 일을 알 권리'를 주는 것과 동시에 그들에게 개인적으로 '나쁜 소식'도 전한다는 것을 의미한다. 거스너의 리더십을 자극하는 것은 열정이다. 그래서 그는 개인적인 리더십에서 열정이 제일 중요하다고 생각한다. 거스너의 열정은 '일을 벌려놓은 후 성과를 얻어내는 것'을 의미한다. 리더는 그러한 열정을 분명히 전달해야 하며, 동시에 '책임감', '참여' 그리고 '가시성'과 같은 리더십의 기본원칙과 '전략'과 '실행'이라는 비즈니스의 기본원칙으로 이러한 열정을 보강해야 한다. 즉 열정에 규율과 엄격한 집행을 가미하면 효과적이며, 측정 가능하고, 달성될 수 있는 뭔가가 탄생하는 것이다.

그러나 동료 CEO나 과거 동료들 모두가 거만하고 건방진 그의 성격에 대해서만큼은 거부감을 느낀다. 거스너는 어떤 변명도 하지 않는다. "나는 정말 격렬하고 경쟁적인 스타일이다. 똑 부러지는 성격이고 무뚝뚝하며 게다가 거칠기까지 하다. 다들 나를 맞게 보고 있다. 그렇게 살아온 것에 대해 죄책감이 든다."

『코끼리를 춤추게 하라』를 보면 거스너가 이야기 전달에 재능이 있음을 알 수 있다. 이야기와 전략 혹은 실천방법을 혼합함으로써 거스너는 다른 사람들과는 다른 회생 이야기를 그려내고 있다. 최고의 재담꾼인 거스너는 이야기를 통해 IBM 직원 전체가 회사를 구했으며, 전 세계에 공급할 제품과 서비스, 그리고 생계까지도 지켜냈다고 전한다. 루 거스너가 없었다면 오늘날의 IBM은 그저 껍데기에 불과하거나 그 근처에도 미치지 못했을 것이다. 스튜어트 알솝은 공개 사과편지에서 이렇게 밝히고 있다. 'IBM은 비전이 필요 없었다. 소비자들을 위한 현명한 계획을 실천하는 것만으로도 충분했기 때문이다." 이것이 바로 거스너가 10년 가까이 이 회사를 이끌면서 주장했던 말이다. 결국 기자들이 칭찬을 아끼지 않았으니 거스너는 성공을 거둔 셈이다. 그리고 그 자체로 하나의 이야기가 된다.

❖ 아이디어를 공유하라

루 거스너는 IBM에서 전략과 실행에 대한 탁월한 감각으로 최고경영자의 자리를 받아들였으나, 이 회사를 소생시키기 위해서는 조직원들과 대치하는 것이 아니라 이들과 함께 힘을 모아야 한다는 사실을 알았다.

❖ 끝없이 커뮤니케이션하라

모두가 헌신한 덕분에 IBM은 성공할 수 있었다. 헌신을 이끌어내는 가장 좋은 방법은 임무의 방법과 그 임무의 당위성에 대해 수시로 커뮤니케이션하는 것이다.

❖ 실행에 전념하라

실행은 일을 진행하는 것이다. 루 거스너는 기대 수준을 정하고 사람들이 책임감을 느끼게 하면서 적당한 보상으로 실행을 이끌었다.

❖ 승리로 이끌어라

거스너가 말했듯이 모든 리더들은 '일을 벌이는 사람'이다. 전략과 실행 그리고 좋은 사람들을 통해 올바른 승리를 거두고자 하는 의지로 결과를 달성해야 한다.

❖ 열정을 현실화시켜라

루 거스너는 리더십에서 열정의 중요성을 확신한다. 그러한 열정을 경영의 원리와 리더십에 연계시켜, 리더십이 의미 있게 실행될 수 있도록 해야 한다.

타고난 전략가, 빌 벨리칙의 단련

"나는 미식축구 팀을 위해 최선책을 결정해야 하며,
한 사람만의 이익을 생각해서는 안 된다. 나는 결정해야 한다.
선수들이 내 결정을 이해하는지, 존경하는지는 확신할 수 없지만
나는 그들이 그러기를 바란다. 아니 그럴 것이라고 믿는다."

－ 빌 벨리칙(NFL 뉴잉글랜드 패트리어츠 감독)

한 세기가 지난 현재의 시각으로 보면 인류가 마치 늘 하늘을 날 수 있었던 것만 같다. 그러나 실제로 1903년까지만 해도 단지 몇 명만이 하늘을 나는 일이 실현 가능하다고 믿었고, 대부분은 터무니없는 일이라고 여겼다. 물론 오늘날 그러한 일은 당연한 것이 되었다. 오하이오 주 데이턴Dayton 출신의 자전거 기술자였던 두 남자가 인내와 부지런함, 끈질긴 도전을 통해 결국 사람들에게 믿음을 심어주었던 것이다. 간밤에 일어난 이 일은 독학, 끝없는 실험, 특히 단련으로 빚어낸 하늘의 정복이었다.

142

민속연구의 역사를 훑어보면 라이트Wright 형제는 하늘을 나는 법을 알아낸 운 좋은 시골뜨기에 불과하다. 사실이 그렇다. 제임스 토빈James Tobin이 쓴 놀라운 역사이야기 『하늘 정복To Conquer the Air』을 보면 "윌버 라이트Wilbur Wright는 날고 싶은 욕망에 사로잡힌 남자로 다각도로 비행을 연구했다. 그와 동생 오빌 라이트Orville Wright는 엔진을 달고 비행한다는 비전에 헌신하겠다고 다짐했다.

날기 위해서는 우선 활주부터 배워야 했다. 당시 몇몇 유럽인들 역시 열심히 시도했으나 딱히 성과를 내지 못했으며, 심지어 이 과정에서 목숨을 잃은 이도 있었다. 라이트 형제는 활주에 대해 연구했다. 그들은 노스캐롤라이나North Carolina 아우터 뱅크Outer Bank 지역의 키티 호크Kitty Hawk 위를 날아다니는 갈매기와 말똥가리를 올려다보며 시간을 보냈다. 라이트 형제는 3년 동안 활주를 시도한 끝에 기계에 엔진을 부착할 수 있었다. 다른 사람들은 처음부터 엔진을 달려고 시도했기 때문에 기계가 내려앉을 수밖에 없는 노릇이었다. 그러나 윌버와 오빌은 활주하는 것을 배운 다음, 기류를 타고 날아오르는 것을 배우면서 글라이더를 조정할 수 있게 되었다. 매우 신중했던 이들에게 활주의 응용은 힘든 일이었다.

1903년 마침내 그들은 '비행기'라고 불리는 엔진이 달린 글라이더를 만들었다. 수차례 활주를 시도한 끝에 오빌이 글라이더를 잡고 전력을 다해 작은 엔진을 돌리자 비행기는 레일에서 이륙하더니 120피트 상공으로 날아올랐다. 글라이더로도 이미 그 정도 높이까지는 오른 적이 있었기 때문에 라이트 형제는 훨씬 더 높이 날아오르고 싶었지만, 어쨌든 최초로 바람을 가로지르며 날아올랐다. 마침내 사람도 하늘을 날게 되는 순간이었다. 라이트 형제는 4년이라는 시간을 들여 실험을 했지만, 사용한 비용은 천 달러도 채 되지 않았다. 이는 연방정부로부터 지원받는 다른 경쟁자들과 비교했을 때 7분의 1에 불과한 수준이었다.

라이트 형제는 사실상 실험 초창기에는 언론에 모습을 드러내지 않았다. 자신들의 발명품이 도둑맞을까 두려웠기 때문이다. 그러나 특허권을 획득한 후에는 좀더 자유롭게 이 발명품에 대해 이야기했다. 이 형제들 또한 이야기를 전달하는 방법을 알았다. 프랑스에서 미국으로 돌아오기 바로 전, 윌버는 오빌에게 비행에 대한 자신들의 자세한 이야기를 언론에 공개하자고 설득했다. 라이트 형제는 언론을 좋아하지는 않았지만, 동료 비행 연구자들을 상당히 존경하고 있었으므로 다른 사람들과 함께 자신들의 경험을 공유하려고 했다. 그후로 키티 호크와 데이턴 외곽의 허프먼 프레리Huffman Prairie는 비행을 진지하게 연구하는 학생들로 몹시 붐비는 지역이 되었다.

비행에 대한 열정과 더불어 새로운 역사를 열고 경쟁에서 승리하고자 했던 라이트 형제의 의지를 통해 우리는 단련의 힘을 생생하게 경험할 수 있다.

조직적인 단련을 통한 참여는 앤 퍼지Ann Fudge가 사람들에게서 최선을 이끌어낼 때 사용하는 방법이다. 잘나가는 광고 대행사인 영 앤 러비캠Young & Rubicam의 CEO이자 한 식품회사의 고위 경영진 출신인 퍼지는 기업의 최고 자원은 사람이라고 생각했다. 그녀는 창조력의 중요성을 인식하고 사람들로부터 최선의 창의력을 이끌어내기 위해 애썼다. "아이디어가 비즈니스를 키우는 법이다. 아이디어를 제안하는 것도 중요하지만, 그 아이디어를 관철시킬 수도 있어야 한다." 이러한 믿음으로 그녀는 맥스웰 커피하우스의 브랜드 인지도를 높였으며, 크래프트 푸드 Kraft Foods의 고위 경영진의 자리를 꿰찰 수 있었다.

퍼지는 매사에 창의력을 발휘하기 위해 애쓴다. 그녀는 회의를 싱크탱크의 기회로 이용하며 최종 목적지를 향한 아이디어를 쏟아내게 만든다. 예컨대 한때 그녀는 회의에서 인터넷을 통해 유통될 크래프트의 제품을 생각해보라고 제안했다. 이것은 새로운 한계에 대한 도전이다. 크래프트에 재직할 당시 퍼지는 이렇게 말했다. "나는 색다른 시리얼 제품을 구상하듯 색다른 접근법을 만들기 위해 혁신을 추진합니다." 이것은 창조성이 운명을 좌우하는 광고 대행사에서는 더없이 중요한 자세이다. 또한 퍼지는 현실주의자이기도 하다. 모든 아이디어가 똑같지는 않다. 어떤 아이디어는 채택되어 날개를 달겠지만 나머지는 매장될 것이다. 그렇지만 아이디어를 제안한 사람들은 이런 과정을 통해 교훈을 얻을 수 있다. "비록 아이디어가 각광받지 못한다 해도 우리 직원들은 신경 쓰지 않는다." 이는 퍼지 밑에서 일하는 한, 다음 기회를 또 얻을 수 있기 때문이다. "이번에 배우고, 다음번 프로젝트에서 도전하자"라는 말처럼 말이다.

퍼지는 젊은 시절을 민권운동에 바쳤다. 아프리카계 미국인으로 워싱턴 D.C.에서 자란 그녀는 인종차별을 겪었으나 성품이 비뚤어지지는 않았다. 그녀는 이제 포용하는 자세로 회사를 경영해나간다. "사람들을 배제시키면 이들로부터 얻을 수 있는 혜택을 제외시키는 것이다." 그녀는 팀워크를 중시하지만, 팀원들을 의존적으로 만들지는 않았다. 독립적으로 생각하고 행동하는 사람들을 높이 평가했기 때문이다. 그녀는 한때 이러한 인터뷰를 하기도 했다. "우리는 최고 MBA에서 최고 인력을 채용한다. 그러나 그것만으로는 충분하지 않다. 팀워크가 중요하기 때문이다."

어머니이자 할머니인 퍼지는 고위 경영직을 맡은 사람에게는 쉽지 않은, 일과 삶의 균형을 실천하고 있다. 많은 전문직 여성들처럼, 퍼지도 순탄치 않은 길을 달려왔다. 그녀는 무엇보다도 가족이 우선이었다. 퍼지는 경험을 통해 많은 것을 깨달았으며, 특히 사람들을 리드하는 데 있어 중요한 것을 배울 수 있었다. 그것은 곧 가정을 잘 다스려야 직장도 잘 이끌 수 있다는 원리이다. 또한 그녀는 전진하는 것뿐만 아니라 임무를 제대로 수행하는 것도 중요하다는 사실을 배웠다고 『포춘』에 밝히고 있다. "직장 경력을 쌓을 때 빨리 전진하는 것만이 최선이 아니다. 각 단계마다 자신의 능력을 보여주어라." 누구든 앤 퍼지 같은 리더를 만날 수 있고, 자발적으로 노력할 의지가 있는 사람이라면 능력을 발휘할 기회를 얻을 수 있을 것이다.

단련은 분발하여 실행하게 만든다. 실행이 어려울수록, 단련을 통해 실행을 이끌게 마련이다. 단련은 인내를 요구한다. 라이트 형제는 비행을 연구하고 알맞은 디자인을 검토하는 데 수년을 보냈다. 앤 퍼지는 최고의 자리에 오르기 위해 오랫동안 능력을 개발했다. 라이트 형제는 자신들이 단련한 것을 신흥 항공기 분야에 적용했다. 퍼지는 비용 면에서 효율적이면서도 창조적인 일을 하면서 그동안 자신이 단련해온 것을 발휘했다. 이와 같이 성공한 리더들은 단련을 통해 자기만의 방식을 유지할 뿐만 아니라, 잘 실행해 나간다.

단련이란?

규율을 준수하는 '단련'이란 용어는 흔히 쓰이는 말은 아니다. 개인주의 문화에서는 의사표현의 자유를 선호한다. 개인주의 덕분에 자유로운 기업 시스템이 작용할 수 있으므로 이를 나쁘다고 할 수만은 없다. 또한 자유로운 표현도 나쁠 게 없다. 미국이 소중히 여기는 가치이지 않은가! 그러나 개인주의와 표현은 조직 내에서 한계가 있다. 자신보다 좀더 큰 조직에 소속된다는 것은 전체에 자신을 맡기는 것을 의미한다. 학교나 교회, 팀 혹은 시민단체, 사업체 등 어떤 조직이든 사회에 헌신하기 위해 좀더 큰 선을 행해야 한다. 조직에는 규칙이 있고, 조직원은 그것을 따라야 하며, 싫다면 조직을 떠나야 한다. 이는 아주 간단한 원리이다.

단련은 강요가 아니다. 사실 강요할 수도 없다. 단련은 '그것을 하고 싶다'는 자유의지에서 나와야 한다. 자, 이제 단련의 요소를 살펴보자. 첫 번째는 희생이다. 1마일을 4분에 주파하거나 직장 내 결근을 줄이고 싶다면 엄격하게 굴어야 한다. 이는 육상선수들이 장거리, 중거리 그리고 단거리를 뛰는 시간을 고수하고 규칙적으로 식사하는 것과 같다. 직원들이 지각하지 않기를 바라는 관리자는, 다소 느슨한 스케줄을 적용하거나 제때에 출근하고 싶어도 개인적인 문제에 봉착한 직원들을 위해 탁아소, 교통편, 자율 출근시간 등의 대책을 마련해주어야 한다. 마찬가지로 근로자들 역시 엄격함을 포용하고 이를 실행하기로 결정해야 한다.

난련의 두 번째 요소는 인내심이다. 멈추지 말고 계속해야 한다. 고지가 보이는 프로젝트의 최종단계에서 인내하기는 쉽다. 하지만 프로젝트가 현실적이지 않고 가상적인 초기단계에서는 인내하기란 상당히 어려운 일이다. 리더들은 자신의 업무습관에서 인내를 보여줘야 한다. 그리고 프로젝트와 비전의 장점과 혜택을 이야기하는 과정을 통해 그 인내를 단단히 잡아두어야 한다.

단련의 세 번째 요소는 무욕에서 나온다. 경영상 혹은 개인적인 모든 사안을 떨쳐버려라. 리더는 기업에 중요한 것이 아니라, 고객이 원하는 것을 추구해야 한다. 물론 고객은 좋은 상품이나 서비스를 통해 혜택을 볼 수 있는 그런 막연한 존재가 아니다. 욕심을 배제했을 때 단련은 효력을 발휘한다. 실행은, 말처럼 쉽지 않다.

마지막으로 단련은 헌신에서 나온다. 리더는 자발적으로 헌신해야 한다. 앞에서 언급했다시피 단련은 사람들에게 억지로 행동을 강요하는 것이 아닌 규율과 기준을 따르는 것이다. 하지만 이러한 준수가 유일한 방식이라면 단련은 절대 실행되지 않을 것이다. 사회 봉사자들이야말로 헌신의 전형이다. 이들은 사회정의, 평등한 기회, 가난한 사람들의 건강관리라는 미션을 실행하고 소생시킨다. 헌신이 이러한 미션을 지탱하며, 단련은 이를 통해 보강된다. 빌 벨리칙은 위에 언급한 네 가지 특성을 모두 다 구체화하고 있다. 개인적인 목표를 희생하더라도, 팀의 목표를 향해 인내하고 팀을 우선시하여 우승하는 데 헌신하고 있기 때문이다. 이로써 벨리칙은 뉴잉글랜드 패트리어츠 팀을 21세기 최고 미식축구 왕좌로 등극시킬 수 있었다.

책임의 문화를 조성하라

실행은 책임에 따라 좌우된다. 2003년 8월 우주 왕복선 콜롬비아 호 폭발사고가 국민에게 공개되었다. 당시 미 항공우주국 나사NASA의 총 책임자인 션 오키프Sean O'Keefe는 당당히 나서서 정면으로 비난을 받아들였다. 이는 공무에 몸담고 있는 리더라면 모두 꺼릴 만한 일이었다. 그는 공식의견을 발표했고 방송사 뉴스를 순회했다. 그의 메시지는 직접적이었으며, 정직했다. "우리가 실수를 했고, 그 결과로 안타까운 목숨들이 희생되었다. 앞으로는 이런 일이 다시는 일어나지 않도록 노력하겠다." 나사가 정말로 노력했는지는 시간이 지나면 알게 될 것이다. 그러나 2004년 은퇴 전까지 오키프는 나사의 총 책임자 자리를 지켰다. 책임감 있고 능력 있는 리더였으므로 이는 당연한 결과였다.

오키프의 예와는 상반되는 기업인이나 정치인들도 상당수 있다. 이들은 좋지 않은 뉴스의 조짐만 보이면 도망가고 숨기에 바쁘다. 새 천 년 새벽 미국을 강타했던 기업 스캔들, 테러, 전쟁과 같은 대 재앙들은 경기에 악재로 작용했고, 증권시장, 증권회사, 정경 리더들에 대한 국민들의 신뢰를 산산이 무너뜨렸다. 신뢰를 저버릴 때마다 사람들은 그 이유를 알고 싶어 한다. 결국 누구의 책임인지 가려내기 위한 조사가 뒤따른다. 궁극적으로 책임감이라는 개념을 바탕으로 하기 때문에 이러한 반응은 긍정적인 작용을 할 수 있다. 책임감은 리더십에서 빠뜨릴 수 없는 필수 요소지만, 학교, 스포츠, 그리고 심지어 경영에서까지 심심치 않게 간과되고 있다. 조직은 영역 밖에서 발생하는 일에는 영향력을 행사할 수 없다. 그러나 내부에서 일어나는 일에 대해서는 무엇이든 할 수 있다. 그러므로 관리자들은 조직 구성원들에게만큼은 책임감을 철저히 주입하면서 가르치고 검토해야 한다.

책임감을 가르쳐라

가르치는 것은 말하기, 듣기, 배우기의 리더십 커뮤니케이션 사이클을 활용하는 것이다. 관리자들은 관리자를 비롯한 모든 사람들에게 책임감이 중요하다는 것을 알려줘야 한다. 또한 결론에 귀를 기울여야 한다. 즉, 자신들의 개인적인 행동의 결과로 발생하거나 발생하지 않은 일에 대해서도 들어줘야 한다. 마지막으로 관리자들은 경험과 조직원들이 하는 말을 통해 배워야 한다. 리더의 책임감 유무에 따라 아래의 두 가지 질문에 대한 답이 달라질 것이다. 첫째, 리더가 의도한 결과를 달성했는가? 둘째, 조직원들의 협조를 얻어 성과를 달성했는가? 책임감은 실제로 성과 달성 방법의 옳고 그름을 판단하는 요소이다. 예를 들어 신제품 출시를 준비 중인 마케팅 팀장이 제대로 계획을 마련하고 잘 이행했다고 하자. 그리고 이 제품은 시장에서 성공을 거두면서 좋은 결과를 달성했다. 그러나 팀장이 팀원들을 거칠게 다루는 바람에 팀원이 회사를 그만두는 일이 발생했다. 결과적으로 물질적인 성과 달성에는 성공했지만, 신뢰를 구축하는 데는 실패한 것이다. 이처럼 책임감은 신뢰와 성과 모두의 척도이다.

✤ 결과를 명백히 하라

관리자들은 대부분 기대치를 정할 줄은 알지만, 이 기대의 결과에 대해서는 전혀 신경 쓰지 않는다. 영화 「후지어Hoosiers」는 인디애나 주에 있는 어느 작은 마을의 농구 팀이 승리한 이야기를 다루고 있다. 진 핵크만Gene Hackman이 이 영화에서 농구 팀 감독 역할을 맡았는데, 이 감독은 팀의 첫 연습에서 새로운 규칙을 정한다. 또한 선수들에게 뭉치면 살고 흩어지면 죽는다는 정신을 확실히 각인시킨다. 기대는 결과와 연결되어 있으므로 책임과 목표 달성 등 전 과정에서 적용될 수 있다.

✤ 책임감을 느끼게 하라

일부 관리자들은 임무는 넘기면서 책임은 위임하지 않는다. 오히려 이들은 고삐를 더욱 바짝 붙잡고 조직원들을 꼭두각시로 만든다. 그러다 일이 엉망이 되면 이런 관리자들은 여차 없이 그 줄을 자르고 조직원에게 책임을 떠넘긴다. 일이 잘 된다 싶으면 이런 관리자는 명성을 얻을 준비부터 한다. 리더가 모든 조정의 끈을 꼭 쥐고 있다면 조직원들에게서 책임감을 기대할 수 없다. 권한 위임이라는 것은 완전히 이양하는 것을 뜻한다. 리더는 업무를 분배하고 일의 진행에 대한 책임까지도 넘겨야 한다. 이것이 바로 사람들에게 책임감을 불어넣는 방법이다. 책임감을 느끼게 하고 꾸준히 훈련시켜라. 위기에 처하면 사람들은 아무 준비 없이 업무에 뛰어들기도 한다. 이것은 책임감을 갖게 하는 좋은 방법이지만, 결코 만만치 않다. 그러므로 관리자들은 부가적인 자원을 공급해주거나 조언이나 카운슬링의 형태로 지원해야 한다.

♣ 남을 비난하지 않는 해결책을 찾아라

책임감을 보강하는 가장 좋은 방법은 결과에 집중하는 것이다. "과오를 찾으려 하지 말고 해결책을 찾아라"라는 헨리 포드Henry Ford의 현명한 조언은 널리 인용되고 있다. 포드가 제조업에 보인 열정은 오늘날 프로세스의 개선으로 탄생했다. 누군가 실수를 하면 그를 짓밟으려 하지 말고 구제해주어라. 그렇게 하면 더 나은 방법을 가르쳐서 책임감을 키울 수 있다. '실패는 성공의 어머니'라는 훌륭한 격언이 있는데도 관리자들은 종종 실패를 명목으로 직원들을 제명시킨다. 이는 관리자의 근시안적인 면과 실패한 사람들에게 기회를 줄 여유가 없을 정도로 경영이 어렵다는 점을 단적으로 보여준다. 좋은 관리자들은 결과에 집중하여 조직원들이 좋은 결과를 낼 수 있도록 인도한다. 그 과정에서 조직원들은, 자신감을 증대시켜 더 큰 책임감을 가지고 더 큰 임무를 맡을 수 있다.

올바른 방법을 이용하라

책임감은 윤리와 청렴함에 근간을 두고 있다. 책임감의 궁극적인 척도는 윤리이다. 즉, 일을 올바른 방법으로 했는지의 여부이다. 만약 바른 방법이었다면 책임감이 수반된 것이며, 그렇지 않았다면 책임감이라는 방정식을 풀지 못한 것이다. 책임감은 결과를 옹호하는 것을 의미한다. 수치를 날조한 관리자는 조직원들을 속이고, 좋지 않은 선례를 남기면서 두 가지의 잘못을 저지른 꼴이 된다. 반대로 정직하게 업무처리를 하고 솔직한 자세로 직원들을 대하는 관리자는, 도덕적으로 바르다고 해도 성과 달성 면에서는 제 역할을 다하지 못하는 일이 발생할 수 있다. 책임감에는 결론도 포함된다. 숫자를 조작하는 것은 사기이며, 이에 대한 벌로 해고될 수 있다. 반면에 성과를 달성하지 못한 것은 능력 부족이다. 이에 대한 벌칙으로 지도가 필요하며 성공적인 결론을 달성하기 못했다면 관리자의 위치에서 밀려날 수밖에 없다.

세상에서는 어중간한 것이 용납되지만, 경영의 단련에 관한 한 다르다. 리더에게는 성공 아니면 실패만이 존재한다. 그러나 그 다음으로 주목되는 부문은 리더십이 '책임감을 균형 있게 유지했는가?'이다. 리더들은 전체 그림을 본다. '저 관리자의 성공 비결은 무엇인가?', '그는 조직원들과 어떻게 공조할 수 있었는가?', '통제 밖의 요건들이 최종 결과에 어떤 영향을 미쳤는가?' 리더들은 결론을 선택하는 데 자신의 판단력을 사용해야 한다. 강제 처벌이 연쇄 살인에는 효과가 있을지 모르지만, 경영 무대에서는 사기, 타인 학대와 같은 구체적인 과실의 경우를 제외하면 얻어지는 것이 없다.

책임감은 결과를 달성하기 위해 노력할 때 매우 중요하다. 여기서 결과를 위한 노력이란, 관리자들이 책임져야 할 사람들의 삶이나 최종 성과를 위해 올바른 방식으로 일을 진행하는 것을 말한다. 이러한 결과를 향한 노력이 책임이며, 이는 책임감이 무엇인지를 보여준다.

▌활력이 넘치는 단련

커뮤니케이션은 단련에 힘을 더해준다. 이야기 가운데서도 조직을 위해 몸 바쳐 희생했던 영웅 이야기가 단련에 특히 효과적이다. 리더와 조직은 이런 이야기를 전함으로써 실행과 기업의 목적에 대한 신뢰를 높일 수 있다. 가톨릭 신자에게 『성자전기 Lives of the Saints』는 믿음에 대한 헌신과 열정의 성서이다. 극단적인 상황에 처한 성자들의 전기는 신도들의 믿음을 더욱 강화시켜주며, 성자들에게 믿음이 의미하는 바와 성자들이 기꺼이 감수했던 희생에 대해 독자들로 하여금 내적인 눈으로 찬찬히 살펴보게 하는 수단으로 작용한다. 신도들은 이러한 예를 통해 대대손손 믿음을 키워나갈 수 있었다. 성자들의 삶은, 실천으로 이어지는 단련의 좋은 예이다.

우리는 살인범을 좇는 형사들이 법을 집행하는 과정에서 또 다른 종류의 단련을 발견할 수 있다. 형사들은 가해자를 잡으려는 욕망에 휩싸여 있다. 개인적인 이유도 있겠지만, 희생자와 희생자의 가족을 위한 정의 실현의 욕망도 그 이유가 될 수 있다. 살인사건은 그나마 다행히도 대부분 명백하게 밝혀진다. 그러나 세상에는 수개월 또는 수년에 걸쳐 수사해야 하는 사건들도 많다. 그래도 형사들은 절대 포기하지 않는다. 이들은 살인자를 검거하기 위해 긴 시간을 보낸다. 심지어 주말은 물론 가족들과 보낼 시간마저 반납하는 일이 허다하다. 이들은 수백 번이나 보았던 사실들과 증거들을 계속해서 조사한다. 계속해서 사람들을 인터뷰하고 집요한 결정과 내적 규율을 통해 새로운 사실을 밝혀낼 때까지 최선을 다한다. 이러한 수색을 통해 형사들은 간혹 승진도 하고 심지어 대중의 인정을 받기도 한다. 하지만 많은 형사들이 진정한 보람을 느끼는 순간은 범인을 검거하여 사건을 종결지을 때라고 한다. 그러기까지 이들을 지탱해주는 것은 바로 개인적인 단련이다.

비즈니스 세계에서는 생명과 죽음에 대한 위험은 거의 없다. 물론 가끔 위험 요인이 개인의 삶, 사무실, 공장 그리고 커뮤니티 등에 영향을 주기도 하지만 말이다. 실험부터 완제품 생산 공정에 이르기까지 하나의 제품을 생산해내는 제조업 엔지니어들은 고도의 단련을 실행한다. 이들의 단련 과정 중에 엔지니어링의 특성상 어쩔 수 없이 엄격한 프로토콜과 단계적인 진행의 필요성 등이 발생하기도 한다. 관리 분야로 업무를 전향한 엔지니어들은 비즈니스 리더들처럼 자기가 쌓아온 단련을 적용하는 법을 배운다. 사람들을 지도하는 것은, 기준 그 자체로 평가되는 것이 아닌 계획된 성과에 따라 측정된다. 여기서 달성된 성과는 목표를 수행하고 조직원과 조직이 성장하고 발전하도록 돕는 것이어야 한다.

열정적인 단련

단련은 습득될 수 있다. 좀더 많은 단련된 규율을 가지고 있는 이도 있지만, 대부분 더 높은 목표를 추구할 때 단련을 고수하는 법을 배울 수 있다. 단련에 대한 의식을 주입시킬 수 있는 방법에는 여러 가지가 있다. 그리고 이때 커뮤니케이션을 통해 단련을 강화시킬 수 있다. 리더는 사람들에게 책임감을 심어주고, 이들을 지도하고 가르치면서 단련을 완수한다.

✤ 조직의 목표를 강화하라

자동차 타이어의 휠 얼라인먼트처럼, 프로젝트가 지나치게 오래 걸리면 균형을 잃는 경우가 간혹 있다. 비전 달성에는 3~5년이 넘는 오랜 시간이 걸린다. 시작은 아주 열정적이었으나 시간이 지나면 그 열기는 식어가기 마련이다. 이러한 문제는 리더가 조정을 통해 사람들을 독려하는 것에 따라 해결할 수 있다. 지속적인 커뮤니케이션 형태의 단련을 통해 사람들이 현재 업무에 집중할 수 있게 한다. 진행상황 보고나 장애물 극복과 같이 지금까지 발생했던 일을 다루는 이야기들을 통해 일의 진행에 대한 감각을 기를 수 있다.

✤ 주인의식을 고수하라

주인의식 부족과 이로 인한 업무진행에 대한 감각이 부족하기 때문에 실행계획이 추진력을 잃는 일이 다반사이다. 결국 모든 팀과 부서 관리자들에게 리더들이 어떻게 책임감을 주입시키느냐가 중요하다. 앞에서 논의되었던 바대로 책임감은 권한 위임에서 나오지만, 이는 더욱 보강되어야 한다. 그러기 위해서는 규칙적으로 만나서 질문하는 방법이 아주 효과적이다. 질문은 사람들을 평가하는 데 사용하기보다는, 모든 조직원들이 정보를 알고 있고 리더가 함께한다는 것을 보여주는 데 쓰여야 한다. 이런 참여에 대한 이야기는 조직의 비전을 더욱 강화시켜준다.

❖규칙적으로 평가하라

리더들은 획일적인 기준에 따라 성과를 체크함으로써 책임감을 보강할 수 있다. 특히 영업조직은 하루, 일주일, 월간 단위로 매출을 기록한다. 제조업 엔지니어들은 실시간으로 생산과 품질을 모니터하고 품질개선이라는 목표를 달성하기 위해 매일 회의를 실시한다. 그러한 보고, 기록, 체크 역시 커뮤니케이션의 형태이다. 마케팅이나 인사관리 분야처럼 기준이 애매모호한 분야에서 일하는 사람들은 조사나 비공식 인터뷰 같은 방법을 통해서 평가할 수 있다. 이러한 평가는 또다시 책임감을 강화시키고, 리더가 단련을 고수하고 있음을 알려준다.

우수성을 키워주는 대화

한 시스템 내에서 단련을 확실하게 만드는 방법으로 코칭이 있다. 코칭에 대해 너무 많이 접하다보니 경영 환경 내에서는 무심

코 코칭을 간과하는 일이 종종 있다. 코칭이란, 조직원이 통찰력을 가질 수 있도록 관리자와 근로자가 대화를 나누는 것이다. 근로자는, 대화를 통해 어느 정도의 자아의식을 불러낼 때 성과를 개선할 수 있으며, 농구나 하키를 통해 업무진행에 대해 통찰력을 얻을 수도 있다. 방관자의 위치에 서 있는 감독을 눈여겨보라. 선수가 벤치로 올 때마다 감독은 그 선수를 옆으로 데려가 귀에 대고 속삭일 것이다. 속삭이는 말이 폭언이든 조롱이나 충고 혹은 악의에 찬 잔소리이든 상관없이 그 속삭임을 통해 경기 중간에 선수의 기를 살려주며, 그 선수가 분발하도록 순간적인 통찰력을 심어준다.

경기에서 대화로 코치를 하지는 않지만, 경기 중간의 휴식시간이나 게임이 끝난 후에 쌍방 간 커뮤니케이션을 위한 문을 열어준다. 경영에서도 코칭은 항상 쌍방으로 이뤄져야 한다. 물론 관리자들이 피드백 형태로 서둘러 조언이나 격려를 해주는 것이 가장 적절하다. 예를 들어 조직의 시스템 엔지니어가 실수로 잘못된 정보를 입력하려는 것을 알아챘다면 분명히 밝혀야지, 전체 시스템이 망가질 때까지 두고 보아서는 안 된다.

일대일 리더십

코칭은 일대일로 실시하는 리더십 커뮤니케이션이다. 이는 말하기, 듣기, 배우기라는 리더십 커뮤니케이션 사이클과 관계가 있다. 이러한 사이클을 응용함으로써 몇 가지 긍정적인 결과를 달성할 수 있다.

✤ 말하라

긍정적인 것부터 시작하라. 이것은 특히 신입사원들을 다룰 때 중요하다. 리더는 누군가를 비판하고 싶은 충동이 일 때가 있다. 그러나 이것만은 알아둬야 한다. 즉, 그 사원을 이간질시키면 그 직원과 건설적인 대화를 나누면서 얻을 수 있는 모든 혜택으로부터 멀어진다는 점이다. 한 고위 경영진은 자신의 생각을 말이나 글로 전하는 데 탁월한 부하들의 능력을 칭찬하고 실수를 고쳐주는 등 다양한 코칭 활동을 하는 데 모든 것을 총동원했다. 그의 부하들은 그런 개방성에 감탄하여 확실한 충성심으로 보답했다.

✤ 들어라

들을 때는 에너지가 적게 소모된다. 그러면서도 먹이를 좇는 악어처럼 참을성이 필요하다. 남의 말을 들어줄 때에는 신체적으로 필요한 게 거의 없다. 그러나 관심을 가지고 듣기 위해서는 시간과 에너지를 들여야 하며 적절하게 반응도 해야 한다. 야구 팀인 뉴욕 양키스New York Yankee 감독인 조 토리Joe Torre를 살펴보자. 그는 아주 과묵한 성격이다. 그러나 늘 다가가기 쉽게 행동하고 실제로 선수들도 그에게 쉽게 다가선다. 토리는 선수들의 말을 잘 들어줌으로써 상사로서의 간섭과 높은 성과에 대한 열망을 자극하는 일을 균형 있게 적절히 사용하고 있다.

✤ 학습하라

코칭은 배우는 과정이 시작되면 중단해야 한다. 관리자와 업무 수행자는 해야 할 업무와 시기에 대해 합의를 한다. 미 해병대의 훈련 교관들은 신병들로부터 동의를 얻어내는 데에는 탁월하지만, 끊임없이 큰소리로 명령한다. 이들은 매 시간, 날마다 그리고 주마다 훈련이 제대로 진행되도록 사후관리를 한다. 해병대라면 누구나 어김없이 훈련 교관의 영웅이야기를 늘려줄 것이다. 그 군인은 기본훈련을 하는 동안에는 그 교관을 죽이고 싶을 정도로 미워했겠지만, 결국 그 교관이야말로 해병대로서의 최고 매력을 지닌 인물임을 깨닫게 되기 때문이다.

다이빙 감독이 선수들을 지도하는 방식에는 말하기—듣기—배우기라는 사이클이 생생히 살아 있다. 감독은 선수들이 다이빙을 하고 나면 잘한 점과 개선해야 할 점에 대해 지적하고 몸짓으로 이야기한다. 그런 다음 대화를 통해 선수의 기술을 보여주면서 핵심 사항을 되풀이하여 말한다. 이러한 말하기—듣기—배우기 사이클이 계속 이어져서 코칭 이상으로 응용되는 것이다. 우리 모두는 말하거나 듣고, 혹은 배우고 있다. 우리는 다른 사람들과 함께 하루에도 수없이 이 사이클을 반복한다.

피드백을 요구하라

이 사이클은 관리자에게도 적용될 수 있다. 관리자는 조직원들에게 피드백을 제출하게 해야 한다. 이것이 바로 학습경험이 되는데, 조직원들이 관리자에게 피드백을 전해주면서 통찰력 있는 관리자와 감독이 될 수 있도록 돕는 것이다. 그러나 제대로 된 피드백을 기대하려면 올바른 환경을 조성해주는 것이 급선무이다. 즉 관리자가 듣고 싶어 하지 않는 내용이라 해도 피드백을 요청하고 기꺼이 받아들여야 한다. 비판을 듣고 싶어 하는 사람은 없다. 그러나 프로젝트를 망치는 것보다 몇 마디 비판을 듣는 편이 낫다. 관리자는, 피드백을 준 사람들에게 감사의 표시를 해서 그 직원이 관심을 보여준 것에 대해 고마워하고 있음을 알린다. 이러한 과정은 시간이 지나면서 좀더 큰 신뢰를 낳는데, 이는 성공을 위해서 반드시 필요하다.

효과적으로 경영을 하면 다른 이들의 성과 달성에 길을 터줄 수 있다. 관리자는 코칭을 통해 직원들의 마음과 생각을 알아나가는 문을 열 수 있으며, 각 당사자들이 개인적인 목표와 팀 전체의 목표를 달성하도록 안내할 수 있다. 이때 관리자는 정직성과 신뢰성에 집중해야 한다. 관리자가 정직하게 말하고 주의 깊게 들어주고 함께 학습하는 것이 이러한 헌신을 보강하는 방법이다. 또한 개개인은 물론 팀원 전체가 이 사이클을 반복하기 위해서는 어느 정도의 단련이 필요하다. 구성원들은 관리자 즉 감독 덕분에 능력을 발휘하고 싶어지고, 능력을 발휘하는 방법에 대한 통찰력을 얻게 된다. 이와 같이 구성원들이 달성하는 좋은 성과가 바로 좋은 코칭의 결과이다.

단련된 커뮤니케이션

　　리더들은 커뮤니케이션 과정에서 규율 단련을 실행해야 한다. 이때 꾸준히, 여러 번, 지속적으로 되풀이하는 것이 중요하다. 커뮤니케이션에는 난련의 모든 요소인 희생, 인내, 무욕, 헌신이 있어야 하며, 이야기를 통해 이러한 요소들을 되살릴 수 있다. 리더는 자신의 목표를 제쳐두고 팀을 위해 일하는 사람을 널리 알려야 한다. 누군가가 목표를 달성하기 위해 최선을 다하고 있다면 칭찬해주어라. 이야기는 단련의 틀을 마련해주고, 활력을 불어넣어준다. 또한 이야기는 단련의 효과를 증대시키고, 그 안에 열정을 주입시킨다.

　단련은 프로젝트의 성공 여부를 결정해주기 때문에 중요한 과정이다. 자기 자신이 우선인 시대에 단련은 조직의 번영을 위해 반드시 필요하다. 이것은 개인과 팀의 희생이다. 그러나 이를 통해 효과적인 실행을 반복하는 가치 있는 교훈을 얻을 수 있다. 사람들이 단련을 잘하면 현재 진행 중인 프로젝트뿐만 아니라, 다른 사람들의 업무에도 영향을 준다. 이제 그들의 눈에 결과가 보이기 시작하면 근로자들은 참여하기 위해 무엇을 해야 하는지를 알고 싶어 한다. 단련은 자기만족의 좋은 방법이며, 현실에 눈뜨게 해주고, 비전 달성을 보장해준다.

단련 이야기 플래너

단련은 실행의 틀을 잡아주고 비전과 조정을 결과에 연계시켜준다. 단련에 도움이 될 만한 질문들을 살펴보자. 그리고 단련의 과정을 보충해줄 이야기를 생각해보자.

❖ 조직의 목표를 강화할 수 있는 방법은 무엇인가?
❖ 책임감을 유지하는 방법은 무엇인가?
❖ 조직의 성과와 효과를 증대시키기 위해 사용할 수 있는 수단은 무엇인가?
❖ 근로자들을 코칭할 방법과 그 이유는 무엇인가?

커뮤니케이션 실천 단계(단련)

❖ 열망을 자극하라. 비전을 달성하기 위해 단련을 강조하라.
❖ 이상을 실천에 옮겨라. 단련을 강화하라.
❖ 희생에 대해 이야기하라. 성과를 고수하라.
❖ 성과를 보여주어라. 성공을 위해 필요한 것을 반복하라.

빌 벨리칙

선수 대기실에 서 있는 그는 조금 남달라 보인다. 사색적이고, 뭔가에 집중해 있고 기민해 보인다. 운동복이 패션 아이템으로 자리 잡기 전부터 수십 년 동안 감독들이 입어왔던 옷차림 그대로, 회색 모자가 달린 티셔츠를 입고 있는 이 남자는 다른 사람들과는 뭔가 달라 보인다. 만약 그의 얼굴이 알려지지 않았더라면 안전요원이 달려들어서 그를 연행해 갔을지도 모르겠다. 대기소는 선수들과 감독 모두를 위한 곳이다. 그는 미식축구 역사상 가장 위대한 감독이며, 아마도 현재 프로 미식축구 최고의 감독일 것이다. 그는 빈스 롬바르디Vince Lombardi보다는 손자Sun Tzu(손자병법의 저자—역주), 미식축구 감독 돈 슐라Don Shula보다는 케인즈Keynes에 가까운 사람이며, 작가 존 매든John Madden보다 더 감정 내색을 하지 않는 사람이다. 빌 벨리칙, 그는 미식축구 슈퍼볼 우승컵을 세 번이나 안은 뉴잉글랜드 패트리어츠 팀의 감독이다.

텔레비전은 작가의 매체이고, 영화는 감독의 매체라는 말이 있다. 그렇다면 북미 프로 미식축구리그 NFL은 단연 감독들의 매체이다. 그러나 그냥 감독이 아닌 경기 전반에 대해 잘 알고 있는 특별한 감독들만이 집중적인 업무량을 다룰 수 있으며, 선수들을 서로 연결시킬 수 있다. 현재 NFL에서 코칭을 더 어렵게 만드는 두 가지 요소가 있다. 첫째는 부상이다. 프로 미식축구는 격렬한 게임이며, 선수들의 생명도 그리 길지 않다. 둘째는 바로 선수들마다 각기 다른 대행사를 가지고 있다는 점이다. 수많은 선수들이 '오늘은 있어도 내일은 없다' 라는 각오로 경기에 임한다.

그렇기 때문에 감독은 전략가이면서 엄격한 교사이자 채용자이며 아버지여야 한다. 선수들은 감독을 리더로 존경하고 싶어 하므로 감독은 동기를 유발하는 지도자가 되어야 한다.

벨리칙은 이 부분에서 탁월한 능력을 발휘했다. 연봉 제한 때문에 많은 선수들이 팀에 입단하고 또 떠나가는 상황에서도, 그는 반드시 자신이 맡은 역할에 최선을 다하는 선수들로 구성된 팀을 만들었고 선수들은 서로 단결했다. 이는 선수들이 각자의 재능을 발휘하면서 고된 운동 그리고 2001년부터 2004년까지 네 시즌 동안 슈퍼볼을 세 번이나 거머쥘 수 있는 공감대가 융합된 뉴잉글랜드 패트리어츠의 조직 시스템을 믿고 따라주었기에 가능했다. 결국 그 덕분에 오늘날 명문 미식축구 팀으로 탄생할 수 있었다.

타고난 감독

명문 미식축구 팀의 뒤를 지키고 있는 이 남자 역시 미식축구 감독의 아들이다. 빌의 아버지는 해군사관학교의 감독이었으며, 빌은 어린 시절 로저 스타우바크Roger Staubach와 같은 해군 소속 선수들을 동경하며 성장했다. 로저는 1964년 하이즈만Heisman 트로피를 받고 해군을 제대한 이후 달라스 카우보이즈Dallas Cowboys에 입단하여 슈퍼볼을 거머쥔 위대한 선수이다. 빌의 어머니의 말에 따르면 당시에 감독들은 어린 빌이 주위에서 맴도는 것을 싫어하지 않았다고 한다. "그는 문제아는 아니었습니다. 남의 말에 주의를 기울이고 배우고 익히는 데 아주 탁월했죠." 빌은 1년 동안 예비학교를 다닌 뒤, 코네티컷 주 미드타운에 있는 웨슬리안Wesleyan 대학에 입학했다. 디펜시브 엔드Defensive End 포지션의 후보 선수였던 그는 '공격자가 그것을 했었다면 어떻게 되었을까?', '저건 누구 책임이지?' 와 같은 의문을 갖기 시작했다. 그는 대학에서 라크로스(크로스라는 라켓을 사용해서 하는 하키 비슷한 구기—역주) 팀의 공동 주장으로 활약하면서 전략적이면서 전술적인 학습에 접근하는 법을 배웠다. "문제를 생각하고 해결하는 법을 배워라. 여기에 문제가 있다. 자, 답을 생각해보자." 그러나 그의 실제 전공은 경제학이었다.

벨리칙은 훌륭한 학생이었지만, 미식축구에 대한 미련을 버리지 못했다. 결국 하고 싶은 것을 좇아 첫 직장을 잡았다. 학사 출신인 그는 1975년 볼티모어 콜츠Baltimore Colts 팀의 보조 코치로 자원했다. 그는 색다른 업무 방식을 도입하여 연습과 경기를 녹화한 필름을 포지션이나 경기 상황에 따라 구분했다. 그는 시즌이 끝나갈 때쯤 주당 50달러를 받았는데, 생활비를 버는 정도로 만족해야 했다. 그러나 그는 돈 몇 푼보다 더 많은 것을 얻었다. 다른 감독들이 그에게 관심을 보이기 시작한 것이다.

콜츠 팀의 저명한 감독인 톰 마키브로다Tom Marchibroda는 "벨리칙은 누가 봐도 열심히 일하는 사람이었다"라고 말한다. 이런 말들은 어디를 가든 벨리칙을 따라다녔다. 1990년대 초반 클리블랜드 브라운즈 Cleveland Browns의 전무로 재직했고 벨리칙을 감독으로서 스카우트했던 에디 어코시Eddie Accorsi는 벨리칙을 가리켜 이렇게 말한다. "저는 벨리칙과 처음 얘기를 나눈 순간, 그가 평생에 걸쳐 감독이 되려고 준비해왔다는 기분이 들었습니다. 그는 NFL 최고의 감독입니다. 그는 감독으로서 할 일을 이미 다 계획하고 있었습니다. 그는 팀의 리더이며, 끝없이 돌진할 만큼 충분히 젊습니다." 패트리어츠 팀이 벨리칙의 지도 아래 세 번째 슈퍼볼 우승컵을 안기 바로 전에 나온 이야기였다. 이번 승리로 그는 포스트시즌 통상 열 번째 우승컵을 안았다. 이는 비스 롬바르디보다 한 번 더 많은 숫자이다.

그러나 늘 이렇게 순탄하지만은 않았다. 다른 많은 감독들과 마찬가지로 벨리칙도 수년 동안 감독으로서 힘겨운 날들을 보냈다.1990년 그는 처음으로 클리블랜드 브라운즈 팀에서 감독으로 임명되었다. 한번은 벨리칙이 브라운즈 팀을 플레이오프로 인도한 적이 있었는데, 결국 패배하고 말았다. 경기에서 5 대 11로 지자 1995년 그는 해고되고 말았다. 그러나 오히려 그것이 좋은 경험이 되었다. 이를 통해 벨리칙은 자신이 너무 많은 것을 시도한다는 점을 깨달았다. 『뉴욕타임스』의 데이먼 해크 Damon Hack는 "그는 리더 역할을 하는 코칭 참모나 베테랑 선수들을 신뢰하지 않았습니다"라고 말한다.

벨리칙은 처음 감독 업무를 맡기 전 수년 동안 빌 파셀스Bill Parcells를 위해 일했다. 파셀스는 날카로운 태도만큼이나 다승 감독으로도 유명한 사람이었다. 벨리칙은 파셀스 밑에서 디펜시브 코디네이터Defensive Coordinator를 맡았다. 그는 이미 뉴욕 자이언츠New York Giants에서 이 업무를 맡아 두 번이나 슈퍼볼 우승컵을 거머쥐도록 팀을 도운 경험이 있었다. 파셀스는 후에 뉴잉글랜드 패트리어츠팀도 슈퍼볼로 이끌었다. 이때도 벨리칙은 그 곁에 있었다. 파셀스는 다시 뉴욕 제츠New York Jets로 옮기면서 벨리칙과 동행했다. 그는 심지어 벨리칙을 자신의 후임자로 임명하기까지 했다. 그러나 벨리칙은 계약을 취소하고 감독으로서 패트리어츠로 돌아왔다. 이 때문에 파셀스 감독은 분노했고, 제츠 팀은 벨리칙의 계약 취소로 패트리어츠 팀의 신인선수 두 명의 선택권을 요구했다. 결국 패트리어츠 팀은 그의 요구를 들어줄 수밖에 없었다. 그러나 벨리칙은 뒤도 돌아보지 않았다. 파셀스는 벨리칙 없이 슈퍼볼에서 우승할 수가 없었다. 반면에 비평가들은, 벨리칙이 감독으로서 세 번째 우승을 일궈냈다며 신이 나서 비교했다. 이것이야말로 청출어람의 대표적인 예가 아닐까?

벨리칙이 패트리어츠에 세운 공을 두고 지미 존슨Jimmy Johnson 등의 동료 감독들은 극찬을 아끼지 않는다. 달라스 카우보이즈에서 두 번의 슈퍼볼 우승컵을 안았던 존슨은, 벨리칙의 2004년 업적은 'NFL 역사상 최고'라고 말한다. 벨리칙이 독립 에이전트들로부터 팀을 구성하는 방식은 다른 감독들의 방식과는 상당히 달랐다. 존슨은 '연봉의 한계가 없는 지금과 이전 챔피언들을 비교할 수 없다. 그 당시에는 6~7년 동안 선수들이 한 팀에 머물렀고, 베테랑 선수들을 자르는 일도 없었다. 그러나 현재 베테랑 선수들의 연봉은 너무 높다'라고 말했다. 그리고 '매년 아니 매주 새로운 선수들을 영입하고 내보내면서도 뛰어난 역량을 보여준다는 것은 벨리칙이 뛰어난 리더임을 증명해준다'라고 덧붙였다.

시스템을 사용하는 법

벨리칙의 팀 시스템 운영방법을 알아보자. 우선 뉴잉글랜드 패트리어츠 시스템을 개발한 인물은, 벨리칙과 선수 채용 담당 부회장인 스콧 피올리Scott Pioli였다. 벨리칙은 '우리의 신조는 일관성 유지이다. 그렇다고 모든 것을 꾸준히 하자는 것은 아니다. 이것은 단지 대단한 한 해를 만들고 내년에도 최선을 다하기 위해 노력하는 것이다' 라고 말한다. 팀 성과의 비결은 '일관성'과 훈련, 비디오 분석이었으며, 이러한 비결의 효율성은 경기 내내 그리고 연장경기에서 분명히 드러났다. 슈퍼스타들은 뉴잉글랜드 팀에 입단하려 하지 않는다.

벨리칙이 선호하는 선수 스타일은 일명 '블루칼라 타입의 선수' 이고, 피올리는 이에 어울리는 '자신이 가진 것을 언제나 줄 의지가 있는 선수' 를 발굴해낼 뿐이다. 요즘 많은 구단주들이 팀의 운영에 간섭하는 반면, 패트리어츠의 구단주인 로버트 크래프트Robert Craft는 팀의 운영을 전문 감독들에게 맡기면서 이 시스템을 한층 더 보완해주고 있다. "내가 빌을 존경하는 이유는 선수 시장에 좌우되지 않을 정도로 대단한 시스템을 우리 팀에 마련해주었기 때문이다. 이 시스템은 어떤 선수들이 팀에 적절한지를 잘 보여준다."

패트리어츠가 능력을 발휘할 수 있었던 두 번째 큰 이유는 벨리칙 자신이다. 그는 최고의 전략가이다. 그는 고대 중국의 장수인 손자의 팬이다. 손자는 자신의 이야기를 『손자병법』을 통해 전수한다. 손자는 적의 약점뿐 아니라 강점을 공격하는 방법을 알았다. 그는 유비무환을 철저히 믿었다. 또한 최소의 병력을 이용하거나 모두 다 함께 전쟁을 피할 수 있다고 자신했다. 무엇보다 장군이었던 손자가 자신의 군대를 돌보는 데 우선시했다는 사실이 가장 주목할 만한 점이다. 이 모든 가르침이 벨리칙의 경기 운영방침에 잘 녹아 있다. 많은 사람들이 말하기를, 그는 상대편의 강점과 약점을 분석할 줄 안다. 벨리칙은 이렇게 얻은 통찰력을 팀의 선수들이 쉽게 접근하고 행동으로 옮기도록 전달했다. 그는 선수들에게 경기 전술을 알려주었고, 그 덕분에 팀 전체가 전략적으로 승리할 수 있었다. 이는 타고난 천재성 없이는 불가능한 일이다. 벨리칙은, 전술은 커녕 전략적으로도 생각하지 못하는 다른 감독들과는 달리 자신의 코치들과 함께 경기운영 방안을 구상해 선수들을 적절한 포지션에 배치했으며, 성공적인 기량을 발휘할 수 있도록 유도해냈다.

패트리어츠가 우승할 수 있는 세 번째 이유는, 선수들이 서로 마음을 열도록 하는 벨리칙만의 능력이다. 벨리칙은 오펜시브 코디네이터 Offensive Coordinator인 찰리 와이스Charlie Weis와 디펜시브 코디네이터인 로미오 크레넬Romeo Crenel에게 자신이 먼저 마음을 열어 보임으로써 본보기를 보였다. 이 세 사람은 15년이 넘는 세월을 파셀스 밑에서 보조 코치로서 동고동락했다. 후에 둘 다 고액연봉을 받고 감독으로 스카우트된 것을 보면 이들의 관계를 잘 알 수 있다. 사실 탁월한 능력에도 불구하고 그들이 이 팀에 머물러 있었던 이유는, 패트리어츠 팀이 매년 포스트 시즌까지 합숙을 해서 다른 팀을 찾을 여유가 없었기 때문이었다. 그러나 이 두 감독은, 다른 팀들이 합숙이 끝날 때까지 기다리겠다는 열의를 보임으로써 2005년 다른 팀으로 옮길 수 있는 기회를 얻었다. 결국 와이스는 노틀담Notre Dame 팀에, 크레넬은 클리블랜드 브라운즈에 감독으로 부임하게 된다. 2005년에 벨리칙은 오펜시브 코디네이터까지 겸임 하게 되었으며, 디펜시브 코디네이터 역할을 할 감독을 뉴잉글랜드 패트리어츠 팀 내에서 발굴했다.

선수와 감독

감독들의 이러한 협력 관계는 선수들에게까지 이어진다. 선수들은 벨리칙이 장단기적으로 기대하고 있다는 것을 알고 이를 달성하기 위해 애쓴다. 벨리칙은, 팀 소속 감독들이 단기적으로 팀을 우승으로 이끌 만한 경기 운영방안을 마련하도록 도왔다. 라인백커인 윌리 맥기네스트Willie McGinest는 '빈틈없이 잘 계획해야 하며, 이를 위해서는 연구가 필수적이다. 우리의 경기 운영방침은 우리가 하고 싶은 것, 다른 팀이 못하도록 막고 싶은 것을 잘 파악하는 일이 핵심이다'라고 말한다. 테드 존슨은, 벨리칙이 2004년 AFC 전미 미시축구 챔피언십에서 자신에게 피츠버그 팀 러닝백커인 제롬 베티스Jerome Bettis의 러닝스타일에 대한 묘책을 준 일을 회상한다. 다음 경기에서 존슨은 베티스에게서 볼을 빼앗아서 터치다운을 위해 60야드나 돌아갔다. 이를 계기로 경기 흐름이 바뀌면서 패트리어츠 팀은 2년 연속 슈퍼볼에 참여했고, 팬들 역시 매년 슈퍼볼 진출을 기대하게 되었으며, 이러한 기대를 선수들 또한 알게 되었다. 이 목표는 선수들이 화살같이 튀어다니게 하는 데 큰 동기를 부여했으며, 선수들이 규칙적이고 자발적으로 체력을 단련하고 캠프에 출석하도록 하는 원동력이 되었다. 이로써 팀은 오프 시즌에서 한층 더 단결할 수 있었으며, 이러한 목표는 그들이 긴 시즌 동안 더욱 열심히 경쟁할 수 있는 자극제 역할을 한다.

이 시스템에는 힘든 결정이 따른다. 2003년 시즌이 시작할 때 패트리어츠는 슈퍼볼 우승에 크게 기여했던 디펜시브백Defensive Back 로이어 말로이Lawyer Malloy에 작별을 고했다. 그리고 2005년 시즌 바로 직전에 티 로Ty Law를 내보냈다. 그 역시 패트리어츠가 슈퍼볼에서 두 번이나 우승하는 데 중심 역할을 한 선수였다. 패트리어츠는 또 트로이 브라운 Troy Brown을 방출했다. 그는 호감이 가는 다재다능한 리시버로서 2004 년 시즌에서는 선수들의 부상으로 코너백을 맡았다. 이러한 방출에 대해 일부 선수들은 개인적인 감정이 반영된 것이라고 생각하지만, 실은 그렇지 않다. 벨리칙이 브라운의 방출에 대해 언론에 이렇게 밝혔다. "나만큼 트로이 브라운 선수를 존경하는 사람은 아마 없을 것이다. 브라운은 내가 정말 아끼는 선수이며, 탁월한 선수이면서도 대단한 리더이다. 그는 모두에게 늘 귀감이 된다." 그러나 몇 개월 후 브라운은 거액의 보너스도 받지 않고 재입단했다.

돈이 패트리어츠 시스템을 말해준다. 그러나 적어도 이 금전적인 사안은 공공연하다. 관리층과 선수들은 자신들이 처해 있는 상황과 그 이유에 대해 알고 있다. 이러한 자세는 다른 팀뿐 아니라 다른 프로 스포츠 세계에서도 찾아보기 힘들다. 그러한 상황에서 간단명료하고 솔직한 커뮤니케이션을 하기보다는, 난처함을 표하고 형식적으로 말하는 것이 더 빈

번하기 때문이다. 또 다른 예로, 2005년에 톰 브래디Tom Brady가 체결한 계약금은 6천만 달러가 넘었다. 그러나 세 번의 슈퍼볼 우승에 빛나는 그의 명성이라면 다른 팀으로부터 훨씬 더 많은 계약금을 받을 수 있었다. 브래디의 예는 팀의 나머지 선수들에게도 귀감이 되었으며, 연봉에 상관없이 모두 한 팀으로 단결하여 승리를 일궈내는 원동력이 되었다.

▌우선사항에 집중하라

『스포츠뉴스Sporting News』가 선정한 '올해의 NFL 감독'에 지명된 스콧 피올리도 벨리칙의 열렬한 지원자이다. "성공을 관리하는 것은 조직적인 일이다. 사람들은 선수한테만 너무 집중하는 경향이 있다." 이 얘기는 일부만 언급한 것에 지나지 않는다. 피올리의 말에 따르면 감독과 유망 선수 스카우터 그리고 장비 담당, 비디오 담당 등 모든 실무진들이 '자신들이 성공에 일조하고 있다' 는 것을 알고 있다. 이렇게 달성해낸 성공으로 벨리칙에게 힘, 즉 이기고자 하는 개인적인 의지를 심어준다. 그리고 이러한 의지는 그 자신은 물론 선수들까지 최선을 다하도록 유도하며, 이들은 '올해 팀은 과거의 팀보다 좀더 특별하다' 라고 생각하게 만든다.

벨리칙은 사람들이 자신에 대해 이야기하는 것에 신경 쓰지 않는다. 그러나 사람들이 그의 팀을 칭찬할 때, 특히 대통령과 같은 고위직 사람들이 자신의 팀을 칭찬하면 매우 기뻐한다. 지난 2005년 4월, 패트리어츠 팀이 슈퍼볼 승리 후 2개월 만에 또 한 번 진출했을 때 조지 W.부시 대통령이 이렇게 칭송했다. "우리는 열정을 보여준 팀에 존경을 표합니다. 해설자들은 이렇게 말합니다. '글쎄, 그들은 폼을 잡지도 않습니다. 화려하지도 않습니다.' 그들은 어쩌다 보니 최고의 팀이 되었습니다. 하지만 이러한 팀은 승리를 위해 똘똘 뭉치고 자신보다 더 위대한 것을 위해 헌신할 때 탄생할 수 있습니다." 벨리칙은 자신의 트레이드마크인 모자가 달린 티셔츠를 입은 채 대통령과 이야기를 나누면서 재치 있는 말을 했다. "대통령 각하께서도 우리의 리더로서 멋진 모습을 많이 만들어 주시면 좋겠습니다."

2005년 시즌은 벨리칙에게 몹시 부담스러워 보였다. 코너백의 티 로, 미들라인 백커Middleline Backer인 테디 브루쉬Tedy Bruschi 등이 팀을 떠났기 때문이다. 그와 오랜 시간을 함께했던 부감독들도 떠나갔다. 찰리 와이스는 노틀담 팀에서, 그리고 로미오 크네넬은 클리블랜드 브라운즈에서 감독을 맡고 있다. 이에 따른 결과는 아무도 모른다. 그러나 벨리칙이 변화에 적응할 거라는 사실만큼은 확실하다. "변화를 잘 포용하리라 믿는다. 변화는 어쩔 수 없이 발생하는 것이므로 차라리 변화의 일부가 되어라. 변화를 무시하거나 반박하고 그대로 멈추어 아무것도 하지 않으면 더 큰 실수를 초래할 것이다. 어떤 변화가 닥치든 최선을 다하여라." 그는 기념비적인 슈퍼볼 3회 연속 우승은 힘들 것이라고 공개적으로 말하면서도 어떤 코멘트도 하지 않고 있다. '모두들 목표를 알고 있다' 고 말하는 쿼터백 탐 브래디는 도전을 택하면서도 결과는 경기를 해봐야 안다며 현실주의적인 모습을 보였다. 플레이오프 진출권을 놓고 다투는 경기에서 그 팀은 최종 목표에 모든 정신을 집중한다. 이러한 자세 덕분에 벨리칙은 유연하고 적응이 빠른 시스템을 만들 수 있었다. 그리고 그것은 패트리어츠 팀의 시즌연속 우승을 가능하게 했다.

통찰력 있는 리더십

벨리칙은 업계에서 '동기부여'에 대한 연설 요청을 많이 받는다. 벨리칙처럼 말수가 적고 눈에 띄지 않는 사람에게 그러한 연설은 어울리지 않아 보인다. 그렇지만 벨리칙도 롬바르디처럼 그런 연설을 통해 자신의 명성을 이어가고 있다. 2005년 그에게 명예 박사학위를 수여한 웨슬리안 대학에서 벨리칙은 "모교에서 '변화하고 순응하는 능력의 필요성'을 배웠고, 리더십에 대한 개념을 잡았습니다. 그리고 리더십은 '자세'로 표현될 수 있습니다. 뉴잉글랜드 패트리어츠 팀에서도 리더십이 아닌 자세에 대해 말합니다. 이것이 우리 팀의 원동력입니다"라고 말했다. 2005년 초 벨리칙은 로드Rhode에 위치한 브라이언트Bryant 대학에서 '하고 싶은 것을 하라. 열정이 이끄는 곳으로 가라. 그리고 거기서부터 시작하라'라는 주제로 연설했다. 그리고 이렇게 설명했다. "리더십은 일어서서 긴 연설이나 읊어대는 것이 아닙니다. 그것은 열심히 노력하고 팀을 우선시 하는 것입니다."

그는 좀더 이해하기 쉬운 예를 들었다. 이야기인즉슨, 한 선수가 훈련 캠프에서 그날 하루만 훈련을 쉬자는 부탁을 해왔다. 날씨가 무더워서 선수들 모두 지쳐 있었기 때문이다. 벨리칙은 한 가지 제안을 했다. 오펜시브 라인맨이었던 그 선수가 펀트(공이 땅에 닿기 전에 차는 것—역주)를 잘 받아서 던질 수 있다면 팀에게 '하루의 휴가'를 주겠지만, 펀트를 받아치지 못할 경우에는 그날 예정된 연습뿐만 아니라, 스무 바퀴를 더 뛰어야 한다는 것이었다. 이처럼 뉴잉글랜드 패트리어츠 시스템에는 늘 단서가 붙었다. 그 선수는 볼을 거의 떨어뜨릴 뻔했지만 간신히 붙잡았다. "그렇게 팀 전체가 똘똘 뭉치는 것은 처음 보았다. 심지어 시즌 기간에도 그보다 더 기뻐했던 순간은 없었습니다"라고 벨리칙은 말했다. 이것이 바로 코칭이다. 그것은 감독이 일을 처리하기 위해 해야 하는 것이 아니라, 감독이 팀 선수들의 욕구에 어떻게 반응하는지에 관한 것이다. 그리고 이것은 벨리칙이 계속해서 승리를 안을 수 있는 원동력이 되었다.

❖ 분명한 기대치를 설정하라

뉴잉글랜드 패트리어츠 팀원이라면 자신의 임무를 알고 있다. 빌 벨리칙은 조직원들로 하여금 임무를 알게 하고 책임감을 갖게 만든다.

❖ 시스템을 만들어라

미식축구뿐만 아니라 다른 조직에서도 개개인은 가치가 뒷받침된 조직원리 시스템을 통해 역할과 역할에 적응하는 법을 알 수 있다.

❖ 승리를 위해 애써라

경쟁은 승리하기 위한 것이다. 빌 벨리칙은, 선수들이 능력을 최대한 발휘할 수 있는 자리에 배치한다. 결과적으로 팀은 우승하기 마련이다.

❖ 일관성을 중시하라

시스템의 장점은 선수들이 무엇을 기대하는지 알 수 있다는 것이다. 벨리칙은 기대, 목표, 가치와 상통하는 방법으로 팀을 운영하고 선수들을 이끌어간다.

❖ 명성을 공유하라

경기에서 뛰는 사람은 다름 아닌 선수들이다. 벨리칙은 항상 선수들의 성과, 그리고 무엇보다도 팀이 해낸 것을 부각시킨다.

❖ 일과 삶을 분리하라

빌 벨리칙은 선수들끼리 공감대를 형성할 수 있게 한다. 선수들의 사사로운 감정은 감독이 선수를 지도하는 데 방해가 될 수 있다. 이를 사전에 차단하기 위해 벨리칙은, 개인적으로 친한 선수라고 해도 팀의 발전을 위하는 것이라면 과감히 방출한다.

❖ 가치를 살려라

빌 벨리칙은 열심히 노력하는 코치이다. 그는 경기를 녹화하고, 집중적으로 연구한다. 결국 팀의 다른 감독들과 선수들은 그의 리드를 따르게 되어 있다.

희생에 대해 이야기하라

위험 – 조직이 현명하게 '주사위를 던지는 방법'
용기 – 역경을 딛고 개개인이 일을 추진하는 법

목표를 향해 가는 길은 고되고 힘들다. 그래서 눈앞의 기회를 잡기 위해 위험을 감수하고자 하는 의지, 즉 뱃심이 필요하다. 그러한 위험들은 비전의 소관이다. 하지만 우리가 용기라고 부르는 신념과 의연함 또한 이에 뒷받침되어야 한다.

영화감독
Steven Spielberg

미시간 주 주지사
Jennifer Granholm

제록스 CEO
Anne Mulcahy

애리조나 주 상원의원
Jonh McCain

전 IBM CEO
Lou Gerstner

르노 – 닛산 자동차 CEO
Carlos Ghosn

애플 컴퓨터 CEO
Steve Jobs

NFL 뉴잉글랜드 패트리어츠 감독
Bill Belichick

이베이 CEO
Meg Whitman

도전하는 인물, 제니퍼 그랜홈의 위험

⑥

"나는 진보적이며 협조를 잘하는 사람이다.
나는 비즈니스 대 노동, 환경 대 비즈니스, 민주당 대 공화당으로 대표되는
낡아빠진 20세기 관념에 사로잡히고 싶지 않다.
정치인들은 대부분 제로섬Zero-Sum의 정치적 논리에 빠져 있어
공동의 목표가 무엇인지에는 관심도 없다.
— 제니퍼 그랜홈(미시간 주 주지사)

위험에 맞선 세 사람

'개성적'이란 표현은 리더들한테 어울리는 말이 아니다.
원래, 자기 모순적인 면을 지닌 개성 있는 사람들을 이해하기란 쉽지 않
다. 사람들을 단결시켜야 하는 리더가 이러한 모순을 지녔다면 불화의
주범이며, 사람들을 공동의 목표로 이끌기보다는 오히려 멀어지게 할 뿐

180

이다. 기업가들은 위험을 감수하는 사람들이다. 여기 한 기업가가 위험을 무릅쓰고 자신의 개성을 효율적으로 이용하여 스포츠 업계에서 선두업체를 탄생시켰다. 미아 햄Mia Hamm, 보 잭슨Bo Jackson, 마이클 조던Michael Jordan, 타이거 우즈에 이르는 스포츠계의 우상들은 이 회사와 전속계약을 맺고 스포츠 의류업계의 최고 기업으로 우뚝 설 수 있게 도와주었다. 괴짜로 유명하지만 집중력 있는 기업가인 필 나이트가 설립한 나이키가 이 이야기의 주인공이다.

나이트의 리더십은 오레곤Oregon 대학 시절부터 남달랐다. 1950년대에 대학 시절을 보낸 그는 유명한 육상 감독인 빌 보워먼Bill Bowerman 밑에서 중거리 육상선수로 활약했다. 보워먼은 선승Zen master이면서 동시에 유행에 뒤떨어진 수리공 같은 사람이었다. 그는 단련을 통해 달리기를 가르치고 선수에 맞는 운동화를 직접 만들어주었다. 나이트를 비롯한 팀의 모든 선수들이 그를 존경했다. 회계사로 활동하던 나이트는 나이키의 원조인 블루리본스포츠Blue Ribbon Sports의 공동 창업자로 보워먼을 영입하면서 자신감이 넘쳤다. 나이트는 당시를 이렇게 회상한다. '설립 초기에는 매출이 백만 달러에도 못 미쳤지만, 언제가는 이 분야에서 최고가 될 것으로 확신했다. 그리고 우리는 꼭 그렇게 될 것이라고 믿었다.'

『포춘』에서 그는 자신의 '개성'에 따라 이 회사를 만들었다고 말했다. 이는 작은 구멍가게 정도의 사업에서는 흔한 일이지만, 세계적인 기업에게는 치명적일 수 있다. 그러나 어찌된 일인지, 나이트는 개성을 잘 접목했다. 이는 많은 기업가들에게 부족했던 능력, 즉 책임과 권한을 위임하는 능력이 탁월했기 때문에 가능한 일이었다. 나이트는 관리자에게 회사의 운영을 맡겼다. 이 회사의 사장은 나이트를 '일주일에 한 번' 밖에 못 만나며, 나중에도 기회가 더 줄어들면 줄어들었지 늘지는 않을 것이라고 말했다.

유행에 본능적인 감각을 타고난 나이트는 스포츠 패션의 붐을 예견하며 젊은 프로 스포츠 선수인 마이클 조던과 계약을 맺는다. 이로써 독특한 스포츠 브랜드인 '에어 조던Air Jordan'을 출시할 수 있었다. 이 브랜드는 선풍적인 인기를 불러일으켜 조던에게 엄청난 부를 안겨주었고, 그 이름 자체를 일상용어로 바꿔놓았다. 뿐만 아니라, 에어 조던 덕분에 나이키도 스포츠계에서 굳건한 입지를 다질 수 있었다. 그는 이 성공적인 브랜드를 출시한 이후 줄곧 스포츠 선수들과 좋은 관계를 유지하고 있다. 그는 이러한 방식을 마이클 조던에게 했던 것과 마찬가지로 타이거 우즈에게도 적용했다. 나이키는 농구에서 그랬듯이, 이제 골프 의류와 골프 장비 분야에서 당당한 위세를 떨치고 있다. 조던과 우즈 둘 다 나이트를 만나지 않았다 해도 이미 유명 인사였지만, 나이트는 대중에게 뿜어내는 그들의 영향력을 나이키의 하위 브랜드로서 상징적으로 활용하는 법을 알고 있었다.

한편 나이키의 행보가 늘 성공적인 것만은 아니었다. 1980년대 중반에 나이키는 스포츠에서 에어로빅으로 옮겨가던 대중의 관심을 사로잡지 못해서 규모도 더 작고 업계 후발주자인 리복Reebok에게 업계의 선두 자리를 내어준 적이 있었다. 그로 인해 나이키는 인력의 10퍼센트를 해고해야 했으며, 1999년에는 또 다른 어려움을 맞았다. 그러나 나이키는 역시 예상한 대로 위기 때마다 잘 견뎌냈다. 이러한 위기관리는 주로 적당한 사람을 적소에 배치하고 그들이 사업을 이끌어나갈 수 있도록 장을 열어준 나이트의 능력에서 비롯되었다.

나이트는 나이키의 기업적인 책임감을 키워나갔다. 그는 개도국에서의 열악한 근무조건 때문에 비난을 받았는데, 이를 개선하기 위해 노력했다. 2005년 나이키의 기업 책임 리포트에서 나이트는 이렇게 적고 있다. "내가 책임을 다하지 못해 비난들이 쏟아진 이후 나이키는 근무 환경을 개선하고 그것을 세상에 드러내는 데 집중하고 있다." 이러한 나이키의 노력에 대해 노동계의 지도자들은 망설임 없이 환영하였으며, 다른 의류업체들도 나이키처럼 노력하는 모습을 보이기를 촉구했다.

경영자로서 나이트는 과묵하지만 아주 유능한 리더이다. 나이트는 '두 명 이상' 모인 자리에서 말할 때면 긴장한다고 고백한 적이 있다. 그러나 그는 중요한 순간에 여러 명이 모였을 때 대처하는 법을 잘 알고 있다. 예를 들어 나이트가 휴가를 간 사이, 나이키 경영에 어려움이 닥치자 그는 군대를 규합하듯이 모든 근로자를 미팅에 소집했다. 참석자들은 그의 행동에 놀라움을 금치 못했다. 그가 마치 나이키가 후원할 정도의 유능한 농구 팀 감독처럼 행동했기 때문이다. 그의 말은 직원들에게 힘을 불어넣었으며, 미래에 대한 희망을 심어주었다.

나이트의 비결은, 본인이 잘하는 것과 못하는 것을 제대로 파악하는 능력에 있다. 보워먼이 이러한 자각을 일깨워주었다. 나이트는 오레곤 대학 시절 보워먼 감독에게 더 빨리 달리는 법을 물은 적이 있다. 그러자 보워먼이 답했다. "속도를 세 배로 늘려보게나." 이것은 선禪 사상의 일부로, 기본적으로 결과의 책임 그리고 이에 수반되는 모든 것이 선수 자신에게 달려 있음을 뜻하는 말이었다. 나이트는 더 나아가 자신이 믿는 이들에게 리더로서의 책임을 위임했다. 2005년 1월 그는 CEO 자리를 내놓고 회장 직을 맡았다. 물론 나이키에서의 그의 영향력은 변함없었으며, 자신은 좀더 위대한 업적에 집중해야 한다고 생각했다. 위대한 업적이란, 사람들이 열정을 갖고 회사와 자신을 위해 성공 달성이 가능한 문화를 창달하는 것이다. '한 노년의 경영학 교수가 마지막 순간에만 실수를 범하지 않으면 된다고 내게 말했다' 라고 그는 말한다.

'위험' 이라는 말을 떠올리면 도박꾼이 연상된다. 또 도박꾼에 대해 생각하면 떠오르는 사람이 바로 레오나드 토스Leonard Tose이다. 그는 한때 의회에서 4천만 달러 이상을 잃어본 일이 있다고 증언했다. 그는 하룻밤 사이에 적게는 1만 달러부터 많게는 1백만 달러까지 잃어본 경험이 있다. 잃은 만큼 벌어야 한다. 토스는 분명히 그렇게 했다. 아니, 오히려 잃은 것보다 훨씬 더 많이 벌었다.

가난뱅이에서 부자가 된 이야기는 아니지만, 토스는 아버지가 물려준 트럭회사를 수백억 달러의 매출을 올리는 기업으로 키웠다. 엄청난 수익을 거둬들인 그는 북미 프로 미식축구 팀인 필라델피아 이글스를 인수했다. 토스가 경영을 맡은 이후 이글스는 창단 이래 처음으로 슈퍼볼 결승까지 올랐다. 그는 절대 간섭하지 않는 구단주로 전적으로 감독들에게 맡겼다. 토스는 단순히 재정 부문에만 신경 쓰고 선수들에게 아주 친절하게 대함으로써 선수들의 존경을 한 몸에 받았다.

토스는 흥미로운 상류생활을 하면서도 많은 사람들을 자신의 생활에 끌어들였다. 네 명의 아내와 결혼생활을 했지만 아주 가정적인 사람이었고, 심지어 장례식에서조차 딸과 두 손녀딸에게 칭송을 받았다. 또 경찰대, 학교, 종교단체에서 활동하는 자선가였다. 그가 좋아했던 감독 딕 버메일Dick Vermeil은 토스를 이렇게 기념했다. "그는 살아가면서 극단적인 경험을 했다. 어떤 분야에서 그는 탁월한 능력을 발휘하여 백 점을 받았고, 또 다른 분야에서는 고전을 면치 못하기도 했다. 그는 다른 사람들에게 해를 끼치지 못하는 사람이므로 그가 누군가에게 상처를 입혔다면 아마도 다름 아닌 자기 자신이었을 것이다. 오히려 그는 사람들을 돕는 데 앞장서기를 좋아했다."

도박꾼으로서 그는 대단한 기록을 세웠다. 72일 연속해서 돈을 잃은 것이다. 의회에서 도박과 관련해 질의를 받았을 때 그는 한 가지 사항을 충고했다. "도박을 하면서 절대 술을 입에 대서는 안 된다." 이것은 위험을 감수하고자 하는 사람들이라면 누구에게나 적용되는 충고이다. 분명한 사고를 통해 자신의 유리한 조건을 최대화하라. 그리고 믿기 어려운 이야기를 전하는 법을 배워라. 이러한 방법을 잘 알고 있는 것으로 미루어 토스는 분명 믿기 어려운 이야기를 잘 전달하는 사람이었을 것이다.

기술적인 도약, 이는 위험 감수가 의미하는 바를 보여주는 일종의 도박과도 같다. 내가 이 분야에서 유일하게 관심을 갖고 있는 것은 중력을 무시하고 공중으로 30초간 점프하는 것이었는데, 그는 10년에 걸친 노력으로 이를 구체화시켰다. "우리는 더 좋은 비행기를 만들었다. 우리가 이길 수 있을지는 미지수지만, 우리가 반드시 이겨야 한다는 것은 알고 있다." 이는 국방부 차세대 항공기인 JSF(Joint Strike Fighter) 사업자 선정 입찰에서 록히드Lockheed의 입찰을 주도했던 톰 버비지Tom Burbage가 한 말이다.

JSF라는 약자에는 전투기를 만들 수 있는 계약권을 따기 위해 필요한 경쟁자들과 조인트, 참신한 디자인, 전의라는 의미가 집약되어 있다. 사실 록히드는 이 입찰에 사활을 걸었다. 만약 낙찰받지 못한다면 국방부 군수물자 공급업체로서의 기간이 얼마 남지 않았기 때문이다. 그는 입찰을 따내기 위해 경쟁업체인 노스롭Northrop과 BAE(British Aerospace)와 함께 공조해야 했다. 록히드의 디자인은 참신했다. 최종 입찰자 선정에서 가장 큰 영향력을 가지고 있는 공군에 초점을 맞추면서도 연방정부의 국방 주도권을 가졌던 해군에 호소할 점프 제트기용으로도 고안되었기 때문이다. 록히드는 또한 이 프로젝트를 중심으로 전사가 뭉치고 좋은 결과를 가져오기 위해 전의를 불태웠다.

2001년 가을 록히드가 우세함에 따라 최종 낙찰자 발표되는 순간, 워싱턴으로부터 낭보를 기다리는 근로자들로 꽉 차 있던 공장에는 감격과 갈채가 넘쳐흘렀다. 경쟁자인 보잉Boeing과의 대결에서는 늘 패배자였던 록히드가 이번만큼은 승리를 거두었던 것이다. 위험은 감수할 만한 가치가 있었다. 실제로 이 회사가 감수했던 위험은 매우 합리적인 것이었다. 록히드로서는 이길 수 있는 가능한 모든 방법을 전부 동원하는 것 외에는 다른 도리가 없었다. 그리고 올바른 방법, 즉 소비자에게 맞는 제품으로 적합한 직원의 지휘 아래 일을 추진하여 당당히 승리했다.

이 책은 비전부터 조정, 실행 그리고 단련에 내재되어 있는 생각과 원칙들을 고수함으로써 얻을 수 있는 결과까지의 과정을 보여주고 있다. 이러한 진행 과정은 논리적이며, 이 과정 속에서 임무를 수행하게 된다. 하지만 한 가지 간과한 것이 있다. 바로 위험이다. 인생 그 자체로만 보면 논리적이지도 않고 늘 진보적이지도 않다. 즉 삶이란, 우리를 기만하거나 우리에게 어려움을 부여하기도 한다. 그리고 때로는 우리에게 이러한 고난을 극복할 수 있는 수단을 제시하기도 한다. 만약 우리가 진정으로 추구하려는 것을 알고 있다면 어려움에 더욱 잘 대처할 수 있다. 여기서 바로 위험이 비롯된다. 필 나이트에게 위험은 삶에서 이어지는 도전 그 자체였다. 나이트는 무에서 유를 창조하듯 회사를 수립하면서 유명한 운동선수들을 새로운 제품광고에 이용했으며, 새로운 방향으로 확장해 나가면서 계속해서 도전을 이어나갔다. 레오나르드 토즈에게 위험은 활력의 근원이었다. 그는 스포츠와 삶 자체에 내기를 거는 것을 즐겼다. 록히드는 또한 위험을 통해서 국방부와의 계약을 연장할 수 있었다. 이 세명 모두에게 있어 발전을 위한 위험은 불가피했다. 위험은 경계선 밖으로 나아가는 것을 의미하는 것이기 때문에 표면적으로는 조정과 대조적이다.

위험에는 실행이 뒤따라야 한다. 그러나 이는 일을 진행시키기 위한 자신만의 방법으로 이루어진 실행이어야 한다. 그리고 마지막으로 위험은 단련에 반하는 것이다. 단련은 미션을 준수하고 고수하는 것이기 때문이다. 리스트는 목표를 달성하기 위한 도박과도 같다. 현실에서 위험은 세상에는 관심도 없이 주사위만 굴리는 것이 아니다. 때로는 주사위를 던지고, 적당한 때를 기다리며 신중을 기할 줄도 알아야 한다. 조정, 실행, 단련, 비전과 위험을 신중하게 연결해야 원하는 결과를 달성할 수 있다.

위험을 감수하는 이유

미국의 전형적인 기업가 모델은 위험을 바탕으로 한다. 비즈니스 리더들은 위험을 감수했던 사람들에 대한 이야기를 들으면서 성장한다. 특히 연구 분야에서 많은 사람들이 위험을 무릅쓴다. 멘로파크Menlo Park에서 전구를 발명한 토마스 에디슨, 벨의 실험실에서 트랜지스터를 개발한 존 바덴John Bardeen, 월터 브래튼Walter Brattain 그리고 윌리엄 쇼클리Whilliam Shockly, 제록스에서 다양한 컴퓨터 분야를 개척해낸 짐 클락Jim Clark, 앨런 케이Alan Kay, 찰스 시모니Charles Simonyi 등이 그 대표적인 예이다. 과학 분야에서도 많은 이들이 위험을 감수한다. 페니실린을 분리한 알렉산더 플레밍Alexander Fleming, 복합백신을 개발한 모리스 힐만Maurice Hilleman 그리고 인간 유전자 지도를 찾아낸 크레이그 베터Craig Vetter 등이 대표적이다.

또한 비즈니스 세계에도 위험은 내재되어 있다. 실리콘밸리의 시초인 윌리엄 휴렛William Hewlett과 데이빗 패커드David Packard 그리고 이들의 뒤를 이어 실리콘밸리 차고에서 너무나도 열심히 일한 스티브 잡스와 스티브 워즈니악Steve Wozniak이 대표적인 위험 감수자들이다. 그러나 위험이 초기 모험에 국한되는 것은 아니다. 헨리 포드 2세는 국방부 출신의 소위 '귀재' 라고 불리는 비즈니스 전문가 팀을 고용해 2차 세계대전 이후의 경기 붐에 대응할 수 있도록 회사를 구조 조정했다. 행크 매킨넬 Hank Mckinnell은 제약업계에서 '클수록 좋다' 라는 전략을 추진하기 위해 파이저Pfizer Inc.를 공격적인 인수의 길로 들어서게 했다. 각각의 위험 감수자들은 모두 공통적으로 '새롭고 색다른 것을 추구하는 경향'이 있고, 그것을 추진할 의지를 가지고 있다. 또한 아이디어를 찾는 것만큼 전깃불을 개발하고 완전히 새로운 비즈니스 문화를 창달할 때까지 인내하는 것도 중요하다.

기업가들은 타고난 위험 감수자들이다. 이들은 역경을 딛고 일어서는 것을 즐긴다. 사실 역경이 크면 클수록 스릴도 그만큼 커지기 마련이기 때문이다. 전형적으로 큰 조직에서는 그런 류의 사람들이 많지 않다. 지나치게 빈번한 위험 감수는 장려하지 않기 때문이다. 실패에 대한 벌이 시도하려는 의지를 억누르고 있다. 그러한 틀을 깨야 한다. 시험의 시간을 견디고 성공한 업체들로는 GE(General Electric), 켈로그Kellogg's, 포드가 있으며, 이들 모두 위험을 감수한 경험이 있다.

사실 각 업체마다 나름대로 별로 건전하지 않은 사업계획에서 시작하기도 한다. 토마스 에디슨은 전력망에 대한 아이디어를 바탕으로 회사를 설립했다. 윌리엄 켈로그William K. Kellogg는 건강식품 마니아를 대상으로 회사를 설립했다. 그리고 헨리 포드는 두 번이나 사업에 실패한 경험이 있다. 자신의 이름을 따서 설립한 이 회사는 그의 세 번째 모험이었다. 실패의 과정을 거치면서 모두 자기가 고집해오던 성격을 떨쳐버리고, 새롭고 색다른 제품으로 새 출발을 해야 했다. GE는 기관차에서 제트엔진에 이르기까지 모든 것을 생산하고 있지만, 지금은 금융과 서비스 분야에서 대부분의 수익을 거둬들이고 있다. 켈로그는 아침식사용 시리얼의 선구자이지만, 지금은 아침식사 대용 식품과 영양식품 업계에서 선두를 유지하고 있다. 포드 자동차는 움직이는 조립라인의 개발과 모델 A, 무스탕 그리고 연비가 좋은 수소 레저용 차량(SUV)을 출시하는 등 스스로 변모하기 위해 애쓰고 있다.

성장하기 위해서는 위험을 감수해야 한다. 위험은 다양한 형태와 크기로 다가온다. 제품 혁신, 새로운 서비스 모델의 구축 혹은 새로운 약품 개발 착수 등의 형태가 될 수도 있다. 그리고 부서 수준에서도 위험이 따르기도 한다. 즉, 새로운 프로세스 모델 채택, 새로운 프로세스에 적응할 복합 기능 팀 구성 등은 부서 수준의 위험이다. 물론 개인 수준에서도 위험은 다른 형태로 나타난다. 예컨대 원하는 인재상, 훈련 대상자, 승진 대상자 등에 따라 위험은 다른 형태도 나타날 수 있다. 궁극적으로 위험은 개인적인 것이다. 이것을 위해 위험을 감수할 것인가 아니면 그냥 늘 해오던 대로 똑같이 할 것인가? 어떤 것을 선택하느냐에 따라 위험은 달라지기 때문이다.

리더들이 위험 감수를 장려하고 싶다면 실패를 묵인해주어야 한다. 앞에서 논의했다시피 미 육군은 가상 전투상황에서 실수를 자극하면서 훈련을 진행한다. 이로 인해 실전에서는 실수를 범하지 않을 수 있다. 기업에서의 실수는 사람들이 생명을 잃지 않으므로 덜 치명적이지만, 기업은 군대와 비슷한 시야를 가지고 있어야 한다. 위험의 반대는 실패가 아니라, 정체 혹은 현상유지이다. 삶에서 변화가 필수 불가결한 것과 마찬가지로 모든 조직 속에는 변화가 내재되어 있으므로 위험을 적절히 감수해야 한다. 위험이 조직에 수용되게 하는 방법 가운데 하나는 위험에 대해 공개적으로 말하는 것이다. 대화를 통해 그 사안이 수면 위로 떠오를 때 각자의 의견을 말할 기회를 얻을 수 있기 때문이다. 사람들이 위험을 감수하기를 바란다면 관리자는 위험을 가볍게 여기지 않아야 하며, 위험을 감수해야 할 경우 성공하든 실패하든 성원을 보내는 메커니즘을 마련해야 한다.

위험을 주도하라

위험 감수는 실행의 형태로 일을 진행시키려는 의지이다. 통상적으로 실행은 이미 세워진 전략과 전술을 따르지만, 위험 감수를 통한 실행을 위해서는 전략을 포기하거나 파기하고 새로운 전략과 전술을 채택해야 한다. 제니퍼 그랜홈 주지사와 같은 사람들은 '위험'을 감수하여 권력을 얻는다. 즉, 선거에 자신의 직업 인생을 건다. 유권자들에게 자신의 아이디어 그리고 당선된 후 공약을 실천할 능력이 있음을 납득시키려고 노력하는 과정에서, 커뮤니케이션을 이용하여 유권자들을 자신 쪽으로 끌어들일 수 있다.

❖ 기회와 위험을 평가하라

'밖에는 또 무엇이 있을까?' 이것이 비전이다. 비전이 달성되는 동안 반복해서 질문을 던져보자. '또 무엇?' 이라는 질문은 새로운 것을 하거나 현재보다 더 속도를 내는 것 등을 의미한다. 또한 사람들에게 뭔가 색다른 것을 하도록 요구한다. 각각의 전제에는 위험이 내재되어 있다. 먼저 기회에 주목하여 '그럴 만한 가치가 있는가?' 를 짚어볼 수 있다. 이러한 질문은 기업가들에게는 쉬운 것이다. 이들은 잃어버릴 게 거의 없기 때문이다. 좀더 큰 기관에게 이러한 질문은 상당히 효과적일 수도 있다. 예를 들어 교황 요한 13세는 제2차 바티칸 공의회를 소집해서 '불평과 불화' 라는 위험을 감수한 채 '새로운 바람이 불도록' 했다. 그리고 실제로 그런 문제가 발생하기도 했다. 제2차 바티칸 공의회는 새로운 변화의 바람을 만들어내서 50년이 지난 지금까지도 그것이 이어지게 했다. 요한 13세의 열망은 자유, 개방, 참된 믿음을 좀더 경험하고자 하는 것이었다. 이러한 실행으로 개방이라는 목표는 달성했으나 그후 2세대가 지난 요한 바오로 2세 때에 가서 원리원칙의 고착화가 유발되었다.

❖ 사고의 영역을 확대하라

성공한 리더들은 대부분 현 상태를 고찰하면서 '왜 그럴까?' 혹은 '왜 그렇지 않을까?' 를 고심하는데, 이를 위해서는 진부한 사람들의 조소와 응시를 견뎌내는 용기와 능력이 필요하다. 비전을 달성하는 것은 인간적인 시도이므로 항상 순탄할 수는 없다. 때로는 두 발 진보하기 위해 한 발 물러서서 다시 배워야 한다. 어떤 경우에는 틀에서 벗어나야 할 때도 있다. 기업들은 틀 밖에서 생각하는 과정을 통해 새로운 혁신 모델인 개방적인 혁신으로 정책을 바꿔나가고 있다. 즉, 이것은 '틀 밖에서'라는 개념에서 아예 '열린 사고'로 혁신하는 것이다. 예를 들어 뒤퐁 DuPont은 작은 바이오테크 회사들과 파트너십을 맺고 제품을 개발하며, 자동차 회사들은 납품업체들의 도움을 얻어 혁신하고 있다.

❖ 창조력을 높이 평가하라

직원들의 독창성을 기대하는 리더들은 직원들이 이의나 반대의견을 표출할 수 있도록 기본 규칙을 마련해야 한다. 예를 들어 광고 대행사는 창조적인 분위기와 비즈니스 관행이 모두 필요하므로 이를 적당히 혼합하고 있다. 광고 대행사들의 창조적인 조직원들은 아이디어가 떠다니는 대기 속에서 생활하지만, 관리자들은 그 공기가 꾸준히 흘러 들어갈 수 있도록 만드는 세상에 살고 있기 때문이다. 즉, 이들은 창조성과 비즈니스가 조화롭게 성장할 수 있는 실용 가능한 비즈니스 전제를 만들어냈다. 그 결과가 바로 고객들에게 큰 가치를 전달하는 잘 만들어진 광고이다.

❖ 혁신을 추진하라

혁신은 창조성에서 나온다. 즉 창조적인 생각을 해야 혁신을 얻을 수 있다. 혁신은 매 단계마다 발생한다. 이는 실험실, 회의실에 국한되지 않으며, 심지어 공학도의 책상이나 가게에서도 일어날 수 있다. 혁신은 3단계의 프로세스를 2단계로 줄이는 것처럼 단순화되어 나타날 수도 있으며, 아예 전 과정을 없애고 극단적이 될 수도 있다. 어찌되었든 혁신은 같은 결과를 달성한다. 혁신 대상이 제품이든 서비스이든지 간에, 반드시 소비자의 욕구를 만족시켜야 한다.

위에서 제시한 각각의 방법을 적절한 이야기로 보강하면 위험을 감수하는 문화가 출현할 수 있다. 그러나 이는 자유로운 문화라기보다는 위험을 통해 활기를 띠고 보강되는 문화이다. 그리고 이 문화에서는 조직의 비전을 중심으로 조정되고 규율을 지키는 범위 안에서의 단련과 제시간 안에 실행하기 위한 헌신으로 주도되는 문화이다.

비전과 위험

비전은 위험성이 가미된 전제이다. 불리한 상황에서 조직이 향후 나아가야 할 방향을 제시하기 위해 용기와 헌신이 필요하기 때문이다. 그러나 비전은 위험에서 나올 수도 있다. 조정, 실행 그리고 단련 등 비전 뒤에 이어지는 것은 위험에서 나오는 것이 아니다. 비전에서 우리의 근원을 재발견하기라도 하듯, 우리는 비전이 달성되도록 하기 위해 위험을 감수해야 한다. 조직원은 리더와 똑같이 용기와 헌신을 각 단계에서 보여주어야 한다. 이렇게 각각의 단계에 뒤따르는 것이 리더십이다. 사람들은 그렇게 함으로써 다른 사람들과 함께 나아가면서 동시에 뒤따르는 사람들도 연속적으로 똑같은 반응을 유도하게 만든다. 위험이 감수되면 조정, 실행 그리고 단련으로 보완해야 한다. 위험 그 자체는 비전을 촉진시켜 리더십의 전 과정을 보완해주기 때문이다.

그러나 위험 때문에 실패할 확률도 크다. 많은 회사들이 비난 대상을 찾으면서 유혈사태로 번지기도 한다. 일이 틀어졌을 때 양쪽 편은 마치 서부영화에서 권총을 쥔 악당이 오른쪽, 왼쪽, 중앙을 겨누며 총을 발사하듯이 손가락질을 해댄다. 그러면서 이들은 냉소적으로 웃어 보이며 자신들은 영리하므로 절대 그런 실수를 하지 않을 것이라고 생각한다. 하지만 실제로는 그렇지 않은 경우가 더 많다. 실패로 모험이 끝난 뒤에는 늘 비난이 난무한다. 존 케네디 대통령은 "성공 주역들은 많지만 실패는 하늘에서 저절로 떨어진다"라고 비꼬아서 말했다. 그러므로 사람들은 서로서로 욕하며 지적하기에 바쁘고 어떤 변화도 일으키지 못한 채 지나치고 만다.

좀더 솔직히 말하자면 우리 내부에서는 비난 대상을 찾고 싶어 한다는 것을 모두 인정할 것이다. 몇몇 사람들은 다른 이들의 실패를 보면서 심지어 기뻐하기까지 하니 말이다. 다른 사람의 실수를 확인하는 것은 두 가지 역할을 한다. 첫째, '나는 절대 저런 바보는 아니야!'라며 강한 자만심을 느끼게 해준다. 두 번째로 '하나님의 은총이 없었다면 나 역시 저렇게 되었을 텐데!'라며 안도의 한숨을 쉬게 한다.

문제해결 방법

실수를 하지 마라. 그러나 만약 일이 잘못되었다면 제일 먼저 원인을 찾아야 한다. 먼저 무엇이 잘못되었는지 확인하라. 둘째로 왜, 어떻게 해서 그렇게 되었는지 밝혀내라. 그 다음으로 누가 잘못했는지 가려내라. '무엇', '왜', '어떻게'를 생각한 후 '누구'의 잘못인지를 따지는 것은 개인에게 책임을 떠넘기는 관행에서 그 책임의 문제가 무엇인지를 생각하게 한다.

비난의 대상을 찾는 것을 되풀이하지 않으려면 커뮤니케이션이 필수적이므로 그러한 문제들을 없앨 몇 가지 방안을 생각해보자.

✤ '무엇'에 대한 윤곽을 확실히 그려라

해결책을 찾기 전에 문제를 명확히 해야 한다. 군대에서는 이를 '교전 후 보고'라고 부른다. 이는 각 항목별로 조목조목 적어서 두 가지로 정의할 수 있다. 바로 잘못된 것과 잘한 것이다. 예를 들어 시스템을 설치한다고 하자. 서버 업그레이드 소프트웨어가 제대로 작동하는데도 문제가 발생했다면 기술자들이 설치 절차를 제대로 설명해주지 않아서 시스템 설치에 문제가 발생했을 수도 있다. 판매상을 비난하기 전에 그 문제를 관계자들에게 말함으로써 문제를 밝혀낼 수 있는 것이다.

✤ '왜'에 초점을 맞춰라

회사 내부에서 일어나는 문제들은 단지 우연히 일어나는 것이 아니다. 이는 개개인, 팀, 조직의 실수에 따른 결과이다. 도요타 생산 시스템의 핵심이 바로 '다섯 가지 이유'라는 개념이다. 이는 엔지니어들이 단순히 문제의 증상뿐 아니라 원인까지도 찾아내기 위해 사용했던 원인 분석 방법이다. 관리자들은 일이 그르치게 된 원인 분석에 이 개념을 적용하고 있다.

❖ '어떻게'를 찾아라

'왜'라는 질문에 대한 답은 문제를 구체화한다. 그러나 '어떻게'라고 물어봄으로써 신속하게 그 원인을 찾을 수 있다. 예를 들어 매출 목표를 달성하는 데 실패했을 때 '왜' 그런 일이 벌어졌는가에 대한 답으로 경쟁력 저하, 소비자의 싫증 혹은 제품 자체의 실패 등을 들 수 있다면 '어떻게'는 실행 과정에 초점에 맞춘 것이다. 즉, 영업사원이 경쟁에서 이기는 법, 수요자들의 거부감을 잠재울 수 있는 제품의 특징과 장점을 보여주는 법, 혹은 제품의 결점을 커버하면서 광고하는 방법을 알지 못했다는 점 등이 그 질문의 답이다.

❖ 실패를 두려워하지 않게 하라

비난의 대상을 찾는 근본적인 이유는 실패이다. 우리는 성공을 찬양한다. 이는 사람들이 목적의식을 가지고 열심히 하도록 동기를 부여하므로 긍정적인 면이 있다. 하지만 반대로 생각해보면 성공하지 못할 경우, 무자비한 비판이 쏟아지는 분위기가 조장된다. 야구 이야기 하나가 이를 잘 보여주고 있다. 안타 300개를 치는 타자가 열 개의 볼 가운데 세 번을 살렸다고 말할 수도 있고, 열 번 가운데 일곱 번을 실패했다고 표현할 수도 있다. 야구 지도자들은 일곱 번의 실패가 아니라 세 번의 안타를 쳤다는 데 초점을 맞춘다. 이로써 결국 안타를 300번 친 타자들은 상당히 높은 평가를 받으면서 그에 상응하는 보상을 받게 된다. 제조업의 예를 들어보자. 예를 들어 100만 개당 3.4개 결점처럼 여섯 번째 자리까지 결점을 줄이자는 식스시그마는 그 자체를 목적으로 삼지 않고 목적 달성을 위한 수단으로 실패를 줄이고자 한다. 식스시그마의 그린벨트와 블랙벨트는 실패를 통해 얻은 교훈을 품질과 생산성 향상을 도모하는 데 효과적으로 사용하는 법을 가르친다. 관리자들은 사람들이 기준 내에서 열심히 일하고 팀을 위해 최선을 다하는 것을 목표로 두었다면 실패해도 괜찮다는 것을 이해시켜야 한다.

✤ 후보 선수들에게도 관심을 보여라

미시간 대학은 다른 대학에 비해 미식축구 경기에서 우승한 기록이 많다. 다른 대학들보다 미식축구 역사가 오래되었다는 사실은 차치하더라도 미시간 대학은 사람들을 성공으로 이끄는 효과적인 프로그램을 개발했다. 이 대학에서는 단순히 일군 선수들에게만 높은 기대를 하는 것이 아니라 이군, 삼군 그리고 사군 선수들에게까지 높은 기대치를 부여한다. 그래서 한 선수가 졸업하거나 부상으로 경기에 출전하지 못하는 사태가 발생해도 팀은 좀처럼 추진력을 잃지 않는다. 부족함을 채워줄 누군가가 항상 대기하고 있기 때문이다. 감독들은 이러한 기대를 통해 선수들에게 동기를 부여한다. 관리자들 역시 전반적인 직원들의 능력개발에 관심을 두어야 한다. 팀이 꾸준히 돌진할 수 있도록 직원들을 대기시켜야 하는 것이다. 잠재해 있던 비난의 위험과 실패에 대한 두려움이 고개를 들면 재능이 있는 사람들은 다른 곳을 바라보게 될 것이다. 관리자의 역할은 바로 직원들이 위험 감수를 두려워하지 않고 실패를 받아들이도록 만드는 것이다.

♣ 경기에 목숨을 걸어라

기업들이 위험 감수를 진지하게 생각한다면 각 관리자들에게 위험을 받아들여야 하는 이유를 설명하라. 제프 이멜트Jeff Immelt는 CEO로 부임하면서 GE를 좀더 혁신적으로 밀어붙인다. 그에 따르면 '한곳에 머무르면 돈을 벌 수 없다'고 한다. 경영자의 보너스 중 일부는 수익창출 방안을 고안하기 때문에 지불되는 것이다. 다이앤 브래디Diane Brady는 『비즈니스위크』에 '실패할지라도 GE는 도전 자체에 존경을 표할 것이다'라고 썼다. 이 같은 분위기는 도전자들에게 위안이 된다.

♣ 거부자들을 참여시켜라

간혹 조직 내에서 잘못된 결과에 대한 비난의 대상자를 찾으려 하는 이들이 있다. 남들의 실패를 보고 기분전환을 한다든지 권태를 느끼거나 냉담하게 반응하는 이들이 바로 그런 사람들이다. 특히 무엇보다도 이들의 무관심이 가장 큰 문제이다. 이러한 반응은 비즈니스에 대한 무관심, 이탈 그리고 성과에서 얻을 수 있는 특권으로부터 소외되었을 때 발생하며, 이로 인해 도움을 주면서 참여하기보다는 결과에 대해 비난할 거리를 찾게 된다. 회사는 그러한 거부자들 때문에 손실을 보기 때문에 이들을 프로젝트에 참여시켜야 한다.

또한 공격에 대한 보복의 유혹이 있을 수 있다. 그러나 그것은 근시안적인 생각이다. 올바르게 일을 해내는 방법을 아는 센스 있는 관지라들은 적들을 찾아 자기편으로 만들기 위해 노력한다. 린든 존슨Lyndon B.

Johnson은 적을 자기편으로 만드는 달인이다. 존슨은 이에 대해 피부에 와 닿는 예를 들며 이렇게 말한 적이 있다. "텐트 밖에서 안으로 오줌을 싸는 것보다는 텐트 안에서 밖으로 싸는 것이 훨씬 낫다." 이 말은 자신의 일을 비판하는 사람들에게 직접 말하라는 의미이다. 그들에게 조언을 부탁하면서 달래고 동조자로 포용하기 위해 노력하라. 그렇게 함으로써 또 다른 의견이나 견해를 확보하여 실수를 줄일 수 있으며, 비난하는 것도 줄어들 것이다. 사람들은 자신들이 관계된 것을 비난할 때에는 훨씬 더 과묵하기 때문이다.

비난의 방법

비난이 필요하고 단련이 실시되어야 하는 경우가 있다. 예를 들어 실수를 했던 사람이 동료와 상사의 경고에도 불구하고 실수를 반복한다면 권한을 빼앗거나 그에 준하는 엄중한 처벌이 따라야 한다. 한편 신제품 출시와 같이 정말 좋은 의도에 다른 사람들의 지지가 있었지만 실수를 한 경우라면 개인이 아닌 팀을 겨냥해 비난의 화살을 조준해야 한다.

성공을 다져나가는 조직들은 시간이 지남에 따라 역경에 처하면 그것을 극복한다. 이 과정에서 능률이 향상되는 한편 무능력한 관리자도 많아진다. 하지만 책임에 대한 비난을 처리하는 방법을 알고 있기 때문에 회사 직원이 아닌 한 그러한 문제들에 대해서는 잘 듣지 못한다. 이들은 그것을 임기응변으로 처리하지 않는다. 이들은 해결책을 찾고, 문제를 예상하고, 처리하고, 업무 진행을 가르치는 데 실수를 이용한다. 이러한 회사들은 개인에게 지워진 비난의 오점을 제거해주면서 시련의 시기를 견뎌낸다.

위험에 대한 보상

위험으로 발생하는 실패는 리더십에 내재해 있다. 성장하고, 잠재력을 달성하기 위해서는 때때로 위험을 감수해야 한다. 리더는 개개인, 팀, 전체로서의 조직이 위험을 감수하는 도전을 받아들이도록 이끌어야 한다. 창조적으로 생각하기 위해 노력하고 혁신할 의지가 있는 사람들이 기회를 잡을 수 있다. 위험을 감수하면서 성공한 사람들의 이야기는 신화가 된다. 그리고 실패한 사람들의 이야기는 실패를 유도할 만한 가능성이 있는 요인에 대해 미리 주의를 준다. 위험을 적절하게 관리하는 법을 배우는 것은 리더의 몫이며, 이처럼 노력하는 과정에서 커뮤니케이션은 위험 감수를 좀더 허용하게 만들 수 있다. 그리고 비전, 미션, 가치, 문화를 알게 하면서 일관성을 유지해야 할 필요성을 강화해준다.

위험 이야기 플래너

삶은 순차적인 과정대로만 이어지지는 않는다. 성공하기 위해서는 간혹 위험 감수도 필요하다. 위험은 창조와 혁신을 자극하는 수단이다. 아래의 질문들을 살펴보자. 위험 관리를 생각하는 데 도움이 될 것이다. 그리고 위험 과정을 지원해줄 이야기를 생각해보자.

❖ 비전과 맥락이 같은 기회를 맞았다. 그러나 이는 당초 비전의 일부로 받아들여지지 않았다고 하자. 그렇다면 이 기회에 대해 어떤 평가를 내릴 것인가?
❖ 이러한 기회를 달성하는 데 발생할 만한 위험들은 무엇인가?
❖ 사람들이 프로젝트와 이니셔티브를 위해 틀에 박히지 않은 사고를 하도록 장려하는 방법은 무엇인가?
❖ 창조성이 조직에 중요하다는 것을 어떻게 전달할 것인가?
❖ 혁신을 추진하는 방법은 무엇인가?

커뮤니케이션 실천 단계(위험)

❖ 열망을 자극하라. 비전에 초점을 맞춰라.
❖ 이상을 실천에 옮겨라. 새로운 업무방식을 찾아라.
❖ 희생에 대해 이야기하라. 창조적으로 일하라.
❖ 성과를 보여주어라. 혁신을 추진하라.

제니퍼 그랜홈

미시간 주는 '미국 자동차의 본고장'으로 유명하다. 미시간의 중심 도시 디트로이트는 모타운Motown으로 불리는 문화적인 도시이다. 지리학적인 것만이 아니라 제너럴모터스, 포드 자동차, 크라이슬러의 근거지이기 때문이다. 미시간 주에 자동차 산업이 중요하다고 말하는 것은 텍사스에 석유가 있다고 말하는 것과 같다. 그렇기 때문에 주지사가 미국의 3대 자동차 회사들의 경쟁사인 도요타를 미시간 주로 유치하기 위해 열심히 로비를 한다면 이것은 엄청난 뉴스거리가 된다. 얼마 전까지만 해도 미국에서는 외제차를 타는 사람들에게 이상한 눈초리를 보냈기 때문이다.

지금은 국산차를 타든 외제차를 타든 별로 상관하지 않는다. 국내 자동차 회사들이 세계로 진출해 있고, 아시아와 유럽의 자동차들이 미국에서 생산되기 때문이다. 마즈다Mazda를 제외하고는 말이다. 그렇다고 해도, 세금우대 혜택을 주며 미시간 주에 투자하라고 도요타를 설득하는 것은 어느 정도의 지혜와 뚝심이 필요하다. 이 사안이 있기 전에 도요타는 앤아버Ann Arbor에 작은 엔지니어링 연구센터를 만들었다. 그랜홈은 '몇몇 사람들은 3대 미국 자동차 회사의 본고장인 미시간 주가 도요타를 끌어들이는 데 묘한 역할을 하고 있다고 말했다. 그러나 미시간은 열려 있으며, 국제적인 투자를 유치하고자 한다'라고 말한다. 이처럼 그가 말하는 스타일을 보면 제니퍼 그랜홈 주지사에 대해 대략적으로 감을 잡을 수 있을 것이다.

그랜홈의 실무 방식은 스포츠와 비슷하다. 그녀는 영리하며 명석하고 매력적이며 아름답다. 그녀는 맹비난을 받아도 미소와 재치 있는 말로 침착함을 유지한다. 테디 루즈벨트Teddy Roosevelt는 정치를 두고 '로마 시대 검투장' 과 같다고 표현했다. 그랜홈도 부인하지는 않을 것이다. 일부 정치인들과는 다르게 그녀는 서로 협조하거나 혼전 양상의 난투를 즐기는 것처럼 보인다. 즉 그녀는 이것이 자신의 제안을 밀어붙이는 방법이며, 또한 국민들을 위한 주를 만들어가는 방법이라고 생각한다. 그녀는 하버드 법대를 졸업했고, 거기서 남편인 데니스 멀헌Dennis Mulhern을 만났다. 그녀는 변호사로 개업하지 않고 데니스의 고향인 미시간으로 갔다. 이렇게 해서 캐나다에서 태어나 미국인으로 귀화한 이 여성이 미시간 주 제1호 여성 주지사로 봉사하게 되었다.

▌활동적인 학생에서 정치인으로

그랜홈은 연기 연습을 통해 커뮤니케이션 능력을 습득했다. 고등학교 졸업 후 그녀는 할리우드에 있는 미국 드라마 연기학교(American Academy of the Dramatic Arts)에서 수년간 연기 수업을 했다. 열망에 찬 배우들이 그렇듯 그녀 역시 테마파크에서 일하거나 심지어 텔레비전의 짝짓기 프로그램에도 출연했다. 그러나 LA에서는 기회가 찾아오지 않았다. 그녀는 장학금을 받고 버클리 대학에서 불어와 정치과학을 전공했다. 그리고 나서 하버드 법대에 입학했다. 두 대학에서의 대학생활로 그녀는 자신의 정치적인 통찰력을 갈고 닦았다. 버클리 재학 시절 그녀는 프랑스에서 몇 년을 보낸 후 소련 유태계 이민자들에 대한 지원 활동을 했다. 하버드 법대에서는 「민권과 국민자유법리뷰*Civil Right and Civil Liberties Law Review*」라는 제목으로 논문을 썼다. 그녀는 또한 1984년 모달 페라로Modale Ferraro의 대선을 지원했다.

그녀는 미시간에 온 후 법원에서 서기로 일했으나 후에 웨인 카운티 Wayne County에서 오랫동안 의장으로 재직했던 에디 맥나마라Ed McNamara의 사무실에서 기업 카운슬러로 자리를 잡았다. 맥나마라는 활동적인 그랜홈을 마음에 들어 했고, 그녀를 '이 일에 타고난 사람'이라고 불렀다. 1998년에 그녀는 주 법무장관에 출마하여 당선되면서 미시간 주에서 최고로 높은 민주당원이 되었다. 그녀는 법무장관으로서 미시간 주에 새로운 '고도기술의 과학수사 연구소'의 건설을 추진했다. 그리고 어린이 주제 외설물과 '데이트 강간 약물'(Date Rape Drug, 데이트를 가장해서 성폭행 하려는 사람들이 사용하는 마약—역주)의 온라인 판매상들을 성공적으로 기소했다. 그녀는 자신의 명성을 더 쌓아 2002년에는 미시간 주의 최고 자리를 놓고 출마를 준비했다.

그러나 우선 그녀는 민주당 내의 예비선거에서 아주 잘 알려진 인물들과 경선을 치러야 했다. 그들은 전임 미시간 주지사와 미국 하원 민주당 원내총무였다. 하지만 그들은 자신들의 제안을 옹호하는 것을 넘어, 그녀를 비난하는 데 자신들의 모든 시간을 투자하는 것으로 허비하다보니 그녀를 이길 수가 없었다. 결국 예비선거에서 이 나이 든 정치인들은 자신들보다 훨씬 더 호감이 가고 논지가 명확한 여성에게 출마권을 넘길 수밖에 없었다. 그녀는 이 둘을 수월히 물리친 후 공화당의 주지사 후보인 딕 포스트휴머스Dick Posthumus와 선거에서 맞붙었다. 정계에서는 유명했지만 미시간 주에서는 잘 알려지지 않았던 포스휴머스는 열심히 선거운동을 했다. 집중적이고 조직적인 사람인 그가 낙선하자 공화당 선거 행동요원들은 아쉬워하며 이렇게 말했다. "정치 사안들이 당락의 기준이었다면 우리가 승리하겠지만, 록 스타가 기준이라면 우리는 이기지 못할 것이다." 이 말은 그랜홈의 외모와 스타와 같은 호소력을 두고 한 말이었다. 그랜홈은 민주당 텃밭으로 유명한 디트로이트에서 엄청난 지지로 득표하면서 치열한 선거에서 승리를 거뒀다.

그랜홈은 반대자가 아닌 협조하는 자세로 정부의 모든 요소들을 다루고자 하는 새로운 스타일의 정치인으로서 유세를 펼쳤다. 민주당 전당대회에서 수락연설을 하면서 그녀는 에이브러햄 머슬로우Abraham Maslow의 '욕구의 단계'에 대해 이야기했다. 그녀가 맡은 정부기관에는 머슬로우 박사가 주창했던 것보다 훨씬 더 많은 종류의 욕구와 욕구의 단계들이 있다고 전했다. 미시간 주는 빚이 많아서 교육, 지역정부, 사업체들로부터 자금을 조달해왔다. 그러나 타고난 커뮤니케이션의 달인인 그랜홈은 꽁무니를 빼지 않았다고 솔직하게 말했다. 취임한 지 두 달도 안 되어 그녀는 말했다. "주 정부의 예산 위기가 어느 정도로 심각한지 모두들 알아야 한다." 그러면서 그녀는 1억5천만 달러가 넘는 예산 삭감을 요청했다. 이것은 상서로운 출발은 아니었지만 솔직 대담한 출발이었다.

주지사로서의 도전

미국 북쪽 중서부 지방에 있는 다른 주들처럼 미시간 주도 주기적인 경기 하향세를 겪는 곳이다. 미시간 주에서는 경기가 꺾일 때마다 '치명적인 위기가 닥칠 것이며, 주 제조 산업기반이 심각하게 무력해지면서 절대 회복될 수 없을 것'이라는 우려감이 나돌았다. 주 정부는 항상 다시 일어섰으나 9·11 테러 이후 이어진 경기하락으로 산업이 위축되었다. 9·11 테러는 주정부와 지방정부에도 타격을 주어 많은 지방 자치체들이 학교를 폐쇄하고 경찰, 소방관, 긴급구조대원들의 수를 줄여야만 했다. 이러한 것은 주지사에게도 타격을 주는데, 과거에 대한 그랜홈의 공개적인 논평을 들어보면 주지사가 현재 얼마나 많은 사안에 직면해 있는지 알 수 있다. 오랜 기간 주의회 하원 대변인으로 재직한 팁 오닐Tip O'Neill은 자신에게 유리하게 사용하던 속담을 떠올릴 것이다. "모든 정치는 지엽적이다."

일자리가 주요 관심사로 떠오르면서 2005년 그랜홈 주정부는 '건설, 건축, 엔지니어링, 그리고 컨설팅'과 같은 분야에서 4만 개의 신규 일자리를 창출하는 일자리 개발 종합정책을 제안했다. 그랜홈은 말했다. "이 정책은 미시간 주의 경제개발을 위한 새로운 기회를 창출할 것이며, 경제를 부흥시키고 서민들의 소득 수준을 올려줄 것입니다." 비평가들은 이를 두고 노동자 실직대책을 무마하기 위한 불요불급한 계획이라며 회의적인 시선을 보내고 있다. 그러한 비판에 맞서기 위해 그랜홈은 지방을 돌며 메시지를 전했고, 문제를 포착하고 선거구민들이 쉽게 이해할 수 있는 용어로 해결책을 제시하는 데 자신의 능력을 십분 발휘했다. 그녀는 디트로이트 경제단체에서 연설하면서 세계 경제가 '잡아먹지 않으면 먹히는 구조이다'라고 말하면서 "나는 미시간 주를 다른 나라의 먹잇감으로 전락시키지 않을 것입니다"라고 덧붙였다. 며칠 후 그녀는 다시 말했다. "우리는 크게 생각해야 합니다. 작게 생각해서는 안 됩니다. 우리는 다른 주가 아니라 다른 나라보다 한발 앞서야 합니다. 그렇지 않으면 뒤처지게 될 것입니다." 또 다른 일자리 창출계획은 생명과학, 대체 에너지를 이용한 새로운 자동차 기술을 위한 기금 마련을 위해 20억 달러의 채권을 발행하는 것을 골자로 하고 있다. 이는 분명 세계화의 후미에 있던 미시간 주를 세계화의 주역으로 만들 방법을 알고 있다는 것을 증명해준다.

　미시간 주의 도전은 새로운 업체들을 유치하는 것으로 업체들을 미시간으로 유인하기 위한 방법은 교육받은 인력을 공급하는 것이다. 그랜홈은 교육을 최우선 사항으로 꼽는다. 그녀는 다양한 방법으로 이 문제를 풀어나가고 있다. 예를 들어 그랜홈은 4천 달러의 장학금을 대학, 기술학교, 고등학교 후 특별교육과정 2년을 마친 모든 학생들에게 지원할 것을 주창하고 있다. 이 계획은 고등학교에서 운영되는 학업성적 시험에서 높은 점수를 받은 학생들이 받던 2,500달러라는 장학금을 대체하게 될 것이다. 그랜홈에 따르면 그녀의 계획은 "산업에 필요한 부문에 인센티브를 주어 대학교육을 보완하자는 것이지 시험을 보완하자는 것이 아니다." 이 장학금을 위한 자격심사는 고등학교 재학시 40시간의 사회봉사를 완료하는 것에 따라 좌우될 것이다. 이것은 젊은이들에게 봉사라는

'사조'를 주입하는 데 도움이 된다. 게다가 그녀는 말한다. "대학교육의 문호를 개방하도록 지원하는 것도 중요합니다. 주정부가 갚아줄 것을 보장하면서 학생들에게 대출금이나 빌려주라고 요청하고 싶지 않습니다."

그랜홈은 또한 제대로 된 부모의 역할을 촉구하고 있다. 「디트로이트 뉴스」에 따르면 그녀는 디트로이트 경제단체에서 연설을 하는 동안 '열변'을 토했으며, 연설 중 그녀는 스스로를 '낙천주의자'라고 칭하며 자신의 신념에 대한 열정을 보여주었다. 그랜홈은 여론조사 결과를 예로 들면서 "미시간 주민의 4분의 3이 자녀의 대학교육이 필요 없다고 생각합니다. 이러한 결과는 상당히 충격적입니다. 부모들은 그것이 반드시 필요하다고 생각해야 합니다"라고 말했다. 그녀는 부모의 3~5퍼센트만이 엔지니어링과 정보기술(IT)이 자신의 아이들에게 실용적인 선택이라고 생각한다는 통계도 인용했다. "눈을 떠라! 우리가 변화하는 사고방식을 품어야 한다는 것을 명백히 보여주는 결과이다. 미시간의 모든 아이들은 대학교육을 받아야 한다." 그녀는 또한 부모들에게 아이들의 텔레비전 시청 시간과 전자오락 시간을 제한하도록 촉구했다.

그랜홈 역시 틀에 박히지 않은 사고를 하는 사람이다. 작은 교육지구의 통합을 장려했던 것이 그러한 사고방식을 보여준다. 각 구역은 자원을 통합함으로써 각 구역은 행정 비용과 서비스 비용을 줄이고 안 그래도 모자란 자원을 교육에만 집중적으로 투자할 수 있다. 그랜홈 행정부는 또한 주의 주요 연구 지향적 대학인 미시간 대학, 미시간 주립대학, 웨인 대학 등과 함께 생명과학을 장려하기 위해 공조하고 있다. 이 생명과학은 차세대 건강관리에 대한 적용과 치료법을 개발, 개척하기 위한 목적으로 마련된 포괄적인 이니셔티브이다.

그랜홈은 또한 미시간 주가 대체 에너지 연구의 선두주자로 발돋움할 수 있도록 추진하고자 한다. 이러한 관심은 주정부의 자동차 산업과도 관계가 있다. 그러나 그랜홈은 다음에 넘어야 할 고비를 넘어서 내다보는 것을 좋아한다. 그녀는 『디트로이트 프리 프레스*Detroit Free Press*』와의 인터뷰에서 즐겨 인용하던 통계를 언급했다. "그 통계에 따르면 2020년에 『포춘』 선정 500대 기업 안에 들어갈 기업의 75퍼센트가 지금은 존재하지도 않는 업체라고 합니다. 만약 미시간 주가 미래 산업을 창조하고 개발에 있어 주역이 되고 싶다면 기술과 진보적인 사고 그리고 대학과의 산학 공동체 형성을 통해 그러한 주역이 되어야 합니다."

사람이 중요하다

이러한 과정에서 그랜홈은 주정부의 인간적인 측면을 보여주는 방법들을 알고 있다. 그녀의 남편 댄 멀헨은 리더십 컨설턴트이며, 주정부 직원들의 비전과 가치 이니셔티브의 개발을 도왔다. 이 이니셔티브는 능력의 탁월성, 팀워크, 청렴함 그리고 포용에 초점을 맞추고 있다. 그것은 세계를 떠들썩하게 할 만한 것은 아니었지만, 멀헨에 따르면 이는 미시간 주정부를 '괜찮은 업무문화'로 이끌 방법이라고 한다. 궁극적으로 이 이니셔티브는 주정부가 시민들의 욕구에 좀더 부응할 수 있도록 할 것이다. 멀헨은 또한 주지사의 무보수 조언자로서 간혹 연설문 작성자로 헌신한다. 그는 무엇보다도 세 자녀를 돌보는 것이 우선이라고 생각한다. 자녀에 대한 것은 주지사가 남자라면 절대 질의를 받지 않지만, 여성 주지사들은 당연히 받게 된다. 멀헨을 보면서 그랜홈에게는 공무에 헌신하는 순간 동안은 자신의 출세는 잠시 제쳐두는 마음의 친구이자 완벽한 파트너가 있다는 생각이 절로 든다.

『디트로이트 프리 프레스』는 2006년에 그녀가 재선할 것으로 보고 미래 비전에 대해 써달라고 요청했다. 그러나 그녀는 미시간 주가 대체 에너지 분야의 리더로 명성을 쌓게 하여 관련 있는 사람들을 미시간 주로 끌어오고 싶다고 대답했다. 그녀는 또한 '극단적인 양극화'가 매듭지어지고, 디트로이트가 10년간의 장기 불황을 벗어던지고 다시 인구가 늘어나는 도시가 되기를 바란다고 말했다. 미시간의 남동부 지역을 위한 대중교통 개선 역시 그녀가 바라는 희망사항이다. 결국 디트로이트는 모타운인 것이다. 그랜홈은 독립적인 사고를 한다. 그러나 커뮤니케이션을 통해 자신의 생각을 촉진시키고 논쟁에 근접할 수 있게 만든다. 물론 주지사라는 것은, 기업을 운영하는 것과는 상당히 다른 일이다. 주지사들은 권력을 가지고 있으나 대부분 주의회의 공조와 독립적인 이해관계가 있는 이들의 지원 덕분에 성과를 달성한다. 이것은 쉬운 일은 아니다. 그러나 정직하고 신뢰성 있게 사람들을 연결시켜주는 것이 필요한 업무이며 그랜홈은 이에 능숙하다.

많은 비평가들에 따르면 그랜홈은 연방정부에서도 통할 만한 호소력을 지니고 있다고 한다. 그러나 캐나다 태생인 그녀가 선거를 통해 열망할 수 있는 최고의 자리는 주지사이다. 지금도 많은 문제점을 안고 있지만, 알맞은 기회를 잡은 미시간 주를 위해 그녀는 하루 종일 헌신을 다하고 있다. 추진력, 공공사업을 위한 헌신, 정치 사안을 간단하면서도 박력 있게 신념에 차서 명백화시키는 능력을 지닌 그녀는 지금까지 만들어온 것보다 앞으로 만들어갈 이야기가 더 많다.

❖ 틀에서 벗어난 사고를 하라

정부기구는 천천히 움직인다. 때로는 문제 해결에 대한 '신선한 시각'의 접근법이 도움이 된다. 제니퍼 그랜홈은 그런 신선한 시각과 좋은 아이디어를 제공한다.

❖ 규칙적으로 커뮤니케이션하라

말을 못하는 정치인은 없다. 그러나 그랜홈은 자신의 생각을 다른 사람들과 공유할 수 있다. 그녀는 시민들에게 진실한 메시지를 전하고, 시민들에 대한 배려에 정책적인 것을 가미하여 아이디어가 돋보이게 한다.

❖ 공격을 참고 견뎌라

해리 트루먼Harry Truman은 요리를 하다가 뜨거운 열기를 참고 견딜 수 없다면 부엌에서 나오라고 말했다. 이처럼 그랜홈은 경기 침체기에 미시간 주를 이끌 때 모든 사안, 모든 의안, 그리고 모든 논쟁이 민감해진 상태에서 한 발자국 물러서서 냉정하게 그 누구보다 타협을 잘 이끌 수 있었다.

❖ 신념을 보여라

사람들이 자신을 따르기를 바란다면 신념을 보여주어라. 그랜홈은 열렬한 연설가이며, 경제, 일자리, 교육과 같은 사안들에 대한 자신의 믿음을 열정적으로 보여주고 있다.

❖ 삶과 일의 균형을 잡아라

권력이 따르는 위치에 있는 사람들은 거의 대부분 자신의 아이들을 돌볼 엄두를 내지 못한다. 그러나 여성이라면 심지어 주지사라고 해도 아이들 돌볼 생각을 해야 한다. 그랜홈은 가족과 시민들의 욕구에 균형 있게 대응했다. 하지만 그녀의 남편이 없었다면 이는 불가능했을 것이다.

❖ 희망을 주입시켜라

어두운 측면, 특히 정부의 안 좋은 측면을 보려고 하는 것이 인간의 본성이다. 그래서 그랜홈은 자신의 메시지를 소생시키고 정책에 활력을 불어넣어주는 긍정적인 에너지를 발산하기 위해 애쓴다.

신념대로 행동하는 존 매케인의 용기

용기 있는 목소리

비즈니스 저널리스트에게 위험한 일이란 거의 없다. 제
잘난 맛에 살며 긍정적인 기사만 써주기를 바라는 고위 경영진들의 가시
돋친 말을 참아내는 정도는 감수해야 하겠지만 말이다. 그러나 예외인
나라가 있다. 러시아, 그곳에서 가시 돋친 말은 곧 총알을 의미한다. 특
히 현대 산업이라는 탈을 쓰고 국민의 신뢰와 국고를 약탈하는 극악무도
한 부정 취득자를 취재하면서 진실을 너무 깊이 파헤치다보면 총알받이

214

가 될 가능성은 더욱 높아진다. 폴 클레브니코프Paul Klebnikov는 러시아에 스스로 걸어서 들어간 인물이다. 하지만 송장이 되어 돌아왔다. 2004년 여름 모스크바에 있는 자신의 사무실 밖에서 피살된 채 발견되어 41세의 나이로 세상을 떴다. 2000년 이래 러시아에서 일어난 다섯 번째 기자 살인사건이었다.

클레브니코프는 다방면에 관심이 있으면서 또 용감한 사람이었다. 그는 러시아에서 경제 기사를 취재하는 일에는 위험이 따르는데다 장애물도 많다는 사실을 잘 알고 있었지만, 아무도 그를 말리지 못했다. 그의 몸에는 러시아인의 피가 흐르고 있었다. 증조부가 러시아 혁명에 반대하는 백러시아계 해군대장으로 복무했고, 후에 혁명이 일어나자 사회민주노동당 과격주의자 '볼셰비키'들에 의해 암살되었다. 나머지 가족은 러시아 전제정치 반대 운동을 하기 위해 1825년 시베리아로 망명했다. 클레브니코프는 미국에서 태어나 자랐다. 그리고 런던 경제대학 LSE(London School of Economic)에서 박사학위를 받았다.

클레브니코프는 러시아 과두정치 후원자인 보리스 베레조프스키Boris Berezovsky를 집중 취재했다. 베레조프스키는 과두정치 후원자 중에서도 최고의 갑부로 손꼽히는 위험한 인물로 비즈니스 이권을 가지고 있으면서도 러시아 안보회의 멤버로 활동했다. 클레니코프는 권력에는 부패가 따른다는 사실을 본능적으로 꿰뚫었다. 그리고 주저 없이 이를 파헤쳤다.

클레니코프는 수년 동안 러시아 관련 뉴스를 취재했다. 그러다 『포브스 러시아』의 창설 편집인이 되었다. 이제 그의 목소리가 서방뿐 아니라 러시아 국민들에게 러시아말로 전해질 수 있게 된 것이다. 편집 발행인인 스티브 포브스Steve Forbes는 이렇게 말했다. "클레브니코프는 러시아를 단지 과두정치의 후원자들로 들끓는 곳으로 본 것만은 아닙니다. 이제 자유기업이 출현하기 시작한 그곳에는 자본주의의 틀 안에서 합법적이고, 혁신적이며, 기회를 만들어가는 기업들이 생겨나고 있었습니다." 클레브니코브의 기사는 새로운 혁명에 도움이 되었지만 반혁명과 충돌했다. 기자들은 정기적으로 한 방 당하다가 결국 굴복했다. 클레브니코프를 비롯한 여러 기자들의 죽음으로 법적 처벌을 받은 사람은 아무도 없었다. 러시아는 비즈니스 관행을 진실하게 전하려 하는 사람을 위협했다.

클레브니코프는 책을 출간하기도 했다. 그 가운데 하나는 베제조브스키를 비롯한 다른 러시아의 과두정치 후원자를 다루고 있다. 그가 마지막으로 집필한 책은 또 하나의 용기를 보여준다. 『미개인들과의 대화Con verstaion with the Barbarian』는 '회교 극단주의에 대항해 기독교 문명을 지키는 유럽인들로부터 많은 관심을 받았다.' 하지만 과두정치 옹호자와 같은 극단주의자는 도전받기를 달가워하지 않는다. 이 책에 거론된 체첸 공화국의 한 남성은 자신에 대한 기사가 맘에 들지 않자 클레브니코프의 죽음을 사주했다. 결국 그는 체첸 범죄조직에 의해 암살되었다. 체첸인에 대한 체포영장은 2005년 6월에서야 발행되었다. 이는 그가 세상을 뜬 지 거의 1년이 다 되었을 때였다.

클레브니코프는 미국인이었다. 하지만 영국의 주간지 『이코노미스트』도 그의 사망기사를 보도하며 이렇게 글을 맺고 있다. '그의 죽음은 러시아의 손해다.' 이 말은 클레브니코프가 그동안 미국인답게 자유와 공신력의 이상 실현과 러시아에 일생 동안 바친 헌신을 함축하고 있다.

스티브 포브스는 클레브니코프에 대한 개인적인 존경의 글을 썼다. "폴은 러시아의 발전을 믿어 의심치 않았으며, 러시아의 발전 과정에서 중요한 역할을 다짐했다."

전쟁으로 인해 가장 고통받는 사람들은 무고한 시민들이다. 이야말로 전쟁의 비극이다. 누구나 다 아는 이 말보다 더 마음 아픈 한 가지는 이것이 현실이라는 점이다. 말라 루지카Marla Ruzicka의 예를 들어보자. 봉사단에서 활동했던 28세의 그녀는 전쟁이 양산한 무고한 희생자를 돕기 위해 이라크로 갔다. 하지만 그녀 자신도 2005년 4월 조수와 함께 바그다드 공항으로 가던 길에 전쟁의 희생양이 되어 세상을 하직했다. 당시 그녀는 아이들의 상태를 확인하러 가는 길이었다.

캘리포니아 스타일의 젊은 외모에 저절로 배어나오는 미소를 가진 그녀. 영화배우 르네 젤위거Rene Zellweger를 닮은 루지카는 전쟁의 공포에 휩싸이기에는 너무 어려 보였다. 그녀는 오히려 대학 캠퍼스에 있거나 봄방학을 보낼 고등학생에 더 어울릴 법했다. 하지만 루지카에게는 자신을 먼저 생각하기보다 불우한 이웃을 돕고자 하는 열정이 있었다.

루지카는 현명하고 센스 있는 운동가였다. 도널드 럼스펠트Donald Rumsfeld 국방장관이 2002년 미 상원 청문회에서 증언을 하게 되었는데, 청문회에 참석했던 그녀는 『뉴욕타임스』와의 인터뷰에서 이렇게 말했다. "나는 증언을 해줘서 감사하다고 말하고 나서 무고한 일반인 피해자들에 대한 이야기를 꺼냈습니다." 애교 짙은 허심탄회한 방법은 각종 정보처, 국방부, 일반시민들로부터 정보를 얻어내는 데 유용했다. 그녀는 텔레비전 뉴스에서 이렇게 말했다. "제 임무는 사상자의 수를 강조하는 것이 아니라 전쟁의 실태를 부각시키는 것입니다." 하지만 이 보도는 그녀가 죽은 후에야 PBS 뉴스에 방영되었다.

루지카는 아프카니스탄에서 처음 전쟁을 경험했고, 후에 이라크로 옮겨 갔다. 전쟁 희생자들에 대해 알게 된 그녀는 그들을 구제할 방법을 찾기 시작했다. 그녀가 선택한 방식은 이러했다. 먼저 사상자가 발생한 지역으로 간다. 그 다음 책임자를 가리기 위해 생존자와 인터뷰한다. 만약 미군의 실수라면 희생자들이 보상받도록 온 힘을 쏟는다. 이것은 책임자를 비난하기 위한 목적이 아니었다. 실제로 무고한 희생자를 줄이기 위해 미군이 최선을 다하도록 이끌기도 했지만, 시민들의 보상이 목적이었다. '시민활동에다 빈틈없는 정치학을 그렇게 잘 조화시킨 사람은 거의 만나보지 못했다'라고 『타임지』 기자 비비엔 월트Viviennne Walt는 말했다. 루지카는 자신의 재능을 군인, 정부, 건강관리 공무원, 기자들을 설득하는 데 이용했다. 그녀를 돕는 사람이라면 누구나 그녀의 매력에 빠져들었다. 2004년 그녀는 「이라크 내 무고한 전쟁 희생자 구제 운동본부(Campaign For Civilian Innocent Victims in Iraq)」를 창단해서 전쟁 희생자가 된 이라크인들을 찾아내 미국정부로부터 보상받을 수 있게 했다. 당시 다른 나라에서 모금한 금액이 놀랍게도 1,750만 달러에 달했다.

루지카의 동정심은 말과 행동 하나하나에 분명히 묻어나고 있다. 그녀의 모습을 담은 비디오를 보면, 그녀는 전쟁 때문에 고통당한 여성을 위로하거나 아이의 손을 잡기 위해 아니면 그들이 웃을 수 있도록 손을 뻗고 있다. 그녀가 성공할 수 있었던 이유는 간단하다. 그녀의 부탁을 거절할 사람은 아무도 없었기 때문이다. 루지카는 친구이자 CNN 기자인 피터 베르겐Peter Bergen에게 생애 마지막 이메일을 보냈다. "우리는 많은 아이들을 치료하며 도와주고 있다. 여기에서 벌어지는 일들은 내 마음을 아프게 한다. 여기서 떠나야겠다는 생각은 들지만, 쉽지가 않다." 자동차 폭발현장에 도착한 한 육군 의무관에 따르면 그녀가 "저 살아 있어요"라고 말했다고 한다. 하지만 아쉽게도 그녀는 눈을 감았다. 이 사망소식에 애도의 목소리가 쏟아졌다. 이로 인해 적어도 얼마간은 그녀의 큰 뜻이 기억될 수 있었다. 수천 명에 달하지는 않더라도 그녀가 도움의 손길을 전했던 수백 명의 사람들만큼은 그녀를 영원히 기억할 것이다. 말라 루지카는 희망을 이야기한다. 이는 단 한 사람이 긍정적인 변화를 이끌어낸 희망의 이야기다.

역시 용기라는 단어가 잘 어울리는 한 남자가 있다. 그는 이상적인 것을 위해 자신의 출세도 마다했다. 호전적이고 자신감이 넘치는 그 사람은 바로 존 보이드John Boyd이다. 그는 전념을 다해 결정을 내리는 전투기 조종사였다. 또한 엔지니어링 전문가이기도 했다. 로버트 코램Robert Coram이 그의 전기문 『보이드Boyd』에서 묘사한 것처럼 그는 항공전투기 엔지니어링에 대해서만큼은 의견을 당당히 피력할 수 있는 전문가였다. 그러나 오히려 이 때문에 상부와 맞서게 되었으며, 그에게 주어져야 마땅할 장군이라는 타이틀도 버린 채 공군대령에 머물러야 했다. 제2차 세계대전에서 융단폭격을 구상했던 커티스 르메이Curtis LeMay 장군 휘하에서 전투조종사로 복무한 그는 이의를 제기하는 인물이었다. 이러한 서슴

없는 의견 피력으로 승진의 기회는 날아가버렸다.

보이드는 자존심이 강했다. 그는 전투기 공중전에서 슬그머니 다가가 예고 없이 공격할 수 있는 뛰어난 조종사였으므로 충분히 명성을 얻을 자격이 있었다. 선두 전투기로 있다가도 재빠른 전술을 구사하여 뒤따르던 전투기의 뒤로 날아가 그 전투기를 사정거리 내로 따라잡는다. 보이드는 이처럼 전투기 조종사로서는 우수한 삶을 살았지만, 나머지 부분에서는 그렇지 못했다. 보이드는 또한 좋은 지도자이자 선생님이었다. 우락부락하게 생겼지만 우아하고 이해심이 있었다. 최고 명문 전투 조종 비행학교(Fighter Weapons School)에서 거의 퇴학 위기에 처해 있던 론 코튼Ron Cotton 중위와의 실례가 이를 잘 반영해준다. 당시 보이드는 아직도 100s 시리즈 전투기를 모두 마스터한 사람이 단 한 명도 없다고 말하며 코튼에게 도전을 부추겼다. 코튼은 도전을 잘 이겨냈으며, 훗날 비행 조정 강사가 될 수 있었다.

보이드가 항공 전투에서 이룬 업적은 간소화와 수량화이다. 그는 자신의 기술과 직관적인 전술을 간략한 규칙으로 정리해 전투용 소책자를 만들었다. 후에는 수학과 물리학의 공식들을 적용하여 그것을 단순화했다. 코램에 따르면 보이드는 요약하고 설명하는 데 도사라고 한다. 또 주요 사안을 다룰 때 전문기술과 열정적인 에너지를 균형 있게 사용했으며, 자신의 이야기를 할 때는 힘이 넘쳤다.

보이드는 전투기의 디자인을 바꿀 정도로 훌륭한 E-M, 즉 에너지와 기동성에 대해 발표하기도 했다. 그는 물리학과 수학적으로 입증되고 공기 테스트로 보완된 이 이론을 바탕으로 미국 전투기들이 미그MiG기보다 성능이 떨어진다는 것을 입증하기도 했다. 이것은 미공군을 뒤흔들 정도로 엄청난 폭로였다. 다행히도 보이드는 문제를 발견하는 안목과 더불어 공중전에서 전투기를 조정하는 법과 살아남는 법 등을 조종사들에게 전수할 수 있는 능력이 있었다. 보이드는 전술 공군사령부의 사령탑이었던 월터 스위니Walter Sweeney 장군에게 변화를 감행할 것을 과감히 주장했다. 또한 자신이 밝혀낸 사실을 항공기 제조업체들과도 공유했다.

그가 기여한 공헌 가운데 단연 으뜸으로 꼽히는 것은 '전투 패턴'에 대한 브리핑이다. 그는 간략한 보고를 통해 전투의 역사를 규명하고 전투병이 조금 더 민첩해지는 법, 즉 전술적인 전쟁 방법에 대한 사례를 보여주고 있다. 이러한 브리핑을 준비하기까지는 다섯 시간도 채 안 걸렸지만, 보고 내용은 훨씬 더 오래 기억될 만한 것이었다. 전투에 대한 그의 생각이 잘 정리되어 있는 자료를 바탕으로 사람들은 4세대 전투이론을 정리했다. 4세대 전투란, 1993년 소말리아 내전이나 2003년 미국의 이라크 공격에서처럼 시민들과 뒤엉켜 벌어지는 전쟁을 의미한다.

현재 전투 조종사들이 배우는 OODA(Observe, Orient, Decide, Act) 주기 이론이 바로 이 '전투 패턴' 보고서에서 비롯된 것이다. 이 이론은 '판단과 결심' 주기의 일종이나 관찰, 정향, 결정, 행동을 단계적으로 실행할 수 있다. 좀더 광범위하게 보면 그 이론은 훨씬 더 많은 것을 포함하고 있다. '관찰'은 SWOT(Strength, Weakness, Opportunity, Threat), 즉 강점, 약점, 기회, 위협 분석을 포함한다. '정향'은 관찰한 것을 정황에 맞게 배치하는 것이며, '결정'은 결심을 내리는 것, '행동'은 실행하여 마무리짓는 것을 뜻한다.

보이드는 위대한 공을 세우고도 합당한 인정을 받지 못했다. 물론 그가 좀더 정치적으로 처신했다면 장군으로 승진하는 것은 문제도 아니었다. 하지만 그는 그런 방식을 좋아하지 않았다. 공군을 떠난 후에도 보이드는 정부 계약직으로 일하면서 더 많은 연봉을 주겠다는 정부의 제안을 거절했다. 그는 당시 군인연금을 받고 있었는데, 그 이외의 '다른 수입'을 받는 것은 탐욕적이라고 생각했다. 그는 자신의 안락함과 가족의 경제적 보장이 위협받는 상황에서도 자신의 아이디어와 야망을 좇았다. 메버릭의 메버릭, 즉 대전차 공격용 미사일을 가진 무소속 행동가였던 것이다. 그는 병으로 세상을 떠났지만, 그의 정신은 언제까지나 살아 있을 것이다.

리더십의 성과에서 용기는 중요한 역할을 한다. 폴 클레브니코프는 비즈니스 간행물의 편집자로서 조상의 모국을 경제적인 자유시대로 인도하기 위해 힘썼다. 말라 루지카는 전쟁으로 피해를 입은 사람들을 돕는 데 전념했다. 그리고 존 보이드는 미국의 국방방위 개선이라는 더 큰 꿈을 위해 출세도 포기했다. 이 모든 행동들에는 용기가 필요했으며, 그와 더불어 단련과 꾸준한 실행은 필수 조건이다. 특히 인간적이거나 또는 경제적인 요소들이 저항을 포기하도록 유혹하는 상황에서는 더욱 용기가 필요하다.

중간 관리자들은 이러한 추진력을 유지해야 한다. 그리고 상관은 이 관리자들이 새로운 프로세스를 구축하고 큰 몫을 해내도록 이끌어야 한다. 그러나 이를 훌륭히 해낼 만한 자원을 갖추지 못한 경우도 있다. 급여에 대한 불만, 과중한 업무, 그리고 스트레스 등이 훌륭한 역할을 달성하는 데 방해가 된다. 용감하게 대항하고 자원과 인력 보충을 요구하는 것은 관리자의 몫이다. 그러나 그러한 요청을 자진해서 하고 싶어 하는 사람은 흔치 않다. 따라서 뛰어난 관리자는 자신과 자신의 팀을 위해 나설 수 있는 용기를 갖추어야 한다.

위험을 감수하는 용기

위험을 감수하려면 용기가 있어야 한다. 과감한 도전을 촉구하는 용기가 없다면 사람들은 위험을 감수하려 들지 않을 것이다. 앞서 살펴본 바와 같이 정보와 지혜가 과감한 위험 감수의 비결이다. 즉, 가능성을 따져본 후에 자신에게 유리하다 싶을 때 행동을 개시하면 된다. 물론 끝까지 강한 신념을 가지고 있어야 한다. 용기가 없으면 더 나아가지 못한 채 머물러 있을 것이다.

단련, 실행, 위험에 대한 용기를 잘 융합한 한 사람, 에드 브린Ed Breen이 있다. 에드 브린은 타이코의 전임 회장이었던 데니스 코즐로우스키가 기업 부정행위 의혹으로 퇴출당한 뒤, 그의 후임을 맡아 골치 아픈 일들을 떠안게 되었다. 실제로 코즐로우스키는 2005년 6월 유죄선고를 받았다. 당시 그가 해결해야 할 최우선 과제는 타이코의 부패를 척결하는 일이었다. 그는 먼저 이사회부터 재정비했다. "더 이상 물러설 데가 없었다. 우리가 이사회를 개혁하지 않았다면 회사의 전반적인 부패척결은 힘

들었을 것이다." 이러한 부패척결 작업은 전사적으로 실시되었다. 2002
년 브린이 취임할 당시 300명이던 직원이 2004년에 가서는 열두 명도 채
남지 않았다. 그것은 단순한 인원감축을 의미하는 것이 아니다. 기업에
가치를 부여하기 위해 그저 그런 지주회사가 아닌 '세계적인 수준의 운
영회사'로 타이코를 변모시킨 것이다. 그는 단순히 기업체를 인수하기
보다는 '유기적인 성장'을 위해 R&D 분야의 투자를 더욱 늘렸다. 결국
2004년도에 수익이 12퍼센트나 오른 400억 달러를 넘어섰다. 용기 있는
위험 감수였던 것이다.

용기 있는 행동

최근에 용기 있는 행동을 한 사람들이 있다. 9·11사태로
붕괴된 세계무역센터에서 몸 바쳐 희생한 소방관들, 아프가니스탄과 이
라크에 파병된 군인들 그리고 자신이 몸담고 있는 조직의 비리를 폭로한
두 여성, 바로 엔론Enron의 셰릴 왓킨스Sherryl Watkins와 FBI의 콜렌 로울
리Collen Rowley이다. 이들은 조직 내에 깊이 뿌리 내린 문제점을 폭로하
겠다고 상관에게 메모를 남겼다. 우리 사회에는 영웅이 있기는 하지만,
그들의 수가 극히 적기 때문에 우리는 이들의 업적을 쉽사리 잊어버린
다. 또한 영웅이 될 만한 인성을 홍보하기에도 이들의 수는 너무 적다.
조직에 필요한 사람들은 자신이 믿는 것을 굽히지 않는 이들이다. 간혹
용기가 필요하다고 해도 말이다. 건전한 조직을 만들기 위해서는 용기와

용기의 중요성에 대한 커뮤니케이션이 반드시 필요하다.

✢ 용기를 중요시하라

관리자들은 신념을 고수하는 사람 특히 역경에 처했을 때도 뜻을 굽히지 않는 이를 존경한다는 것을 널리 알려야 한다. 조직의 뜻을 한결같이 따라주는 것이 조직에 윤활유가 되기도 하지만, 자신의 의사를 고수하지 못하고 지나치게 조직의 뜻에만 순종하면 결국 집단사고로 이어지며, 시간이 지나면서 그들이 추구하는 가치를 잊어버리게 된다. 그래서 의견을 말하도록 장려하여 조직의 뜻이 가치가 있는지 재차 확인하는 기회를 가져야 한다. 근로자들의 의견이나 생각을 모두 차단해버리면 과거와 똑같은 결론만 되풀이하게 되므로 진보할 수 없다. 다른 의견을 말하는 데는 용기가 필요하지만, 관리자들은 이를 활성화시켜 사고의 과정을 보강하고 팀의 협동심을 증대시켜야 한다.

✢ 용기 있는 행동은 널리 알려라

군대에서는 위험한 상황에서 큰 공헌을 한 병사들에게 표창장을 수여하는데, 이를 통해 두 가지의 효과를 얻을 수 있다. 첫째 표창을 받는 병사의 용기를 칭찬할 수 있으며, 둘째는 위기의 순간에 용기 있게 행동하는 것의 가치를 다른 병사들에게 가르칠 수 있다. 경찰, 소방관, 긴급구조대원들도 마찬가지다. 기업 내부의 경영에서는 위에 언급한 분야처럼 생명을 위협하는 상황은 거의 없다. 그러나 리더들은 어려움에 처해도 성과를 달성하기 위해 자신의 신념을 밀고 나가는 이들을 알아봐야 한다.

✣ 용기에 대한 이야기를 전하라

중간간부 이상만 참여하는 리더십 개발 프로그램에서 직접 경험한 용기 있는 행동에 대해 이야기를 나누는 시간이 있었다. 이러한 토론을 통해 관리자들이 결정, 사람, 정책과 관련해 그동안 용기를 내지 못했던 일에 대해 밝힐 수 있었다. 정직함이 더해지면서 이 토론은 더욱 뜻 깊은 시간이 되었다. 참석자들은 리더의 역할에 대해 새로운 인식을 갖고 각자의 일터로 돌아갔다.

한발 물러서는 용기

신념을 위해서는 용기가 필요하다. 하지만 때로는 팀을 위해 한발 물러서는 데 더 큰 용기가 필요할 때도 있다. 수개월 동안 한 프로젝트에 열정을 쏟고 있었다고 하자. 그런데 부서의 예산이 삭감될 것이라는 소문이 들려오기 시작했고, 자신의 프로젝트를 중단하면 부서 전체가 살아남을 수 있는 상황이다. 생사의 갈림길은 아니지만, 선택하기가 매우 어려운 상황인 것은 분명하다. 그러나 이러한 상황에서는 난동을 부리며 소리 지르고 비난하는 것보다는 자신이 처한 운명을 받아들여 다른 이들이 프로젝트를 진행할 수 있도록 하는 편이 더 낫다. 관리자들은 매일같이 이런 문제에 봉착한다. 상당히 고통스러운 일이기는 하나 때로는 개인적인 우수성보다는 개인적인 희생이 더 존경을 받기도 한다.

남극 탐험대원인 앤 브랜크로프Ann Brancroft와 리브 아네슨Liv Arnesen

은 차기 도전을 거부하는 것도 괜찮다는 것을 배웠다. 이들의 목표는 남극을 탐험하는 최초의 여성 탐험가가 되는 것이었다. 이들은 수백 파운드나 되는 장비를 끌고 1,700마일의 빙경을 가로질러 갔다. 눈보라와 극한을 이겨내고, 수도 없이 미끄러지면서 수많은 어려움을 견뎌내야 했다. 이들이 거의 탐험의 막바지에 이르렀을 때에는 남극의 여름이 끝나가고 있었다. 여름이 끝나기 전에 탐험을 마쳐야 했지만, 시간이 충분치 않았다. 마지못해 이들은 대원들에게 구조를 요청했다. 탐험을 떠나기 전, 브랜크로프와 아네슨은 준비하고 훈련하는 데 3년을 보냈다. 길고 힘든 시간을 지나 이제 마지막 고비를 눈앞에 두고 있었지만 대원들이 만류했다. 그러나 브랜크로프는 후에 이렇게 말했다. "탐험은 내 본성을 알기 위해 여행을 떠나는 것이다. 나는 항상 내 자신이 최후 일격의 순간에 가서는 어떻게 행동할지 궁금했다." 이 두 여성은 결국 자신들의 능력을 당당히 입증했다.

두려움에 맞서다

　　존 매케인 상원의원은 베트남 북부 포로수용소에서 5년 반을 보냈다. 이런 그에게 용기 있는 행동이 낯설 리가 만무하다. 옳은 것을 택하는 것이 용기는 아니라고 그는 충고한다. 용기는 자신의 한계를 이해하는 것이다. 여기서 두려움이 중요한 역할을 한다. "용기는 두려움을 모르는 것이 아니라, 두렵지만 과감히 행동하는 능력이다." 총알이 날아들거나 불이 맹위를 떨칠 때 용기 있는 행동이 보이기는 하지만, 회사가 지향하는 방향에 의문을 제기하는 개인들도 용기 있는 행동을 한다. 비리 폭로가 그 대표적인 예이다.

간혹 분풀이 혹은 승진 탈락의 보복으로 비밀을 폭로하는 경우도 있지만, 이들은 주로 개인적인 사명감 때문에 이런 용기를 발휘한다. 이들은 사내에서 부정행위나 위반사항을 발견한 후 이를 파헤쳐야 한다는 강박관념에 사로잡힌다. 약자를 괴롭히고 동료 직원들의 삶을 비참하게 만드는 상사에 맞설 결단력을 가진 직원들도 용기 있는 사람들이다. 이러한 정의로운 행동으로 승진할 기회를 박탈당하거나 해고될 위험에 처할수도 있다. 그러나 이들은 이에 굴하지 않는다. 자신들이 올바른 일을 하고 있다고 확신하기 때문이다. 물론 두려움도 느끼지만 내적 강건함이이러한 두려움을 물리친다.

▌용기를 키워야 한다

용기와 연관되는 이미지는 수없이 많다. 전쟁터의 군인들, 거리를 순찰하는 경찰, 불타는 빌딩에 물을 살포하는 소방관들, 열등감과 무지를 없애주려고 고군분투하는 교사들……. 신문이나 텔레비전에서 이러한 예들을 심심치 않게 볼 수 있다. 또한 우리의 일상에도 많은 예들이 있다. 하루도 쉬지 않고 일하는 미혼모들은 아이들을 먹여 살리고 가르치고, 특히 아이들에게 사랑받고 자랄 수 있는 여건을 마련해주기 위해 열심히 일한다. 직장에는 노년의 부모를 모시는 사람들도 있다. 이들은 부모에게 효도를 다하고, 용돈을 챙겨드리며, 부모 봉양을 위해 간혹 직장을 그만두기도 한다. 그리고 또 담배나 술 혹은 도박 중독처럼 개인적인 어려움으로 고전하는 직장 동료들도 있을 것이다. 이들은 이러한 어려움에 굴복하기보다는 매일매일 맞서 싸운다. 용기는 늘 우리 주위에 있다. 우리는 용기 있는 사람들을 돌아보고 그들에게 감사해야 한다. 이들의 용기 덕분에 이 세상이 더욱 아름다워지기 때문이다. 용기는 미덕이며, 용기를 실천하는 사람들로 인해 우리는 축복받고 있다.

용기 이야기 플래너

신념대로 행동하는 능력을 용기라고 한다. 이는 상황에 따라 강해지기도 하고 때로는 약해지기도 한다. 역경에 맞서 용기를 실천할 때를 알아야 한다. 용기를 좀더 북돋울 수 있는 방법에 대해 생각해보자.

❖ 용기의 중요성을 알릴 방법은 무엇인가?
❖ 용기 있는 행동을 사람들에게 알릴 방법은 무엇인가?
❖ 용기를 증대시키기 위해 어떤 이야기를 할 것인가?
❖ 직장 내의 두려움을 스스럼없이 말하도록 장려할 방법은 무엇인가?
❖ 용기를 어떻게 유지할 것인가?
❖ 비전 전략을 실행하도록 용기를 북돋울 방법은 무엇인가?

커뮤니케이션 실천 단계(용기)

❖ 열망을 자극하라. 용기를 높이 평가하는 방법은 무엇인가?
❖ 이상을 실천에 옮겨라. 용기를 보여주기 위해서 무엇을 했는가?
❖ 희생에 대해 이야기하라. 장애물을 극복하기 위해 어떤 용기를 보일 것인가?
❖ 성과를 보여주어라. 용기를 실천하기 위해 어떤 노력을 했는가?

　　어느 한순간은 인생의 일부분에 지나지 않는다. 그것은 달성하고자 하는 목표의 각주에 지나지 않을 테니 말이다. 그는 미 해군 사관학교 출신이며, 전임 해군소속 조종사였고, 애리조나 주의 상원의원으로 활약했다. 그러나 많은 미국인들에게는, '하노이 힐튼Hanoi Hilton'으로 불리는 베트남 북부에 있는 악명 높은 포로수용소에 갇혀 지내던 인물이다. 그렇다, 그는 5년 반이라는 긴 세월을 그곳에서 보냈다. 그는 수없이 구타당하고 고문 받았다. 그러나 동료 수감자들과 더불어 이 모든 과정을 잘 견뎌냈다. 완고하고 솔직한 성격의 텔레비전 기자 크리스 매튜스Chris Mattews가 이 남자에게 제인 폰다Jane Fonda에 대한 감정이 남아 있는지 물어보았다. 그러나 이 남자는 이 질문에 별 반응을 보이지 않았다. 그동안 사람들이 뭔가 오해를 하고 있었다는 것이 드러났다. 이 남자는 바로 존 매케인이다.

　제인 폰다의 일화는 이러하다. 그가 베트남에 포로로 잡혀 있을 때 제인 폰다가 베트남 북부에 관광을 왔다. 그리고 이 영화배우는 미국 조종사들이 날아다녔던 하늘을 향해 서 있는 고사포 위에 앉아 기념사진을 찍었다. 존 매케인은 그녀에 대해 이렇게 말했다. "사람이란 자신이 했던 일을 후회하기도 한다. 나 자신도 내가 저질렀던 일에 대해 후회하곤 한다. 그러니 그 정도의 일은 별로 신경 쓰지 않는다. 물론, 그 일이 불쾌하기는 그때나 지금이나 마찬가지다. 그러나 지금까지 그 일로 그녀에게 유감을 가지고 있다면 시간낭비라고 생각한다." 매튜스가 그 다음번 토크쇼에 폰다를 초대해 매케인의 영상을 보여주자 그녀는 깊이 감동했다. 그렇지만 그녀가 어떤 반응을 보이든 매케인에게는 중요하지 않았다. 이미 성공적인 인생을 살고 있기 때문이다.

매케인은 정계의 거물급 인사이다. 2004년 선거에서 친구이자 베트남 참전용사인 존 케리 상원의원의 부통령 러닝메이트로 매케인이 합류한다는 소문은 엄청난 뉴스거리가 되기도 했다. 이전 선거에서 무소속 출마를 부인했지만, 이를 뒤집은 이력이 있는 매케인이었기에 그가 이러한 기사를 부인할수록, 그런 억측은 탄력을 얻었다. 물론 그것은 사실이 아니었다. 그러나 이 이야기를 통해 매케인이 미국의 양당 의원들로부터 존경받고 있다는 사실을 알 수 있다. 그는 미래의 대선주자들에 대한 인기투표에서 상위에 랭크되었다. 좀더 인상적인 설문 결과는, 콜린 파월Collin Powell 같은 정치가들과 함께 '존경'과 '신뢰'라는 덕목에서 높은 순위에 올랐다는 것이다. 물론 인기투표라는 것이 미인선발대회 같은 성격이라 오래 두고 볼 것은 아니지만 말이다. 그러나 이 남자에 대한 그런 이미지는 오랫동안 지속되고 있다.

수용소에서

매케인에 대한 사람들의 존경심은 굳건하다. 해군장교의 아들이자 손자였던 매케인은 해군으로 성장했으며, 주로 워싱턴에서 살았다. 그는 해군사관학교에 입학한 후 다른 아이들처럼 특별한 두각을 나타내지 않고 공부에만 전념했다. 매케인은 졸업하면서 해군 전투기 조종사가 되려고 자격심사를 치렀고, 결국 A-4 제트기를 타고 베트남 북부를 날아올랐다. 1967년 10월 26일 지대공미사일(SAM)이 그가 조종하던 제트기 날개를 맞혔다. 이 순간을 놓고 매케인은 조종사 특유의 어투로 '죽었었다(I was killed)'고 말한다. 비행기에서 튕겨 나온 그는 팔다리가 부러진 채 정신을 잃고 말았다. 한낮에 호수로 착지했지만 곧바로 붙잡힌 이후 장기간의 시련은 그렇게 시작되었다.

포로생활은 그를 유능한 조종사에서 수감자로, 결국에는 전쟁영웅으로 바꿔놓았다. 이는 그가 스스로 자칭한 것이 아니다. 장기 포로생활 이야기를 읽은 독자들은 포로 수감자들이 당했던 잔혹함과 잔인함에 놀라움을 금치 못한다. 북부 베트남 사람들은 제네바 협정을 준수하지 않았고, 매케인은 독방에 2년이나 갇혀 있었다. 커뮤니케이션이 금지되었지만, 포로들은 이에 굴하지 않고 의사소통을 곧잘 주고받았다. 이들은 알파벳 단어를 하나하나 읽을 수 있도록 수신호를 개발했고 모스부호나 도청 시스템을 이용했다. 이것은 오랜 시간이 걸리는 힘든 일이었지만, 포로들이 서로 협력할 수 있는 원동력이 되었다. 매케인은 후에 이렇게 말했다. "커뮤니케이션이 보여준 힘에 대해 맹신에 가까운 믿음을 가지게 되었습니다."

매케인은 다른 수감자들에 비해 다소 유리한 조건에 있었다. 그의 부친이 해군대장이었으며, 베트남인들도 그것을 알고 있었다. 이 덕분에 매케인은, 비록 기본적인 것이기는 하지만 수용소에서 상처치료도 받을 수 있었다. 그러나 베트남 군대가 그를 조기 석방하겠다고 제안하자 이러한 연고는 매케인에 대한 반감을 불러일으키며 그를 곤란한 처지에 빠뜨렸다. 포로수용소에도 예법이라는 것이 있어서 오래 수감된 포로들부터 먼저 석방되는 것이 순리였기 때문이다. 그는 조기석방을 거부했다. 그러자 다른 수감자들이 먼저 석방되었고, 마침내 베트남전은 사회주의의 승리로 막을 내렸다. 동료 포로들은 매케인에게 조기석방을 수락하라고 부추겼다. 그러나 그는 덜 아문 상처가 심각하게 악화되었음에도 가석방을 세 번이나 완강하게 거절했다. 1968년 7월 4일, 그가 세 번째로 거절하던 그 해에 그는 부친인 존 매케인 해군대장이 태평양 해군 총사령관으로 승진했다는 소식을 한참 후에야 듣게 되었다. 파리협회 협정이 완료되었을 때 전쟁포로들은 모두 석방되었다. 매케인은 몇 번의 교정수술과 집중적인 물리치료를 받아야 했다. 그는 자신의 회고록 『아버지의 신념*Faith of My Fathers*』에서 이렇게 끝맺고 있다. "베트남에서의 경험이 삶 전체의 해답이 되는 것은 아니지만, 그래도 내 인생의 가장 중요한 길잡이가 되었다."

▌정치계에 입문하다

석방된 매케인은 현역 군인으로 복귀했다. 그러나 다시 하늘을 날 수는 없었다. 그는 워싱턴에서 군인 보좌관으로 자리를 잡으면서 정계에 진출하고픈 욕망에 사로잡혔다. 1981년 그는 해군에서 퇴역한다. 그로써 20세기에 접어든 이후 처음으로 미군에 종사하는 매케인 집안 사람이 단 한 명도 남지 않게 되었다. 전쟁으로 긴 시간을 떨어져 지낸 탓에 첫 결혼은 파경에 이르렀고, 매케인은 새로운 연인 신디 헨슬리Cindy Hensley를 만나 재혼했다. 새 아내와 함께 매케인은 정치계에 출마하기 위해 애리조나 주로 옮겨갔다. 그는 이미 사회적 인지도가 있는 사람이었으므로 애리조나로 옮겨간 것이 사람들의 눈에 곱게 보이지만은 않았다. 결국 그는 '뜨내기 정치가'라는 별명을 얻었는데, 이 꼬리표는 수년 동안 그를 따라다녔다. 그러나 그는 이런 비판들은 부인하며 사랑해서 결혼한 여자가 우연히도 애리조나에 살고 있었을 뿐이라고 해명했다.

국회의원 선출을 위해 첫 예비선거를 치르면서 매케인은 많은 것을 배웠다. 그러나 당선된 후에도 여전히 그를 적대적으로 대하는 이들이 있었다. 한참이 지난 후에도 애리조나 주의 유력 신문인 『애리조나 리퍼블릭Arizona Republic』은 그를 주 의원으로 인정하려 들지 않았다고 한다. 그는 자신을 '무절제하고 배은망덕하며, 거만하고 이기적이면서 종종 부정부패를 저지르는 인물임을 입증하는 데 여념이 없었다'라고 터놓는다.

그를 올바른 길로 인도해준 사람이 있었는데, 매케인이 지금까지도 너무나도 존경해 마지않는 허브 드링크워터Herb Drinkwater이다. 허브는 스코츠데일Scottsdale의 시장으로 오랫동안 재직했다. 매케인은 주 상원의원으로 첫 당선된 후, 스코츠데일에 방문하여 전당대회 참석자들의 지방 그룹에서 연설을 하였다. 그의 표현을 빌리자면 그는 '열의 없이' 연설했다고 한다. 그런데 드링크워터는 연단으로 올라서는 순간부터 '긴 대화를 나누면서' 청중들과 서로 마음을 열었다. 그는 '이런 열린 대화를 통해 청중들에게 이번 만남이 너무 좋다는 믿음을 심어주었다.' 그것은 연기가 아니었고, 드링크워터가 조직을 리드하는 방식이었다. 그는 모두와 상호 교류하고, 심지어 사람들에게 자택 전화번호까지 알려줄 정도였으니 말이다. 매케인은 말했다. '이 집회는 직업관을 다소 확대할 수 있는 계기가 되었다.'

　매케인은 결국 능력 있는 정치인이라는 인상을 심어주었고, 상원의원으로 당선되었다. 그는 로날드 레이건 대통령이 베이루트Beirut 사태에 무력으로 간섭하자, 이에 반대하여 탈당한 뒤 무소속 정치인으로 전향함으로써 위험을 감수한 행동을 보였다. 1983년 레이건은 공화당원들로부터 대단한 지지를 받고 있었으며, 매케인과도 개인적으로 친분이 있는 사이였고, 그를 지원해주는 사람이었기 때문이다. 매케인은 미국의 언론 매체들을 불러 모아 베이루트의 상황에 대해 열띤 토론을 했다.

　그러나 아쉽게도 매케인이 반대의견을 피력한 지 한 달도 안 되어 베이루트의 미국막사에서 자살폭탄이 터졌다. 이 때문에 해병대 241명과 프랑스 군대 58명이 사망했다. 레이건 대통령은 르준Lejeune 캠프 해병대의 기념 추도회에 참석했으며, 통상대로 전폭자 가족들을 만났다. 20년이 지나 이 일을 되돌아보면서 매케인은 이렇게 말한다. "미 해병대의 죽음을 책임질 사람들이 아무런 죄값도 치르지 않고 모두 도망갔다. 오늘날까지 우리는 그 좌절로 인한 아픔을 안고 살아간다."

정치적 위기

몇 년 후, 매케인은 스스로 저지른 한 사건으로 인해 피해를 입게 되자 흥분한다. 이 일의 핵심인물은 찰리 키팅Charlie Keating으로, 매케인은 여전히 그를 좋게 평가한다. 키팅은 대형 주택건설회사를 운영하고 있었으며, 애리조나에 있는 링컨 세이빙즈Lincoln Savings의 실질적인 소유주였다. 그는 상류층의 삶을 살아왔으나 회사 직원들과 매케인 등 고위직 관료들에게까지 자신의 부를 널리 베풀었다. 매케인은 애리조나와 바하마에서 키팅으로부터 환대받은 것을 인정한다. 당시 키팅은 매케인에게 환대 이상을 베풀었다. 그는 매케인의 주요 후원자가 되었고, 1986년 매케인이 첫 상원의원 출마를 위한 자금을 마련하는 데 지원을 아끼지 않았다.

그러나 매케인은 당선된 지 얼마 지나지 않아 소속당을 탈당하게 된다. 키팅의 지원을 받으며 그의 뒷거래를 도왔다는 이유로 기소당한 상원의원들을 칭하는 '키팅의 5인'에, 공화당 소속 상원의원으로서 유일하게 포함되었기 때문이다. 키팅은 링컨 세이빙즈을 비롯한 다른 금융기관들을 이용해 '경영상태가 양호한 금융기관들의 파산'을 주도했다. 이러한 기관들을 회생시키기 위해 연방정부는 국민 1인당 2천 달러에 해당하는 자금을 투입했다.

모든 정치인들이 그렇듯이 매케인 역시 선거구민을 위한 일에 헌신했으며, 고액을 내는 사람들에게는 좀더 적극적이었을 것이다. 그는 그들의 사안을 듣고 나서 합법적이고 적합한 곳에 영향력을 행사했다. 결국

이 다섯 명의 상원의원들은 국회의원 윤리위원회에 소환되었다. 아주 굴욕적인 일이었지만, 한편으로 그런 경험이 필요하기는 했다. 다섯 명 가운데서 유일하게 앨런 크랜스턴Alan Cranston만 엄중한 형벌을 선고받았다. 그러나 절대 실제로 집행되지는 않았다. 매케인에게는 그의 '결백을 믿는다'는 편지와 '솜방망이 처벌'에 대해 비난하는 편지들이 날아들었다. 매케인은 몇 년 전에 휴가를 보내기 위해 바하마로 타고 갔던 키팅의 전세기 비용을 송금했다. 4년이 넘게 언급된 이 사건으로 인해 매케인은 뼛속까지 진저리가 날 정도였다. 어떤 면에서 그는 당파 싸움의 희생양이었다. 그러나 그는 자신의 실수를 인정한다. "청렴도를 떨어뜨린 것은 내 책임이다. 이번 기회를 통해 대중의 이익과 나의 이익을 구분해서는 청렴함을 유지할 수 없다는 사실을 깨달았다. 이제부터 남들 모르게 하는 일은 없을 것이다. 내 정치활동이 전부 언론에 공개될 수 있도록 할 것이다."

큰 무대로의 도약

　　매케인 같은 정치인사가 중앙정부 고위직에 끌리지 않을 리 만무했다. 역시나 그는 대선에 출마한다. 2000년 공화당 대통령 후보 지명 선거는 경쟁이 치열했다. 놀랍게도 그는 미시간 주 예비선거에서 승리했다. 미시간 주의 법에 따라 당의 소속과 상관없이 모든 유권자들이 예비후보를 선택할 수 있기 때문이다. 이것은 조지 W. 부시 후보 측에는 적잖이 충격적인 뉴스였다. 이는 CNN의 래리 킹 라이브쇼Larry Kong Live에서 매케인과 부시가 열띤 토론을 벌인 후 나온 결과였기 때문이다. 사우스캐롤라이나 선거 운동원들은 야비한 거짓말과 소문을 퍼뜨렸다. 이는 인종적 반감을 강조하는 내용으로 매케인이 흑인 아이의 아버지이므로 당 대표로서 부적합하다는 것을 암시하고 있었다. 매케인 부부가 방글라데시에서 여자아이 하나를 입양한 것을 두고 나온 말이었다. 매케인은 그런 모략의 배후로 부시를 지명했다. 물론 부시는 이를 부인했다. 이러한 토론회는 매케인의 기질을 부각시키는 계기가 되었다. 매케인은 이미 잘 알려지기는 했지만, 그동안 요란하게 선전하지 않았던 것이다. 또한 이 토론회를 통해 매케인이 원리를 따지는 사람임을 알릴 수 있었다.

그러나 매케인은 사우스캐롤라이나의 선거유세에서 스스로 과오를 저지른다. 그는 주 국회의사당 꼭대기에서 남부 연합군의 깃발이 펄럭이는 것이 옳은 것이냐는 물음을 던지며, 이는 연방정부가 아니라 주에 살고 있는 국민들이 선택할 문제라고 답했다. 그는 그때의 진술을 두고 '겁쟁이가 되었던 순간'이라고 말한다. 전쟁포로로 훨씬 더 위험한 테러에 맞섰던 사람이 그런 나약한 것을 인정하는 정치인이라니 상상할 수도 없는 일이다. 매케인은 자신의 과오를 바로잡으려 애썼고 후에 사우스캐롤라이나로 돌아가 사과했다. 그는 자신의 책 『용기가 중요한 이유Why Courage matter』에서 당시의 상황을 회고하며 이렇게 쓰고 있다. '그 경험을 통해 배운 교훈은 바로, 장거리를 뛰려면 용기 있는 길을 택해야 한다는 것이다.'

2000년 후보경선에서 부시가 승리를 거두었다. 2002년 매케인은 열심히 부시를 응원했다. 유권자들은 정책 사안에 소신을 굽히지 않는 매케인의 모습을 좋아했다. 민주당이든 무소속이든지 간에 다들 놀라움을 금치 못했으며, '매케인이 어떻게 저럴 수 있지?'라며 불편한 심기를 보이기도 했다. 선거에서 매케인은 성공적인 정치인들이 하는 대로 자신의 기본 입장을 고수했다. 매케인은 공화당원으로서 공화당 후보가 대통령에 당선될 수 있도록 지원해야 한다는 의무감을 가진 모양이었다. 맞은편 상대가 절친한 상원의원인 존 케리라고 해도 말이다.

매케인은 자신의 생각을 주저 없이 말한다. 상원의원 데니스 해스터트Dennis Hastert의 대변인은 나라가 전쟁 중인 상황에서 매케인이 세금감면에 반대한 것을 비판했고, 긴 소모전을 하기 싫었던 매케인은 이렇게 말했다. "공화당이 재정규율과 보수주의를 추구하던 시절이 그립다." 매케인은 당의 리더십에 화의를 제안하면서 다음과 같이 주장했다. "우리는 워싱턴에 앉아 젊디젊은 남녀들의 헌신과 희생을 비교하는 것 말고는 할 수 있는 게 없다. 나는 단지 그들이 파산한 국가로 돌아오는 것을 원치 않을 뿐이다." 매케인은 믿고 있다. 이 젊은이들의 헌신이 당파 싸움보다는 중요하다는 것을.

양극단을 통합하다

　　매케인은 양극단을 두루 섭렵하기로 유명하다. 2005년 그는 자유주의 좌파의 대표적 인물인 테드 케네디Ted Kennedy 상원의원과 팀을 결성하여 이민자에 대한 새로운 정책을 마련했다. 이 사안은 멕시코와 국경을 이루는 주의 상원의원으로서 주의 유권자들에게 중대한 정책이었다. 새로운 법은 불법 체류자를 착취하는 범법자들에게는 강경한 태도를 취하고, 아메리카 드림을 꿈꾸는 이민자들에게는 자비와 동정심을 보여줄 것이다.

　　매케인은 천성적으로 보수적이라 입법부의 결정에 순응해왔다. 예를 들어 동료 공화당원인 상원의원 다수당 리더 빌 퍼스트Bill First가 '상원의원의 의사진행 방해 권리 배제' 법안을 제안하자 그는 이를 거부했다. 그는 자신의 공화당 동료의원들을 떠올리며 그 이유를 설명했다. "첫째, 항상 다수당일 수는 없다. 둘째, 우리는 주장을 관철시키는 능력을 키워야 한다. 셋째로 미국 상원의회가 제 역할을 다했으면 한다. 미국은 지금 전시 상황인데, 국회가 국민을 위한 서비스를 중단해서는 안 된다." 2005년 5월 매케인의 논리가 사람들의 지지를 받게 되었다. 그는 판사 임명 투표권을 상원이 갖도록 하겠다고 공약했다. 또한 의사진행 저지권 보장을 위해 각 정당 간 상원의원들이 타협할 수 있도록 중간다리의 역할을 했다. 이것은 단지 임시방편에 그칠지도 모른다. 그러나 이는 매케인의 영향력을 보여주는 단적인 예이다.

　　매케인의 가장 대표적인 초당적인 면은 일명 매케인―파인골드

Feingold 법안 통과 과정에서 여실히 드러났다. 이 법안은 선거자금법 개혁과 관계된 것으로, 소위 정치활동위원회(PAC)가 선거 입후보자에게 선거자금 사용을 제한하는 것이다. 또한 이 법은 모든 정치적인 광고에 입후보자의 승인, 즉 '나는 상원의원 아무개이고 이 광고를 승인합니다' 와 같은 문구가 찍혀 있어야 한다는 것을 명문화한다. 그러한 일체화는 후보자들이 공격적인 광고를 해놓고도 책임을 회피하지 못하도록 할 것이다. 물론 이 법안은 선거 자금 면에서 허점도 있다. 그러나 매케인—파인골드 법안은 올바른 선거문화를 만들어가기 위한 대담한 도전이다. 그리고 이러한 법은 거의 20년 전에 있었던 '키팅의 5인' 사건에서 선거자금과 관련해 자신이 저지른 실수를 경험 삼아 마련한 것이었다.

아부 가립Abu Gharib 사건, 즉 수감자 학대 스캔들에 의해 이라크 포로 학대가 만천하에 폭로되었다. 매케인의 분노는 절정에 달했다. 과거 전쟁포로였던 그는 적군에 대해 일말의 동정심도 느끼지 않았다. CNN 래리 킹과의 인터뷰에서 그는 이렇게 말했다. "미국인들은 제네바 협정에 따라 수감자들을 대하고 있다는 것이 늘 자랑스럽습니다." 매케인은 그러면서 2차 세계대전 당시 애리조나에 구금되었던 독일군 전쟁포로들은 '친목회'까지 결성했다고 덧붙였다. 매케인은 포로들이 군인이 아니었다는 논쟁을 두고, 알 카에다와 일반 이라크 수감자들은 다르다는 데에는 동의했으나 이라크에 파병된 모든 미군들이 늘 '군복'을 착용하지는 않는다고 빗대어 경고했다. 좀더 확실하게 그리고 경험에서 우러나온 목소리로 매케인은 자신의 주요 논점을 강조했다. "우리는 왜 제네바 협정을 준수하고 있는가? 바로 '우리의 아들딸들이 포로로 잡힐 경우 점

242

잖게 인간적인 방법으로 다뤄지기를 바라기 때문이다."

매케인은 스포츠에 대한 애정을 과시하면서 정치적으로 최선을 다하는 몇 안 되는 정치인이다. 그는 2004년 한 해 동안 야구계의 스테로이드 약물 복용과 관련한 상원의 조사에서 의장으로서 진두지휘를 했으며, 그후 국회 특별위원회에 바통을 넘겨주었다. 매케인은 프로선수들보다는 젊은 운동선수들에게 좀더 관심을 기울였다. 그는 ABC 방송의「굿모닝 아메리카Good Morning America」에 출연해 이렇게 말했다. "진짜 문제는 고교 운동선수들입니다. 이들은 금지약물을 복용해서 실력을 키우는 것이 프로 야구단에 입단할 유일한 방법이라고 믿고 있기 때문입니다." 매케인은 약물복용에 따른 부정적인 면을 구체적으로 설명했다. "간 질환이나 심장병 혹은 발작이나 정신적인 문제 등 약물복용에 따른 부작용은 수도 없이 많습니다. 이보다 더 심각한 악영향은 바로 젊은이들을 피폐하게 만든다는 것입니다."

매케인이 조사를 시작한 지 일 년 정도 지났을 무렵 아직까지도 국회 조사위원회가 행동을 개시하지 않자, 스테로이드 복용으로 사망한 고교 운동선수들의 부모들과 다른 프로선수들이 단결하여 매케인에게 지지를 보냈다. 유명한 야구선수들이 국회 청문회에서 증인으로 출석했다. 이는 매케인이 '야구가 신뢰를 잃고 있다'고 말한 뒤에 이뤄진 것이다. 매케인은 "국회의 동료들에게 박수를 보냈다. 이 청문회에서는 '구단주와 선수들이 국민들에게 죄의식을 느껴야 한다'는 데 중점을 두었기 때문이다." 매케인은 또한 이렇게 말했다. "모든 프로 스포츠가 최소한의 약물 기준치를 지정해 이를 지키도록 법률을 제정해야 합니다." 그는 또한 홈런 강타자인 마크 맥과이어Mark McGwire가 국회 청문회에 출석하지 않고, 자신과 다른 선수들의 스테로이드 복용 의혹에 맞서 대항하지 않자 실망감을 표하면서 야구에 대한 사랑을 보이기도 했다.

자신이 살아온 길을 되돌아보다

매케인은 또한 뛰어난 작가이다. 그는 마크 슬레이터의 도움을 얻어 세 권의 베스트셀러를 출간했다. 『아버지의 신념Faith of My Fathers』은 해군 집안에서의 성장과 해군사관 후보생, 해군 전투기 조종사로서의 원기 완성한 삶 그리고 전쟁포로로서의 생생한 경험을 자세히 전해주고 있다. 『투쟁할 가치Worth Fighting For』는 오늘날의 정치 인생을 만들어준 경험과 로날드 레이건 대통령, 정치가 모리스 유달Morris Udall, 상원의원 배리 골드워터Barry Goldwater와 존 타워John Tower 등의 정치인들에 대해 정감 있게 이야기하고 있다. 『용기가 중요한 이유』는 공적인 삶과 사적인 삶에서 용기의 힘과 중요도에 대해 아주 설득력 있게 풀어나간다. 이 책은 한 세대 이전의 상원의원인 존 케네디가 쓴 『용기 있는 사람들Profiles in Courage』을 연상시킨다.

이 세 권의 책들은 매케인의 기본적인 세계관을 보여주는데, 그를 형성시킨 힘과 요인들에 대해서는 아주 상세하게, 자신의 과오에 대해서는 계시적으로 설명하고 있다. 그리고 미국은 단순히 군사적인 권력만이 아니라 긍정적인 영향을 위한 힘을 키울 것이며, 이를 위해 자신도 헌신하

244

겠다는 마음을 보여주고 있다.

매케인의 책은 그 밖에 또 다른 것을 보여준다. 『뉴욕타임스』 기자였던 러셀 베이커Russel Baker는 『뉴욕타임스』 북 리뷰에서 『투쟁할 가치』는 자신의 본질과 자신이 믿고 있는 진정한 가치에 대해 발견한 사람이 쓴 작품이다' 라고 평했다. '매케인은 자아 발견을 통해 정치인으로는 드물게 자신의 생각을 솔직히 전달하는 감각을 키웠다.' 반성은 효과적인 커뮤니케이션 도구이다. 이는 리더가 자신의 핵심 강점이 무엇인지 발견하는 통찰력을 키워줌으로써 자신을 알 수 있도록 하기 때문이다. 그는 여러 가지 일을 겪으면서 자신의 강한 성격 탓에 난처한 상황에 처했던 것을 알고 있다. 예를 들어 첫 주 의원 선거 동안 그에 대해 '기회주의자' 로 비난하는 질문을 아주 냉소적으로 되받아쳤다. "저는 평생 이리저리 옮겨 다녔습니다. 아마 하노이가 인생에서 제일 오랫동안 머문 곳 같네요."

매케인은 또 자신의 건방진 유머감각이 비열하게 보이는 것에 대해 인정했다. 그는 상원의원 선거에 첫 출마하면서 애리조나 장년층의 시민 의지를 두고 어떤 사람들은 '구닥다리 세상' 에 살고 있다고 조롱하듯 말했다. 그는 훗날 그에 대해 사과하는 대신, 장년층이 거슬려 하는 정치 사안에 대한 지원을 늘림으로써 그들의 환심을 사려고 애썼다. 그가 정계에 입문한 후 초반에 두 가지 사건이 벌어졌다. 그는 몇 번이고 다시 그 사건들을 잠재웠다. 매케인은 성장했다. 이제 그는 공적인 삶에서는 자신이 내뱉은 말이 칼로 되돌아올 수 있다는 것을 안다. 고의든 아니든 말이다. 그리고 그는 더 잘하겠다는 결의를 다졌다.

존 매케인이 나아갈 방향은 운명과 시대의 흐름에 달려 있다. 그러나 그가 세상을 뜬다 해도 그는 모험적이고 늘 씩씩한 모습, 받은 것 이상을 나라에 되돌려주는 사람으로 기억될 것이다. 그는 자신의 유명세를 현명하게 이용하여 정계자금 모금과 기타 발의안에 대한 법을 개혁하는 데 큰 역할을 했다. 물론 그는 전쟁포로라는 이미지가 제일 클 것이다. 그러나 이 경험은 그를 육체적으로는 약하게 만들었을지언정 감정과 정신적으로는 더 강하게 만들었고, 봉사의 길로 이끄는 계기를 마련해주었다.

❖ 실수를 통해 배워라

존 매케인의 삶은 매 단계를 거치면서 올바른 일이 의미하는 바를 보여주었다. 그는 공인으로서 그리고 한 개인으로서 여러 번 실수를 했다. 그는 이러한 실수를 통해 깨달음을 얻었고, 긍정적인 효과를 만들겠다는 결의를 다졌다.

❖ 양극단을 섭렵하라

격렬한 정치적인 의견 대립이 이어지는 세상에서 존 매케인은, 양당에서 자신의 주장에 동조를 얻어내는 데 강한 신념을 가지고 있다. 당의 골수분자도 떠돌이도 아닌 매케인은 좋은 정부를 만드는 방법으로 의견 일치를 택했다.

❖ 용기를 가시적으로 만들어라

많은 사람들은 용기가 실제보다 훨씬 더 커야 한다고 생각한다. 그러나 그의 삶과 글을 통해 알 수 있듯이 매케인의 생각은 조금 다르다. 즉, 용기란 친구, 가족, 조국의 선을 위해 위험한 상황일지라도 어려움을 극복하겠다는 결의임을 보여주는 것이다.

❖ 미래를 주시하라

포로수용소에서 긴 시간을 보낸 사람들은 대부분 더 심한 적의에 차게 된다. 그러나 매케인은 개인적 치유와 베트남 전쟁과 관련해 다방면의 사람들과 접촉하는 데 열정을 쏟았다. 심지어 베트남 참전용사 동기인 존 케리 상원의원과 함께 교전 중 사라진 군대의 리포트를 조사하기 위해 베트남으로 되돌아가기도 했다.

❖ 자신이 믿는 것을 고수하라

리더십에서는 어떤 태도를 취하느냐가 매우 중요하다. 매케인은 다양한 사안에 대해 의견을 피력하고 그것이 정치적이거나 사회적 혹은 개인적인 일이라 해도 상관하지 않고 실천하기 위해 노력한다.

❖ 자신의 가치를 살려라

매케인은 국가에 대한 헌신을 높이 평가하는 문화에서 성장했다. 매케인은 해군 항공기 조종사로 또 미국 상원의원으로서 나라를 위해 헌신했고, 이 과정에서 동료 군인들, 상원의원, 시민들에게 본보기가 되었다.

성과를 보여주어라

성과 – 목표 달성

실행과 단련을 거쳐 비전을 달성했을 때에야 비로소 성과를 얻을 수 있다. 뿐만 아니라 위험의 여지가 있음에도 늘 용기를 갖고 과감히 대책을 검토해보려는 의지도 비전 달성에 큰 역할을 한다. 리더들과 구성원들은 계획된 목표인 성과를 달성한 이후 헌신을 다해 이를 유지해야 한다.

영화감독
Steven Spielberg

미시간 주 주지사
Jennifer Granholm

제록스 CEO
Anne Mulcahy

애리조나 주 상원의원
Jonh McCain

전 IBM CEO
Lou Gerstner

르노–닛산 자동차 CEO
Carlos Ghosn

애플 컴퓨터 CEO
Steve Jobs

NFL 뉴잉글랜드 패트리어츠 감독
Bill Belichick

이베이 CEO
Meg Whitman

위기 속에서 진가를 발휘한
멕 휘트먼의 성과

"싸워 이겨야 할 진짜 상대는 구습을 답습하려는 우리의 자세이다."

– 멕 휘트먼(이베이 CEO)

성과의 두 가지 유형

젊은이들의 인격은 운동을 통해서도 형성된다. 이들은 단련, 준비, 훈련의 가치를 배우고, 그밖에 탄력성, 팀워크 그리고 성과의 중요성도 함께 배워나간다. 특히 미식축구는 준비의 중요성에 대해 잘 보여준다. 맥아더, 아이젠하워 등 많은 장군들이 미식축구를 극찬했다. 유명한 빈스 롬바르디 감독은 미국 육군사관학교 부코치 시절에 맥아더 장군 군대에 경기 녹화 필름을 보여주곤 했다. 선수들에게 미식축구는 인생의 축소판이기 때문이다.

밥 라두세어Bob Ladouceur는 드라샬 고등학교De La Salle High School에 처음 부임했던 당시에는 몰랐지만, 26년 동안 감독생활을 하면서 미식 축구는 스포츠이자 삶의 일부라는 것을 깨달았다. 일부 감독들은 이에 수긍하지 않을지 모르지만, 라두세어는 자신의 견해를 뒷받침해줄 증거 도 가지고 있다. 1992년부터 2003년에 걸쳐 그가 이끈 미식축구 팀은 단 한 경기도 지지 않았다. 그들은 12회 연속 1지구 우승 타이틀을 거머쥐 었고, 이로써 6년 동안 4회 연속 5회「유에스에이 투데이USA Today」최 우수 고교 미식축구 팀으로 선정되는 영광을 누렸다. 일부 감독들은 단 련과 응집력을 꾸준히 쌓아가면서 차별화를 시도한 반면 드라샬 고등학 교는 미식축구를 삶의 일환으로 보고, 학교와 커뮤니티 그리고 자신들을 하나로 만들어갔다.

라두세어를 빼놓고는 드라샬 고등학교의 미식축구를 논할 수 없다. 그는 30년 동안 감독생활을 해왔다. 그렇지만 그는 감독으로서만이 아 니라, 아이들의 보호 감찰관으로도 활약했다. 하지만 이는 오히려 학생 수도 부족하고 별 볼 일 없던 미식축구 팀을 떠맡는 준비 과정이 되었다. 그는 25세에 드라샬 고등학교 미식축구 감독 겸 종교학 교사로 부임한 이후 현재까지도 그 자리를 굳건히 지키고 있다.

"나는 과정을 중시한다." 이는 라두세어가 팀에게 경기방식을 가르치 는 법, 선수들이 스스로 코칭하는 법의 핵심이다. "나는 이 학생들에게 이기는 법과 이기는 데 필요한 것들을 가르치겠다고 다짐했다. 그리고 학생들은 매일 이 과정을 반복했다." 이렇게 교육받은 선수들은 장소를 불문하고 자신은 물론이고 남들까지 가르칠 만한 수준으로 성장했다. 유능한 선생님들이 그렇듯이 라두세어는 실수를 효율적인 학습 도구로 이용한다. "이때 가르칠 수 있는 순간을 포착하는 것이 가장 중요하다. 실수를 했을 때 그 순간을 포착해야 한다." 라두세어에 따르면 "미식축구 팀에 50명의 선수들을 확보하여 얻은 혜택 가운데 하나는 매일 가르칠 수 있는 순간을 갖게 되었다는 점이다."

라두세어를 보면서 다른 유명한 감독이 떠오를 수도 있다. 하지만 그에게는 그만의 스타일이 있다. "나는 한 번도 다른 감독이나 다른 사람의 방법을 모방하려 한 적이 없다. 당신은 당신다워야 한다. 만약 남의 모습을 흉내 내면 함께하는 이들, 특히 아이들은 재빨리 알아차린다." 이것은 드라샬 팀이 유념하는 점이다. 전교생이 1,000명에 불과한 이 학교의 크기로 미루어보면 라두세어가 자신이 가지고 있는 자원을 최대한 활용하고 있음을 알 수 있다. 그는 모든 일을 단순화하여 최대화를 노린다. 오펜스 팀은 선택과 방향잡이 역할을 동시에 한다. 이 두 가지 역할은 모두 영리한 쿼터백과 전체 선수들을 하나로 묶어준다. 단 월리스Dan Wallace는 드라샬 고등학교에 대한 책에서 규모보다는 믿음과 실행력에 바탕을 둔 팀워크가 더 중요하다고 말한다.

12월에 결승전이 끝나고 한 달 만에 오프시즌 훈련이 시작되기는 하지만, 팀의 긴밀함이란 훈련장에서만 이어지는 것은 아니다. 외부 활동, 즉 캠핑이나 래프팅 그리고 자선 봉사활동과 예배 등을 통해서도 서로의 결속력을 다진다. "팀에 영혼이 없다면 그저 시간을 낭비하고 있는 것이다."

조밀하게 짜여진 드라샬 고등학교의 커뮤니티는 2004년 여름에 흔들

리기 시작했다. 2003년도 우승에서 가장 큰 기여를 하면서 미식축구 장학생으로 오레곤 대학에 입학할 예정이었던 테랜스 켈리Terrance Kelly가 총격으로 사망한 것이다. 1,500여명의 사람들이 장례식에 참석해 청년의 안타까운 죽음을 애도했다. 이는 동시에 이 학교가 이 지역 커뮤니티에 의미하던 바, 그리고 미식축구가 켈리에게 의미하던 바를 애도하는 것이기도 했다. 드라샬 팀은 2004년 시즌을 실의에 빠진 상태로 시작했다. 체육 담당 감독과 팀의 디펜스 코디네이터였던 테리 에디슨Terry Edison에 따르면 유가족들은 팀이 기운을 회복하기를 바라면서 "켈리는 여러분이 열심히 뛰는 것을 보고 싶어 합니다"라고 말했다.

드라샬 고등학교 팀이 추구했던 성과는 점수판이나 순위표에서 측정되는 것이 아니다. 무패 행진이 151번째에 달했던 2004년 시즌이 시작되기 바로 직전 라두세어는 말했다. "어쩔 수 없이 생기는 압박감이 있지만, 이는 팀의 경기운영 방식에서 나오는 것이 아닙니다. 아이들은 무엇이 중요한지 압니다. 그래서 무패 행진을 이어가는 것은 그리 중요하지 않습니다. 선수들이 능력을 최대한 발휘하고 열과 성을 다해 경기하는 것을 보고 싶습니다." 2004년 9월 4일 이 무패 행진은 끝이 났지만, 드라샬 팀은 늘 그래왔듯 겸손한 자세로 이에 대처했다. 경기가 끝나고 드라샬 팀 선수들은 상대 팀 선수들과 악수를 했다. 라두세어는 승자들을 축하하면서 이렇게 말했다. "오늘 뛴 모든 선수들이 좋은 경기를 펼쳤고, 많이 향상되었다고 생각합니다. 우리 팀과의 경기가 워싱턴 벨뷰Bellevue 팀이 재정비하고 기량을 향상하는 데 도움이 되었다면 그것만으로도 훌륭한 일입니다. 산은 하나가 아니라 수도 없이 많습니다."

라두세어가 미식축구를 가르친 아이들이 몇 차례 바뀌었지만, 선수들이 마음과 정신 면에서·모두 성공을 이어가고 있기 때문에 더욱 그 능력을 인정받고 있다. 선수들은 대학에 입학하고 취직하고 결혼했다. 그러나 라두세어는 이 선수들이 가족, 일, 커뮤니티에 헌신을 다하는 방법을 찾았다는 것이 무엇보다도 중요하다고 생각한다.

보통 CBS 식스티 미니츠CBS 60 Minutes는 기업의 좋지 않은 면을 더욱 부각시킨다. 그렇지만 노스캐롤라이나 캐리Cary에 위치한 개인용 소형 컴퓨터 생산업체 SAS에게는 그렇지 않다. 기자인 몰리 세이퍼Morley Safer는 연예인 이외의 사람들에게는 호락호락하지 않은 것으로 유명하다. 그런 그가 SAS 설비를 돌아보고 근로자들과 직접 대화를 나눈 후, 설립자이자 회장인 짐 굿나이트Jim Goodnight와 이야기를 나누면서 SAS에 대해 칭찬을 늘어놓았다.

당연히 SAS의 이직률은 높지 않다. IT산업의 주기적인 변동에도 불구하고 SAS는 상당히 안정적으로 운영되고 있기 때문이다. 다른 회사들이 인력을 삭감하는 사이에 이 회사는 오히려 채용을 늘리고 있다. 이 회사의 인사정책은 경영 전문가들이 아닌 유토피아를 지향하는 사회학자들이 만든 것 같다. 출장 탁아소, 헬스클럽, 회사가 지원하는 카페테리아 등 선진 기업들이 제공하고 있는 이러한 혜택 이외에도 근로자들과 부양가족을 위한 출장 의료서비스, 자녀교육, 노인 예방진료 관리 및 재정 관리 등 실생활 문제에 대한 친절한 상담 서비스도 제공한다.

이는 단순히 근로자들의 편의 도모 차원을 넘어서 비즈니스적인 측면

이 접목된 것이기도 했다. 근로자가 개인적으로 관리할 것을 회사가 대신하면 근로자들은 업무와 직장생활에 더욱 집중할 수 있다. SAS는 혜택, 보충, 생산성 사이클을 만들어내기 위해 노력한다. SAS가 근로자들을 붙잡아두는 또 다른 방법은 굿나이트 회장이 말하는 '순환보직의 자유' 이다. SAS는 사람들에게 다른 직무로 바꿀 수 있는 기회를 준다. "만약 현 직무에 싫증이 났다면 새로운 직무를 맡는다." SAS는 이러한 경영철학을 통해 근로자들이 도전하고, 그 과정에서 기술을 향상시키고 기업에 꾸준히 헌신할 기회를 마련한다.

당연하게도 SAS의 기업문화는 이야기를 중요시한다. 이 회사의 홈페이지에는 '성공 이야기' 들이 올라와 있다. 이는 고객만족과 근로자의 헌신에 대한 이야기들이다. 심지어 SAS 소프트웨어 솔루션을 사용한 고객의 성공을 담은 비디오 영상도 있다. 게다가 전자사보인 「sas. com. magazine」은 IT산업의 흐름에 대한 통찰력뿐만 아니라, 경영 조언을 적절히 융합하고 있다. SAS에서는 근로자들, 회사와 소비자, 리더들 간의 커뮤니케이션이 원활히 이루어지고 있다.

그렇지만 SAS는 시민단체나 자선업체가 아닌 소프트웨어 제품을 생산하는 업체이다. 이 회사는 '과거로부터 배우고, 현재를 모니터하고 이에 대해 이야기한다. 또한 미래에 대한 통찰력을 얻기 위해 완벽한 비전을 제시하며 비즈니스 정보와 분석 분야에서 업계 최고' 라고 자처한다. 이것은 리더들이 할 일을 대충 설명해놓은 것이 아니다. 성과에 대한 최종적인 증거가 숫자로 나타나기 때문이다. 기업실적 발표 결과 SAS는 2004년 한 해 동안 15억3천 달러의 수익을 달성했다. SAS는 '흑자와 수익성'

을 꾸준히 이어갔다. R&D 분야 투자율이 수익률의 25퍼센트로 업계 최고 수준을 보이는 것을 비롯해 여러 지표들을 살펴보면 이 회사의 성장 가능성이 상당히 높다는 것을 알 수 있다. 성과는 성과를 낳는 법이다.

칩 성능 향상, 매출 증대, 결근 감소, 미국 식약청 FDA가 승인한 약, 접근성 증대, 주식평가가치 인상, 품질개선, 개선된 고객 서비스, 평화, 이 모든 업적을 한마디로 표현한다면 '성과' 이다. 드라샬 팀의 밥 라두세어 감독은 단순히 경기장의 승리만을 성과로 여기지 않는다. 어린 학생들이 가슴과 마음으로 수업시간에 그리고 팀을 위해 최선을 다했다는 것도 성과이다. 짐 굿나이트에게 성과란, 결산서의 숫자 이외에도 회사가 지원을 아끼지 않았던 직원들의 능률 향상도 포함한다. 리더십은 성과를 달성하고 제품과 서비스 그리고 사람들을 향상시키는 것이다.

성과는 비전, 조정, 실행 그리고 단련이 조화롭게 한 방향으로 나아가면서 결합할 때 얻어진다. 성과 달성은 리더와 모든 조직원들이 조직에서 추구하는 것이다. 성과 달성 이외의 목적은 무엇인가? 진정한 성과 달성을 위해 늘 '왜 그리고 어떻게' 라는 두 가지 질문을 되새기는 것이 좋다. '왜' 는 비전과 미션에서 나온다. 그리고 '어떻게' 는 조정에서 시작한다. 조직들은 처음에는 비전에 집중하기 때문에 자신들이 가야 할 방향을 잘 알고 있다. 그러나 원하는 곳에 도착하는 것은 목표를 달성하는 과정을 거치면서 갈수록 힘겨워진다. 이러한 이유로 성과를 다루는 이번 장에서 성과에 맞추어 조정을 재구성해야 한다.

목적의 단일성

조정은 사람들이 같은 곳을 향하도록 목적을 단일화하는 것이다. 그러나 비즈니스에서 조정은 단단히 고정되는 경향이 있다. 조정은 전략, 목적, 심지어 전술과 일맥상통하는 것으로 정의내릴 수도 있다. 또한 사람들을 단결시켜주는 의견 일치의 한 형태이며, 사람들이 협동할 수 있도록 하는 것이다. 하지만 종종 이러한 조정의 핵심 원동력인 커뮤니케이션이 간과되는 경우가 있다. 최고 경영진들은 자신들이 목적을 말하기만 하면 모든 일이 요술처럼 저절로 실행될 것이라고 생각한다. 그렇게만 된다면 얼마나 좋겠는가! 대형 제조업체에 근무한 전임 CEO 한 명은 '진흙 속'과 같은 중간 관리층 속에 빠져 꼼짝 못하던 이니셔티브에 대한 좌절감을 이야기하곤 한다. 이 CEO는 사람들을 제대로 조정하지 못했으며, 관료주의로 인해 이니셔티브가 중간 관리층에서 더 이상 진전하지 못한 것을 안타까워하고 있다. 그 당시에는 그 회사가 미래 소비자의 마음을 잡는 것이 별로 중요해 보이지 않았기 때문에 그런 일이 초래되었던 것이다. 바로 조정의 실패였다.

커뮤니케이션과 남의 말을 듣는 일 모두 쉬울 수는 없다. 이 둘 다 목적을 포함하고 있어야 하기 때문이다. 조직의 조정을 달성하기 위한 주목할 만한 커뮤니케이션 모델이 있다. 금융계의 중역이었던 진 스컷Gene Schutt이 개발한 것으로, 그는 30년에 걸쳐 경력을 쌓아가면서 다양한 변화 이니셔티브에 참여하고 이를 이끌었다. 그는 경험을 통해 커뮤니케이션의 가치뿐 아니라 조정을 위한 커뮤니케이션을 배웠고, 이를 두고 '조정이 적용된 행동 모델'이라고 부른다. 진이 이 모델의 효용성을 주장한 이후로 그것은 다른 커뮤니케이션 모델로 대체되기는 했지만, 두 가지 이유에서 연구해볼 가치가 있다. 첫 번째 이유는 따르기 쉽기 때문이며, 두 번째는 효과적이기 때문이다. 조정이 적용된 행동 모델은 네 단계로 구성되며 한 번에 한 단계씩 취해야 한다.

❖ 정보

조정은 정보로 시작한다. 즉 이니셔티브에 대한 정보를 바탕으로 사람들에게 결정할 때 필요한 정보를 제공한다. 그러한 정보는 조직의 비전, 그리고 미션과 관계되어야 하며, 전략과도 연관성을 지녀야 한다. 애플 컴퓨터의 CEO인 스티브 잡스는 정보의 권위자로, 이 정보를 바탕으로 사람들을 실행으로 이끈다. 그는 애플의 시제품 출시 행사에서 중요한 연설을 하고, 기술과 소비자 실생활 그리고 애플 컴퓨터의 제품라인을 모두 만족시키는 시제품을 출시하여 제품에 대한 흥미를 유도한다. 잡스는 늘 정보를 동반하는 영감으로 효과적인 메시지를 만든다.

❖ 이해

사람들은 정보를 얻으면 할 일에 대해 머릿속으로 그림을 그린다. 일반적으로 고위층 관리자들은 자신들이 임무를 이미 완료했다고 생각하면 이니셔티브에 대한 커뮤니케이션을 중단한다. 그러나 이는 절대 금물이다. 이니셔티브에 대해 커뮤니케이션을 했다면 이제 그것을 사람들에게 주입시켜야 한다. 사람들을 이해시키는 것이다. 영업활동에서 남의 말에 귀 기울이는 것은 많은 비중을 차지한다. 리더들은 사람들에게 피드백을 받아 그 사람들의 생각과 제안을 포착하고 통합해야 한다. 특히, 리더들은 사람들이 자신의 업무뿐 아니라 전략을 달성하기 위해 해야 할 일을 알려줘야 한다. 이에 대한 좋은 예가 자원봉사 단체이다. 이 단체의 봉사자들은 자신이 속한 조직의 미션을 이해하여 옷과 안식처 제공, 심지어 지뢰제거에 이르기까지 모든 일을 한다. 게다가 이들은 집짓기, 음식 마련, 모금 등 종류를 불문하고 조직 내 자신의 역할을 받아들인다. 이들의 리더십은 사람들의 미션을 상기시키고 따르게 하는 것이다.

스컷은 관리자들에게 조직의 진정한 이해를 이끌어내는 데에는 긴 시간이 필요하다고 말한다. 많은 관리자들이 성급하게 굴면서 사람들이 새로운 정보를 소화할 시간을 주지도 않고 앞으로 나아가고 싶어 한다. 스컷은 '이해'의 과정에서 중요한 것은 변화의 이유를 말해주는 것이라고 말한다. 그는 '변화의 이유를 궁금케 하는 원인을 모르더라도 왜 변화가 일어나야 하는지 말해줘야 한다'라고 설명한다. 이해의 과정은 몇 시간 혹은 몇 달이 걸릴 수도 있으므로 안내와 커뮤니케이션이 반드시 수반되어야 한다.

혼돈의 공간

이제 우리는 혼돈의 공간으로 들어간다. 정보는 자연스럽게 이해를 이끌어낸다. 그러나 다음 단계, 즉 헌신의 단계로 들어갈 때는 신념이 한층 더 강화되어야 한다. 이것은 리더들이 좋은 신념을 보여주는 데 달려 있다. 즉 리더들이 말하는 것, 사람들이 이해하는 것은 조직이 추구하는 최고의 관심 사안이다. 모든 변화 이니셔티브는 이러한 딜레마에 직면해 있다. 사람들이 머리로는 이해할지 모르지만 자신들에게도 좋을 것이라는 마음이 들지 않는 한 거부감이 일기 마련이며 이는 헌신의 부족으로 이어진다. 여기서 리더십이 중요하다.

❖ 헌신

열의를 가지고 여러 선례들을 통해 이해하고 커뮤니케이션하면 이 사안들은 헌신의 단계로 진전될 수 있다. 사람들이 자신의 역할을 알고, 리더를 믿고 자신의 역할에 신념을 가지면 헌신이 이루어질 가능성이 높아진다. 또한 리더들이 진심으로 최선을 다한다고 믿을 때도 이러한 가능성은 높아진다. 결말로 다가갈수록 리더들은 중심을 잡고 앞장서서 사람들의 이야기, 미처 하지 못한 이야기까지 듣고 배우면서 커뮤니케이션을 해야 한다. 조직에서 일어나는 일에 초점을 맞추면 변화를 더 잘 이끌어나갈 수 있는 기회를 얻는다. 앞에서 논의되었던 바와 같이 도요타는 목표 시장 점유율을 두 단어로 요약했다. '세계의 15', 이 슬로건은 세계 자동차 시장의 15퍼센트를 점유하겠다는 이 회사의 열망을 잘 보여준다. 도요타 전 계층의 직원들이 목표달성에서 자신의 역할을 아는 것이 핵심이다. 전략과 목표는 목표달성을 위해 조정되어 있기 때문에 간단한 슬로건이 성공의 길로 이어지는 법이다.

✤ 성과 달성에 조정된 실천

할 일을 아는 것과 이를 실천하는 것은 다르다. 실행은 조정된 행동모델의 후속 조치 단계이다. 리더들은 한 번 더 후속 조치를 자극하여 사람들을 실행에 밀어붙여야 한다. 조직의 목표를 향한 실천의 대표적인 예는 바로 2004년 뉴잉글랜드 패트리어츠 팀의 업적이다. 감독인 빌 벨리칙은 경기운영 계획을 실행 가능한 요점별로 구분하고 큰 그림을 잘 이해시키고 주입시키는 귀재이다. 게다가 선수들이 승리를 위해 최선을 다하는 문화를 만들었다. 예를 들어 2004년에 티 로가 부상을 입어 퇴장하자 베테랑 리시버인 트로이 브라운이 디펜스백으로 포지션을 옮겼다. 라인백커인 마이크 브라벨Mike Vrabel은 가끔 러닝백으로 뛰었다. 패트리어츠 팀 내에서는 우수성에 대한 기대가 있다. 그리고 모두들 이를 위해 자신이 맡은 역할에 최선을 다한다. 감독들과 선수들은 정보를 얻고 자신들의 역할을 이해하고, 목표를 위해 헌신하며, 조직의 승리에 초점을 맞춘 조정에 맞춰 움직인다. 결과적으로 패트리어츠 팀은 4년 동안 슈퍼볼 우승컵을 세 번이나 차지했다.

성과 달성을 위해 행동하라

스컷은 성과 달성에 맞춰 조정된 행동 모델을 설명하면서 보트경기를 예로 든다. 그는 이렇게 말한다. "보트 레이스에서 선원은 경기 운영 계획을 구상한다. 이들은 자신들이 해야 할 것을 이해하고 승리에 전념한다. 모두가 같은 방향으로 노를 젓는다." 이것은 실제 성과 달성에 맞춰진 실천의 이야기이며, 특히 다양한 곳에 설비를 갖고 있는 조직에게 적절한 예이다. 각 사업 단위는 보트와 같다. 그리고 각 경주 부표를 도는 데 유리하도록 바람을 이용하여 경쟁자보다 먼저 결승점에 도착하는 것은 선장에 달려 있다.

정보를 듣고, 이해하고, 헌신하고 조정에 맞춘 행동을 통해 전략과 목표 달성, 즉 성과를 도출해야 한다. 사람들은 이상적으로 이해와 헌신을 추구함으로써 서로 협조적으로 일하게 되고, 이를 통해 순조로운 실천이 이행된다. 물론 현실은 그렇지 않다. 제품개발 프로젝트에는 위험이 따르고 의도가 좋았다고 해도 이들은 제품이 시장에 나갈 준비가 될 때까지 수많은 실패로 고통받게 마련이다. 사실상 이 모델 자체는 장애물에 직면했을 때도 사용될 수 있다. 정보, 이해, 헌신, 실천을 위해 사람들을 한데 모음으로써 사람들은 문제를 해결하고 진보할 수 있다. 조정은 이렇게 유지되며 실천으로 계속 이어진다.

▌성과 지속을 위한 노력

조정된 행동 모델을 꾸준히 따르면 정보 제공에서 바로 실천으로 넘어가도록 유도된다. 이는 조직에서 흔히 벌어지는 일이다. 그리고 이 때문에 많은 변화 이니셔티브가 실패하기도 한다. 또 한편으로 사람들이 사안이나 맥락을 알지 못한다면 이해와 헌신을 키울 수가 없다. 실천은 네 단계의 논리적인 과정으로 이루어진다. 순서대로 이 단계들을 따를 때 성공의 기회가 늘어난다. 이 행동 모델의 각 단계를 따르는 것과 목적을 갖고 따르는 것은 별개의 문제이다. 이 커뮤니케이션 모델을 통해 얻는 성과는 그 진행 과정이 아니라 결과이다. 성과는 뭔가를 달성하는 것이며, 달성은 오로지 관리자들이 사람들로부터 배우고 듣는데 시간을 투자했을 때만 가능하다. 그리고 관리자와 근로자가 상호작용하면 근로자들은 조직이 바라는 것을 그리고 관리자는 근로자들에게 걸만한 기대에 대해 이해할 수 있다. 이러한 이해의 단계는 하룻밤 만에 나오는 것이 아니라 몇 주 혹은 몇 개월에 걸쳐 이루어진다.

리더십의 목표는 물론 성과이다. 그러나 성과를 지속하려면 사람들이 자신의 업무를 잘 알고 있어야 하며, 서로 믿어야 한다. 그럴 때 비로소 이들은 조직의 목표에 헌신을 다하고 결국 전략과 목적을 달성하고 싶어지기 때문이다. 또한 성과에 중요한 것이 바로 조정이다. 이는 공동 목표인 성과를 달성하도록 조정된 실천을 위해 사람들을 단결하게 하는데 관리자들이 커뮤니케이션 과정에서 과감히 희생하려 할 때 얻어질 수 있다.

거부감 없애기

성과에 맞춰 조정된 행동 모델을 사용하는 관리자는 또 하나의 모델을 기억해야 한다. 즉 변화 모델 공식이다. 'D×V×F〉R'로 표기되는 이 방정식은 현 상태에 대한 불만족Dissatisfaction, 미래에 대한 비전(Vision, V) 그리고 실행의 첫 단계(First Steps, F)를 변화에 대한 거부감(R)을 극복하는 데 적절히 융합시켜야 변화 이니셔티브를 성공할 수 있음을 보여준다.

진행 중인 일 그리고 새로운 비전 달성을 위해 색다르게 일하며 얻는 혜택에 대해 커뮤니케이션하지 않은 관리자들은 새롭고 색다른 것을 이행할 수 없다. 그것이 새로운 프로세스, 새로운 회계 시스템 혹은 도매 유통상의 변화라고 할지라도 말이다. 그러나 근로자들의 불만족을 인정하고, 비전의 힘을 증대시키고, 실행의 첫 단계를 묘사하는 커뮤니케이션 방식을 개발하여 타성과 거부감을 극복할 수 있다. 이를 통해 관리자들이 실질적인 변화를 추진할 수 있다. 실제로 $D \times V \times F \rangle R$ 공식은 정보, 이해, 헌신의 단계와 관련된 커뮤니케이션으로 통합될 수 있다.

▌성과를 알려라

성과를 널리 알려야 이를 축하하고 소중히 여기면서 기억할 수 있다. 또한 이들은 모두 이야기의 소재가 된다. 성과에 대한 커뮤니케이션의 중요성에 따라 각 기업들은 분기별로 실적을 보고하고 회계보고서를 발행하며, 시민단체들은 연간 성명서를 발행한다. 사실 각양각색의 조직들이 했던 일을 기록하고 이를 세상에 밝히고자 하는데, 비록 기본적인 수준이기는 하지만 이것은 어느 정도까지는 잘 진행된다.

예를 들어 파이저는 약을 제조하고 약을 복용하는 환자들의 이야기를 보고서에 포함시킨다. 포드 자동차는 자사가 기술과 환경적 차원에서 사회의 개선에 앞장섰던 이야기를 포함하여 연간 기업 시민 보고서를 발행한다. 대학, 공립학교, 병원이나 사회 봉사단체 이르기까지 모든 단체들은 비슷한 이야기들을 전한다. 이러한 이야기들의 효과는 그 실적에 인간미를 더하는 것이다. 인간에게는 단지 숫자만이 전부가 아니다. 부연 설명과 격언도 첨가하고, 뭔가 의미심장한 것을 추구해야 한다. 그리하여 이야기들은 일어난 일에 깊이와 내용을 더하게 된다.

그러나 숫자들도 그 나름의 역할이 있다. 영업조직은 실적에 따라 생사의 갈림길에 놓인다. 즉 매출액, 총 매출량, 수익의 증가가 중요하다. 그리고 숫자는 조직 내에서 공표되고 널리 전파된다. 생산직 종사자들 역시 숫자를 중요시 한다. 결함률 감소, 프로세스 개선, 속도 개선 등은 진행 과정을 보여주는 가시적인 성공이다. 숫자를 공표하는 것과 숫자의 이면에 보이는 것에 대해 이야기하는 것은 리더의 몫이다. 매출 관련 연례보고회에서 이러한 수치상의 향상을 칭찬하고 개인적인 목표 달성자들에게 좋은 이야기를 전한다. 공장에서는 프린트물이나 전자사보를 이용할 수 있으며 이때 공적인 평가가 중요하다.

성과를 주도하라

비전, 조정, 단련의 단계를 거치면서 성과를 달성할 수 있다. 실적이 발표될 때 이야기를 해야 하며, 이러한 노력을 하는 데에는 리더들이 중심을 잡고 선두에 나서야 한다.

✤ 이정표를 만들어라

예전에 미국 시골길을 달리던 운전자들은 버마 쉐이브Burma Shave의 옥외 광고 때문에 놀란 적이 있다. 광고 문구는 진부했지만, 이 덕분에 지루한 운전시간을 달랠 수 있었다. 버마 쉐이브의 광고판은 여행의 중간 중간에 이정표가 되었다. 비전부터 달성까지 이어지는 여정의 이정표가 될 만한 것들을 미리 계획하라. 각 이정표에 도달할 때 진행하는 일에 대한 어떻지 이야기를 만들어라. 예를 들어 제품을 개발하는 과정에서 시제품의 발표는 사람들을 한데 모으는 일이 된다. 자동차 회사들은 시제품을 자동차 전시에서 발표하는 것으로 잘 알려져 있다. 시제품 발표를 복잡하게 하고 싶지는 않겠지만 조직 전체가 시제품을 보고 들을 수 있게 하라. 성과 달성을 통해 이야기는 나오기 마련이다.

✤ 달성을 축하하라

달성을 축하할 시간을 따로 내라. 이는 시제품이 될 수도 있고, 품질 개선이나 강화된 소프트웨어 솔루션에 대한 인정도 될 수 있을 것이다. 달성은 사내 신문이나 출판물에 적합한 이야기가 된다. 홈페이지에 달성에 대한 글을 기재하라. 다른 사람들이 본인의 성과를 알아주기를 바랄 것이다.

❖ 공로자를 인정하라

간혹 사람들은 돈 때문이 아니라 인정받기 위해 일한다. 상장을 수여하거나 휴양지로 휴가를 보내준다거나, 아니면 칭찬과 함께 다독여주는 것 등이 인정을 표현하는 방법이 될 수도 있다. 공로자들의 이야기를 퍼뜨리고 이 이야기를 홈페이지에 올려라. 단 사람들이 원하는 방식이어야 한다. 부끄러움을 많이 타는 사람들은 스포트라이트를 받는 것을 선호하지 않는다. 그들에게는 개인의 프라이버시를 존중해주어라.

❖ 관심을 보여라

리더가 실적 발표 자리에 함께해야 한다. 이런 이유로 CEO를 비롯한 이사회 임원들이 연례 주주총회에 참석하는 것이다. 이것은 이야기의 한 형태이다. 그러나 일 년 내내 조직 전체에서 다양한 방식으로 이러한 관심을 반복적으로 보여라. 켈로그는 수년 동안 모든 직원들이 참석하는 미팅인 '회사 현황보고'를 개최하고 있다. CEO와 핵심 경영진들은 회사 경영 전반에 대해 간단하면서도 직접적으로 보고한다. 그러나 고위 리더들은 사람들에게 정보를 전달하며 동시에 실적의 중요성 그리고 성과의 지속을 기대하고 있음을 알릴 수 있다.

이러한 방법들은 영광을 퍼뜨리면서 모두가 환하게 빛날 수 있도록 한다. 그리고 성과를 기억하는 데에도 중요한 역할을 한다. 궁극적으로 실적을 유도하는 것은, 과정도 응용방법도 아닌 사람들과 응용의 지혜이다. 이를 언급하는 것은 모든 사람들에게 기업이 지닌 인간애를 상기시키고, 열정을 쏟아 일을 진전시킬 에너지 수준을 높게 유지시켜준다.

예기치 못한 실적과 의도한 실적

　　모든 실적이 다 의도된 것은 아니라는 점을 명심해라. 예를 들어 비아그라는 혈압 조절을 위해 개발되었다. 이것은 그 원래 용도 면에서는 성공을 거두지 못했다. 그러나 남성의 정력 개선에 효과적이라고 밝혀지면서 오히려 전혀 의도하지 않는 분야에서 성공을 거두었다. 잉크젯 프린터도 엔지니어가 우연히 잉크의 응용 방법을 발견하게 되면서 개발되었다. 모두 운이 좋아 우연히 발견한 것들이다. 그러나 종종 이러한 예기치 못한 성과가 환영받지 못할 때도 있다. 또한 이들은 조직이 성과 달성을 위해 빠르게 움직일 때 더 많이 발생한다.

　　간혹 제품 런칭의 실패나 형편없는 서비스 제안, 특색 없이 고안된 소프트웨어 응용 프로그램 등의 형태로 의도하지 않은 그릇된 실적이 나타날 수도 있다. 이러한 실패는 대부분 훨씬 더 나은 비전, 엄격한 조정, 예리한 실행 혹은 더 나은 단련 등에 의해 개선될 수 있다. 그러나 아무리 잘못된 결과가 나왔다고 해도 사람을 대상으로 하는 의약품의 임상실험처럼 모두 다 꼼꼼히 진행되었을 것이다. 인간이 하는 일이므로 어쩔 수 없이 실패로 이어지는 것이다. 미국 해병대는 실수를 공표하곤 한다. 이는 염세주의 차원에서 혹은 범법자를 벌하기 위한 것이 아니라, 잘못된 것을 되짚어보며 앞으로 똑같은 실수를 범하지 않도록 하기 위해서이다.

의도하지 않은 실적 그 전체가 늘 실수인 것은 아니다. 단지 불완전하거나 100퍼센트 만족스럽지 못한 결과일 뿐이다. 만약 매출의 50퍼센트 증가가 목표였는데 40퍼센트에 그쳤다 해도 이는 좋은 결과이며, 단지 10퍼센트만 '실패' 인 것이다. 이 실패는 제품의 사소한 결함이나 소비자 감소 그리고 경기 침체, 그 외 수없이 많은 영업 이외 요소들 때문에 유발되었을 수도 있다. 조직이 품질 기준을 만족할 수 없었다고 해도 제품을 개선시켰다면 성과의 일부가 달성된 것이다.

실패의 공표 때문에 과중한 업무, 높은 결근률, 피로 혹은 퇴사 등의 일이 발생되어서는 안 된다. 이러한 결과의 발생은 비전이 너무 높거나 목표 달성이 힘들고 혹은 실행과 단련이 지나치게 엄격하다는 것을 의미한다. 실적이 달성되었을지라도 희생자가 나와서는 안 된다. 전투는 이러한 패러다임의 좋은 예이다. 전투에서 사상자가 발생할 것이라고 예상은 하지만 절대 사상자가 발생해서는 안 된다. 그러나 능력에 비해 큰 성과를 올리지 못하는 사람들이 조직을 떠나는 것이 꼭 안타까운 일만은 아니다. 이는 더 나은 실적의 전조가 되기도 한다. 머무는 사람은 헌신하는 사람들이기 때문이다. 미시간 대학 미식축구 팀의 라커룸에는 이런 '문구' 가 붙어 있다. '끝까지 지키는 사람들이 승리할 것이다.'

예기치 못한 결과가 나왔다고 해서 숨기려 하지 말라. 그 자체가 이야기가 된다. 결점을 인정하지 못하는 것은 반드시 근로자들만의 문제가 아니라 리더십의 문제이기도 하다. 솔직히 이야기하고 더 잘하겠다고 결의를 다져라. 사람들은 취약점을 보이기도 하는 리더를 존경한다.

자신감의 중요성

예기치 못한 성과를 냈을 때는 엄청난 만족을 느낄 수 있다. 이러한 감정은 자신과 조직에 대한 믿음을 굳혀주면서 자신감을 유발시킨다. 『자신감Cofidence』이라는 책에서 하버드 대학 교수 로자베스 모스 칸터Rosabeth Moss Kanter는 이렇게 쓰고 있다. '자신감은 기대와 성과 그리고 투자와 결과를 연결하는 다리이다.' 승리하는 조직들은 자신감을 지니고 있지만 패배하는 팀에서는 자신감을 찾아볼 수가 없다. 칸터가 지적한 대로 자신감은 성공의 필수요소이다. 노력하면 얻을 수 있다고 생각하는 열정이 바로 자신감이며, 도움을 청할 때를 아는 내부의 목소리이기 때문이다.

예를 들어 천하의 마이클 조던이라 해도 현명한 감독과 센스 있는 지원 팀이 없었다면 우승컵을 거머쥐지 못했을 것이다. 프레드 스미스Fred Smith는 세상에서 가장 성공적인 항송운송 시스템을 구축했다. 이 또한 물류 전문가들과 헌신적인 조종사 팀이 없었다면 불가능했다. 자신감은 자신의 한계뿐 아니라 강점에 대해서도 잘 알아야 얻을 수 있다. 리더는 일을 진행할 때와 도움을 청할 때를 알고 있어야 한다. 이와 같이 자신감은 가치 있는 리더십의 특성이다. 자신감을 보강할 방법들을 살펴보자.

❖ 리더는 조직원들이 큰 뜻을 품게 하라

리더는 영감적인 리더십으로 사람들을 성과달성으로 이끌어야 한다. 리더들은 목표를 정하고 조직원들이 목표에 수긍하게 해야 한다. 예를 들어 영업 관리자가 월간 신규매출에서 100만 달러 달성이라는 목표를 세웠다고 하자. 흥분한 영업 팀은 이를 도전으로 받아들이고 신규매출에서 매월 10만 달러를 더 달성하겠다고 다짐한다. 이렇게 함으로써 팀의 구성원들은 스스로 기분이 좋아지고 꾸준히 달성하려는 마음이 저절로 우러나온다. 우리는 이를 '자신감'이라고 부른다. 자신감 없는 영업 팀은 방향키 없이 무관심의 망망대해를 표류하는 신세로 전락할 것이다.

❖ 리더의 노고를 알게 하라

이 말은 브로드웨이의 격언과는 상충되기는 하지만, 연기가 아닌 실제 삶에서는 들어맞는 말이다. 세세한 일을 거들면서 팀의 일원이 되어 업무노고를 공유하려는 의지에서 자신감이 나오며, 단련과 집중을 통해 더욱 키워나갈 수 있다. 미시적인 경영이 아니라 책임을 공유하는 것이다. 그리고 일이 제대로 돌아가고 목표가 달성된다면 공동체의 노고로 얻어지는 영광을 공유할 수 있다.

❖ 실수를 통해 배워라

미국의 대표적인 미식축구 해설자인 존 매던John Maddan은 '감독들은 자신들이 원하지 않더라도, 듣고 보아야 한다'고 말했다. 매던은 '특히 책임자가 실수를 범했다면 본성적으로 이를 회피하게 된다'라고 말한다. 그러나 이는 바보 같은 짓이다. 실수는 배움의 기회가 되며, 교훈으로 이용할 수 있다. 실수를 반복하지 않도록 적절히 바로잡아주어야 하며, 이를 통해 어느 정도의 자신감을 불러일으킬 수 있다.

✤ 희망을 퍼뜨려라

넬슨 만델라Nelson Mandela는 남아프리카공화국의 민족주의를 위해 감옥에서 27년을 보냈다. 이러한 긴 시간 동안 가족과 떨어져 박탈의 시간을 거치면서도 그는 자신이 가진 목적의 정당성에 대한 희망을 잃지 않았다. 칸터 박사는 만델라를 자신감의 모델로 인용하고 있다. 만델라는 우선 감옥 내에 있는 추종자들, 그리고 감옥 외부에 있는 추종자들을 상대로 국가에 대한 희망을 구체화시켰다. 그는 남아프리카 공화국의 신임 대통령이 된 후 앙갚음보다는 재화합을 시도하면서 자신이 희망적인 사람임을 과시했다. 이는 유혈사태를 피하고 경제적, 정치적 그리고 세계의 자원을 통합할 수 있는 유일한 방법이다. 결국 그는 남아프리카공화국의 모든 국민들에게 희망을 심어줄 수 있었다.

변화를 유도하는 것

자신감이 지나쳐 위험을 부른 경우도 있다. 예를 들어 세계 1차대전으로 황폐화 후 프랑스인들은 마지노 라인Maginot Line을 구축했다. 이는 독일군의 공격을 막기 위해 군사력을 갖춰놓은 콘크리트로 장벽이다. 프랑스 정부는 그 장벽만 철석같이 믿고 있었다. 그러나 독일 나치군은 이 장벽을 무시하고 베네룩스를 통해 프랑스를 침공했다. 나치군 역시 방어라인인 지그프리트 라인Siegfried Line을 만들어놓았지만, 연합군이 항공 전투기, 대포, 장갑차로 방어벽을 뚫었다. 자만심이 지나치면 위험요인을 보지 못할 수도 있다. 이처럼 경영환경에서도 시장의 변화, 타 업체의 야심찬 신제품 출시 등의 다양한 위험요인이 존재한다.

그럼에도 자신감은 리더십의 중심 요소이다. 자신감 없는 리더는 조직원들의 실적달성도, 의식고취도 이끌어내지 못한다. 이는 오로지 그늘에 앉아 쉬면서 조직원들이 짐을 지고 가는 꼴에 지나지 않는다. 자신감은 사람들의 총체적인 에너지가 있어야 얻을 수 있으므로 결국 사람들을 한데 모으는 매개체가 된다. 조직 내의 자신감은 리더들과 추종자들의 감정을 끌어내어 공통목표를 향해 똘똘 뭉치게 하여 성공을 달성시킨다. 진정 자신이 넘치는 리더는 자신과 조직원을 알며, 조직을 목표로 이끌 수 있는 자신의 능력을 잘 알고 있는 사람이다.

가치 방정식

성과는 가치를 지녀야 지속될 수 있다. 성과를 통해 조직에 가치를 부여했는가? 비즈니스에서 실적은 오로지 조직에게만 중요하고 고객들에게는 그렇지 않은 경우가 있다. 예를 들어 어떤 회사는 비용, 낭비, 결근률 등을 줄이는 것을 자랑스러워하지만, 이를 통해 기업의 명성이 떨어지기 때문에 시스템상의 마찰이 유발될 수 있다. 게다가 중요하기는 하지만 소비자에게 직접적으로 가치를 부여해주지는 않는다. 소비자들은 가격 그리고 서비스와 혜택에 관심을 쏟지 회사 내부에서 일어나는 일 따위에는 관심이 없다. 소비자들은 효율적인 업체들의 상품을 구매하고 싶어 한다. 그 업체가 비용을 삭감하는 업체이라서가 아니라, 향상된 실적으로 소비자에게 절약을 안겨줄 수 있기 때문이다.

흔히 회사들은 비용 삭감에 대해 지나치게 자부심을 느낀다. 이보다는 가치부가가 이들에게 우선적인 일인데도 말이다. 비용 삭감은 회계적인 업무로 역시 중요하긴 하나 단순한 일이다. 하지만 가치를 부여하는 것은, 비즈니스의 기술로 이는 고객의 삶의 질을 높이기 위해 무엇을 제공하느냐를 말한다. 연비가 높은 자동차, 신속한 대출 승인, 건강을 관리해 주는 이들의 집중적인 서비스, 사회 봉사자의 도움에 직접적으로 연계시켜주는 것 등이 가치부여의 예가 될 수 있다. 이는 사람들에게 가치의 척도가 되며 고객들의 삶에서 중요한 역할을 한다.

근로자들은 내적인 요소가 가치의 척도가 되므로 자신이 누군가의 삶에 가치를 부여한다는 것을 알고 싶어 한다. 이들은 또한 자신들의 공헌에 대한 가치를 평가받고 싶어 한다. 고객들에게 중요한 성과는 근로자들에게도 중요하다. 고객들이 향상된 제품을 어떻게 이용했으며, 개선된 서비스의 좋은 점 등에 대해 평가한 이야기들은 근로자들의 일에 좀더 큰 가치를 부여해준다. 근로자들이 다른 사람들의 삶을 개선시키고 있다는 것을 알게 되면 자신들로부터 나온 혜택을 이용하는 실수요자와 근로자 사이에 유대감이 형성된다.

성과의 지속

성과는 잘 구상된 비전, 완전히 조정된 팀과 조직, 현명한 실행 그리고 엄격히 진행된 단련에서 나온다. 멕 휘트먼은 만족하는 고객뿐 아니라 전반적인 고객의 반응에서도 가치가 나온다고 보았다. 그녀는 이러한 가치 이야기를 이베이 내외부에서 증진시키고, 이를 통해 회사가 발전할 수 있도록 도와준다. 그리하여 조직의 역경을 극복한 과정이 인정된다. 특히 조직은 본능적으로 지속적인 결과를 요구하고 지속적인 성공을 요구하기 때문이다. 성과를 반복적으로 이뤄내는 과정도 성과를 달성하는 것과 마찬가지다.

간혹 비전은 지속성을 유지할 수 있기도 하지만 어떤 경우에는 수차례 변경을 거듭하기도 한다. 예를 들면 성공적인 제약회사는 유전자 요법으로 방향을 바꿀지도 모른다. 이를 위해서는 새로운 조정, 새로운 형태의 실행 그리고 지속적으로 응용되는 단련이 필요하다. 반대로 스포츠팀은 경기결과에 따라 매년 뜨고 가라앉기를 계속해서 반복한다. 하지만 비전이 매년 달라지는 것은 아니다. 단지 새로운 선수들이 조직에 들어오면서 변화가 일어 더욱 보강된 협력이 필요해진다. 신체적, 정신적 기준에 맞추어 원리원칙과 단련을 실행하는 수가 늘어나는 것이다. 성공을 거듭해야 한다는 사실을 그 순간에는 잊고 다음번 성취에 대한 열망을 불러일으켜야 한다. 조직은 이미 얻은 명성에 만족하지 않고, 다음에 오를 고지, 다음 도전 그리고 다음 달성목표를 찾아낸다.

알렉산더 대왕은 더 이상 정복할 땅이 이상 없다는 사실을 알고는 무릎을 꿇고 울었다는 전설이 전해진다. 하지만 사실은 알렉산더 대왕의 부하 장군들이 '이 정도로 충분하다. 그만 돌아가자'라고 그를 뜯어 말렸다고 한다. 알렉산더 군대는 이미 페르시아 전역을 정복했고 인도대륙으로 차지하려고 나섰으나 군인들은 향수병을 앓았다. 알렉산더는 현명했기에 귀향을 선택했다. 히다스페스Hydaspes 전투에서 승리한 후 알렉산더 대왕의 군대는 그들이 할 수 있는 모든 것을 이루었다. 이제 승리를 축하하고 즐겨야 할 시간이었다. 오늘날의 리더들은 공적인 부분 그리고 사적인 부분에서 알렉산더의 예를 명심해야 한다. 알렉산더는 귀가 얇은 사람이 아니었다. 오히려 역사상 가장 잔혹한 장군이었으나 심지어 그런 그도 그만둬야 할 때를 알았기 때문이다.

달성된 성과를 바탕으로 다음 사람은 좀더 수월하게 시작할 수 있다. 한번 리드했던 사람들은 보조적 역할을 했던 사람들에게 고삐를 넘겨주어야 한다. 이렇게 비전, 조정, 실행, 단련의 과정은 새로운 아이디어, 새로운 헌신, 새로운 피를 수혈 받아 또다시 갱신될 수 있다. 이는 성공적인 조직의 방식이며, 그 자체로 성과달성과 마찬가지로 결말이 아닌 꾸준히 생산을 이어가는 그런 달성이다.

성과 이야기 플래너

성과를 얻는 것 자체가 성취하는 것이다. 성과의 중요성을 부각시킬 방법을 구상하는 데 아래 질문들을 참고하자. 그리고 성과를 보충해줄 이야기를 생각해보자.

❖ 조직 내에서 이정표를 찍을 방법은 무엇인가?

❖ 달성된 것을 알리는 방법은 무엇인가?

❖ 리더가 참여를 유도할 방법은 무엇인가?

❖ 성과를 지속시킬 방법은 무엇인가? 비전에 집중해야 하는 이유를 사람들에게 이해시킬 방법은 무엇인가?

커뮤니케이션 실천 단계(성과)

❖ 열망을 자극하라. 우리는 성공하기 위해 무엇을 했는가?

❖ 이상을 실천에 옮겨라. 용기를 보여주기 위해서 무엇을 했는가?

❖ 희생에 대해 얘기하라. 우리는 성과를 실행하기 위해 무엇을 했는가?

❖ 성과를 보여줘라. 우리는 성공을 위해 어떻게 돌진했는가?

멕 휘트먼

영웅은 전쟁 중에 탄생한다는 말이 있듯이 리더십은 '위기' 속에서 그 진가를 발휘한다. 1999년 6월 멕 휘트먼은 이베이의 홈페이지가 다운되자, 사이버 공간에서 리더십을 시험받는 상황에 처했다. 웹사이트들은 수시로 다운되고 이베이의 사이트도 그간 종종 멈춘 적이 있었지만, 이번 사태는 심각했다. 수천 명의 생계수단이며, 수백만 명이 거래하기 위해 수시로 접속하는 상황에서 이베이에 수십 억의 커미션을 쥐어주던 이 사이트가 완전히 다운된 이후 원상 복구되지 않았기 때문이다.

5년 후 휘트먼은 '내가 그 상황에서 할 수 있는 것은 그냥 거기에 있는 것뿐이었다'라고 말했다. 컴퓨터 관련 지식이 없는 이 CEO가 기술적으로 위기에 처한 상황에서 할 수 있는 역할은 두 가지였다. 우선 위기 상황에 대처하기 위해 동참한다는 것 자체가 사태의 심각성과 기술진에게 많은 기대를 걸고 있음을 보여주었다. "나는 선마이크로 시스템즈Sunmicro Systems의 스콧 맥닐리Scott McNealy, 오라클의 레이 레인Ray Lane 또는 베리타스의Veritas의 마크 레슬리Mark Leslie에게 도움을 청할 수 있었다." 두 번째는 그 위기 동안 임시 투입된 기술자에게 상당한 지원을 해주고 있음을 상징하는 것이었다.

사이트는 3일이 지나서야 복구되기는 했으나 기능은 정상화되지 않았다. 이베이의 설립자이자 컴퓨터 프로그래머 피에르 오미디아르Pierre Omidyar가 이 혼란에 참여하였다. 휘트먼이 물었다. "기능을 정상화시키지 못하면 어떻게 되는 거죠?" 휘트먼에 따르면 오미디아르는 이렇게 대답했다고 한다. "보통 이렇게 최악의 상황 이후 몇 시간이 지나면 해결책을 찾을 수 있습니다." 그가 옳았다. 몇 시간 후 오라클의 한 기술자가 해결책을 찾아냈고 이 사이트는 다시 정상화되었다.

정상화 이후 이 사건은 그냥 하나의 사고로 끝나지 않았다. 휘트먼은 이번 일을 계기로 이와 비슷한 상황을 철저히 방지하기 위해 집중했다. 그는 사이트의 속도 개선을 위해 기술적인 측면에 집중했다. 오미디아르는 "그는 완전히 투혼을 발휘했으며, 이제 관건은 '기술 팀에 대한 리더십'이었습니다"라고 당시의 상황을 떠올렸다. 이러한 변화는 멕 휘트먼의 노력으로 가능한 것이었다.

한 경영진은 말한다. "그는 내가 보좌한 경영진 가운데 가장 현실적입니다. 그러나 휘트먼이 질문을 하기 전에 자신만의 답, 숫자, 추천을 준비하고 있어야 합니다." 그녀는 자신에게도 엄격하다. "멕은 확실하고 재빠른 결정을 합니다." 베인 앤 컴퍼니Bain & Company에서 함께 근무하다 기업가로 변신한 스콧 쿡Scott Cook은 말한다. "그렇다고 그녀가 자기주장만 피력하는 사람은 아닙니다. 그녀는 귀를 기울일 줄도 압니다. 그녀는 이베이 커뮤니티에 대해 관심을 갖고 지켜보며 고민합니다." 위험을 경험하면서 기술의 취약성을 드러내던 이베이는 이제 기술을 '핵심 경쟁력'으로 삼는 회사가 되었다고 휘트먼은 말한다.

커뮤니티의 파워

이런 위기의 드라마를 통해 얻은 것은 그것만이 아니었다. 이베이 커뮤니티의 장점이 여실히 드러났기 때문이다. 이베이는 사이트가 처음 다운된 이후 성난 판매상들과 고객들의 문의와 질타가 쇄도할 것으로 생각했다. 그러나 실제상황은 전혀 딴판이었다. 오히려 고객들이 지원을 해왔다. 이러한 고객의 반응은 휘트먼이 이베이에서 일궈낸 성과이다. '내가 이 회사에서 중요시하는 것은 유저 커뮤니티이다. 비즈니스맨들이 시장 공간을 이용하고, 절대 생각도 못한 방법으로 활용하는 것을 보면 정말 흥미롭다.' 이 말은 진정한 이베이의 핵심을 말해주고 있다.

이베이를 두고 『크리스찬 사이언스 모니터*Christian Science Monitor*』는 '세계적인 창고 세일'이라고 말했으며, 『비즈니스위크』와 『이코노미스트』는 '온라인 벼룩시장'이라고 불렀다. 그러나 이베이는 독립적인 비즈니스를 위한 판매 루트이다. 장난감에서 자동차에 이르기까지, 흔해빠진 물건부터 수퍼볼 티켓처럼 귀한 물건까지 거래가 가능한 모든 것을 중개하는 것이 이 회사의 진정한 역할이다. 또한 기회의 문이다. 이베이는 작은 마을에서 세계의 거대도시에 이르기까지 세계 방방곡곡에 제품을 판매할 수 있도록 하기 때문이다. 이베이는 이상적인 비즈니스이다. 인프라 구조는 간결하고 온라인상에서 모든 것이 진행된다. 휘트먼은 이렇게 말했다. "영업사원도 재고도 창고도 필요 없다."

이베이는 거래 수수료로 수익을 남긴다. 즉, 판매상과 구매자의 중개상 역할을 한다는 애기다. 그러나 중요한 차이점이 있다. 바로 경매 사이트라는 점인데, 구매자들은 자신들이 원하는 가격을 입찰한다. 이는 아담 스미스Adam Smith의 경제학보다 몇 배 더 효과적이다. 이러한 개념에는 멋진 자유가 깃들어 있다. 이 비즈니스는 그 자체로 영원히 존속할 것이며 휘트먼의 말대로 한계를 모른다. 이는 유저가 사고 싶은 것과 구매 가격을 결정하기 때문이다. 판매자들은 스타일뿐 아니라 세부사항을 기입한다. 스스로 방향을 결정하는 것이다. 만약 그들이 물건을 팔고 싶다면 이곳으로 오게 될 것이다.

물론 제한이 전혀 없지는 않다. 앞에서 보았듯이 기술이 문제였다. 그러나 나쁜 의도를 가진 사람들에게까지 자유로우면서도 열린 공간이 된다면 악용될 소지가 있다. 실제로 유저들이 종종 있지도 않은 제품, 장물이나 불미스러운 것들을 거래하려 든다. 그러나 휘트먼은 '이러한 사기는 아주 소수에 불과하다'고 주장한다. 이렇게 자신 있게 말하는 이유는, 이베이는 최선을 다해 이런 사태를 미연에 방지하려 하고 있으며, 미심쩍은 상황이 발생하면 재빠르게 행동을 취하기 때문이다. 커뮤니티 정책 그 자체에서도 자신감이 나온다. 그리고 이 사이트는 '주요 쇼핑 명소'로서 투명성을 지녔다는 명성을 누린다. "이베이는 비즈니스를 가능하게 해주는 곳입니다. 그러나 단지 가능성만을 제공할 뿐 절대 유저들을 이끌지는 않습니다"라고 휘트먼은 말한다. "그러한 자기조절은 안전성뿐만 아니라, 시장의 활성화도 보장한다. 이 사이트의 매력은 원하는 가격대에서 팔거나 살 수 있다는 것이다.

리더로서의 인생 여정

독립성은 쉽게 얻어지지 않으며 근면, 단련, 그리고 헌신이 있어야 한다. 그러한 특성은 휘트먼 자신에게도 적용할 수 있다. 유복한 집안에서 태어난 그녀는 특히 승부욕이 강한 학생이자 운동선수였다. 오늘날에는 젊은 여성들의 운동에 대한 열정을 흔히 볼 수 있지만, 휘트먼이 학창시절을 보낸 60년 후반과 70년대 초반만 해도 그렇지 않았다. 그녀는 프린스턴 대학의 우수한 학생이었다. 그러나 예비 예과 코스에서는 그렇지 못했다. 만약 의학 분야에서 직업을 가졌다면 문제가 될 정도였다. 그녀가 마음을 뺏긴 분야는 비즈니스였다. 그녀는 학생신문 광고란을 기업에 판매하기도 했으며, 후에 하버드 대학 MBA에 진학하였다.

그녀는 여러 회사를 두루 거치면서 많은 것을 배웠다. 특히 마이크로소프트의 CEO인 스티브 발머Steve Ballmer가 경영계의 거물로 입지를 굳힌 P&G(Procter & Gamble)에 근무하면서 직업 경력을 보강할 수 있었다. P&G에서 휘트먼은 경쟁제품이 무수히 쏟아져나오는 가운데 브랜드로 차별화할 수 있는 브랜드의 힘을 배웠다. 후에 그녀는 자신의 경영 능력을 베인 앤 컴퍼니, 스트라이드 라이트Stride Rite, 월트디즈니 컴퍼니Walt Disney Compnay, FTD에서 더욱 연마하면서 전략의 가치와 조직을 이끄는 것이 의미하는 바를 배웠다.

그렇다고 휘트먼이 순탄한 사회생활을 했던 것만은 아니다. 그녀는 하버드 대학에서 만난 신경외과 의사와 결혼해 두 아이를 낳았다. 아이들이 자라면서 그녀는 아이들의 학부모로서 열심히 활동했으며, 스포츠

활동도 했다. 휘트먼은 전형적인 싸커맘(Soccer Mom, 도시교외에 살고 있으며, 학교에 다니는 아이가 있는 어머니 —역주)이었다. 게다가 남편이 매사추세츠 종합병원으로 전근을 하는 바람에 직장을 바꾸어야 했다. 이러한 과정을 거치면서 휘트먼은 하스브로 토이즈Hasbro toys의 중간 관리자가 되었고, 어느 날 한 번도 들어본 적이 없는 이베이라는 작은 회사의 CEO 제의를 수락했다.

이베이로 합류하다

그런 제의가 물론 그냥 나온 것이 아니었다. 교외의 연립주택에 위치한 이베이는 이제 막 신생한 실리콘밸리 회사였다. 휘트먼은 처음에는 이 제안을 거절했다. 그러나 방문해 달라는 요청을 받아들이고 나자 호기심이 생겼다. 총 20명의 직원이 일하는 연간 400만 달러의 매출을 기록하는 작은 회사에 불과했지만, 성장률만큼은 매월 70퍼센트에 달했다. 그동안 많은 경력을 쌓아왔던 그녀였지만, 자신이 올라갔던 계급으로 얼버무리려 하지 않고 성심성의껏 최선을 다해 면접에 응했다. 오미디아르에 따르면 그 당시 그녀는 이베이에 대한 핵심을 강조하는 날카로운 이야기를 했다고 한다. "유저들이 이베이에서 겪게 될 경험에 따라 이베이라는 브랜드의 운명이 좌우됩니다."

CEO 자리를 수락하면서 휘트먼 가족은 다시 웨스트코스트로 돌아와야 했다. 그녀는 600평방도 안 되는 사무실의 작은 방에 짐을 풀었다. 새로운 회사에서 그녀만의 배움은 계속 이어졌다. 처음 1년 반 동안 그녀는 오미디아르와 협력하여 일하면서 회사에 대해서 그녀가 할 수 있는 것을 깨달았다. 그리고 동시에 첫 번째 마케팅을 실시하면서 성장 가능성을 보여주었다.

그녀는 스타벅스와 스콧 쿡 출신이자 후에 인튜이트Intuit를 설립한 하워드 슐츠Howard Schultz를 비롯한 임원진을 스카우트하여 강력한 이사회를 구성했다. 1998년 그녀는 기업의 상장을 통해 75명의 근로자를 백만장자로 만들었다. 그리고 자신은 수십억 달러대의 부자가 되었다. 그녀에게는 중요한 날이었다. 그렇다고 지각을 잃지는 않았다. 그녀는 수술 집도 중이던 남편에게 전화해 주식상장 소식을 알렸다. 남편은 칭찬하는 말과 함께 충고를 잊지 않았다. "축하해. 그런데 그 자체가 회사의 본질을 바꾸는 뇌수술은 아니라는 것을 기억해요."

이베이는 가파른 성장곡선을 그렸다. 하지만 이를 유지하는 것은 힘든 일이므로 단련은 필수적이다. 휘트먼은 말한다. "이베이는 전통방식의 사업체가 아닙니다." 이것은 근로자들을 비즈니스에 능통한 기술자로 훈련해야 한다는 것을 뜻한다. 동시에 문화가 핵심이 된다. 근로자들끼리 서로를 대하는 방법을 보면 기업의 문화를 알 수 있다. "커뮤니케이션과 교육이 가장 힘든 일입니다"라고 휘트먼은 말했다. 출발하는 기업이 다 그렇다는 것은 아니다. 그러나 휘트먼은 비즈니스계의 베테랑으로서 이베이에 커뮤니케이션과 교육이 필요하다는 것을 알고 있었던 것이다.

2005년 6월, 이베이의 창립 10주년을 보도한 기사에는 이베이의 영향력이 잘 나타났다. 이베이는 본사에서 유저 커뮤니티를 위한 행사를 열었다. 비즈니스 잡지를 비롯한 주요 언론들은 닷컴 붕괴가 심화되는 상황에서 이를 극복한 인터넷 비즈니스의 성공을 극찬했다. 물론 이베이는 다른 비즈니스와는 좀 다르기는 하지만, 역시 고객과 관련된 문제들이 있었다. 예컨대 최근 사용료를 거래금액의 8퍼센트로 인상했다. 이베이의 유저들이 이에 저항하면서 빠져나갔다. 그러자 이베이는 정말 열심히 듣고, 시장에 대응하려고 애썼다. 그후 고객 서비스가 개선되었으며, 2005년 4월에는 월 사용료를 부과하는 것을 중단하고 새로운 요금 시스템으로 대체했다. 이는 의견을 말해놓고 변화가 있기를 바란다는 점에서 미국인들의 방식과 비슷하다. 휘트먼은 고객들이 이베이를 버리지 않을 것으로 확신한다. 이베이는 여전히 새로운 비즈니스를 시작할 세계 최적의 장소이기 때문이다.

특성과 문화를 유지하라

이러한 성공을 통해 휘트먼은 명성을 얻었다. 그녀는 『포춘』의 가장 영향력 있는 여성 명단에 수시로 오른다. 그렇지만 휘트먼은 결코 자만하지 않았다. 1999년 6월 이베이 사이트가 다운되었던 위기의 순간을 떠올리며 방심하지 않으려 애쓴다. 또한 이베이가 무적이 아니라는 것을 안다. 실제로 2004년 이 회사는 일본에서 철수해야 했다. 일본에서는 1위와는 거리가 한참 먼 '업계 2인자'였기 때문이다. 그렇지만 이 회사는 아시아 다른 지역, 유럽 그리고 남미에 투자하여 더 큰 성공을 거두었다.

멕 휘트먼은 부모님 덕분에 리더십을 배울 수 있었다. 그녀의 어머니는 '영리하지 않다', '어리석은 생각이야', '여자는 그런 것을 하면 안돼'와 같은 진부한 충고들은 절대 듣지 말라고 조언했다. 아버지는 다소 거칠게 구는 열 살의 그녀를 보며 "사람들에게 착하게 굴어라"고 타이르면서 그녀가 버릇없게 대했던 사람을 우연히 만날 수도 있다는 평범한 진리를 가르쳤으며, 이에 덧붙여 다음과 같이 말했다. "사람들과 사이가 좋지 않으면 아무것도 변화시킬 수 없다. 그러면 어떤 것도 이룰 수가 없게 된다는 점을 명심해라."

그녀는 살면서 늘 이 말을 되새긴다. 그녀는 종종 비행기를 타는데, 비행기 안에서 우연히 이베이의 고객들을 만나곤 한다. 그들은 종종 존경의 표시로 '좋은 평가'를 말해준다. 휘트먼은 이들의 자부심을 안다. 결국 그녀가 말하듯이 이베이는 최고의 수준으로 스스로를 맞춰가기 위해 노력하는 회사이다.

휘트먼은 다양한 곳에서 다양한 경험을 쌓았다. 그녀에게는 대대손손 물려줄 재산도 있다. 하지만 그녀가 이베이에 꾸준히 자신을 헌신하는 이유는, 자신이 일하고 싶었던 이베이의 문화를 등에 업고 한 번도 해보지 않은 것을 창조하려는 '도전' 때문이다. 이베이의 기업 홈페이지에는 이 회사의 문화가 잘 살아 있다. 이 회사는 홈페이지를 통해 말하고 있다. '여기까지 이베이를 이끌고 온 핵심 원동력은 사람이며, 앞으로 성공을 거둔다는 것을 확실할 수 있는 이유이다. 이베이를 독특하게 만들어주는 즐거운 커뮤니티 분위기를 유지하기 위해 노력할 것이다.'

❖ 호기심을 가져라

리더는 호기심을 가져야 한다. 멕 휘트먼은 배움을 통해 자신에게 동기부여를 한다. 이로써 무엇이 왜 일어났는지 알고 싶어진다.

❖ 명확한 기대치를 정하라

사람들은 그들에게 기대되는 것을 알아야 한다. 휘트먼은 자신의 팀에게 높은 기대치를 설정하며 자신에게도 똑같은 기준을 적용한다.

❖ 계급으로 누르려 하지 말라

멕 휘트먼이 이베이에 합류했을 때 그녀는 이미 성공적인 경영인이었다. 그러나 그녀는 자신의 명성으로 모든 것을 제압하려 하지 않았다. 그녀는 동료로서 업무에 참여했으며, 경험을 통해 배웠다.

❖ 역경을 기회로 바꿔라

이베이가 위기에 놓였을 때 휘트먼은 조직을 재편하고 기술을 회사의 강점으로 만들었다.

❖ 겸손하라

멕 휘트먼은 자신이 이룬 위업에도 불구하고, 작은 사무실에서 일하면서 직원 그리고 고객과 함께 호흡한다.

❖ 균형을 유지하며 살아라

멕 휘트먼은 아내이자 엄마 그리고 CEO이다. 그녀는 가족을 위한 삶과 직장을 위한 삶을 균형 있게 조절하고 있다.

마음을 움직이는 이야기의 창조자, 스티븐 스필버그

"난생 처음 8mm 영화를 만들어 십대 관객들에게 공개했을 때
나는 엄청나게 긴장했었다. 영화를 수차례 만든 지금도
개봉을 앞두면 늘 긴장한다. 난 오히려 이런 긴장감을 즐긴다.
사람들은 극도로 긴장하면 최선을 다하기 때문이다."
- 스티븐 스필버그(영화감독)

비즈니스 단체, 컨설팅 회사, 사내 근로자들로부터 극찬을 받는다는 것은 상당히 어려운 일이다. 그러나 만약 그렇게 된다면 이야깃거리가 많아질 것이다. 다음의 이야기를 살펴보자.

✿ 연착된 비행기의 항공기 기장은 수화물 담당 직원이 짐을 옮기는 것을 돕는다.
✿ 마지막 비행기를 놓쳐 혼자 어리둥절해 하는 중년의 남자를 발견한

발권부 직원. 그는 중년의 고객에게 식사를 대접하고 호텔을 잡아
준다. 그리고 다음날 아침 고객이 무사히 비행기를 타도록 돕는다.
물론 모든 비용은 직원이 부담한다.

❖ 휴일이나 기념일에 각자 음식을 준비해 파티와 축하를 즐기는 문화.

❖ 취항하는 도시마다 이 항공사 직원들은 커뮤니티의 서비스 프로젝
트를 실시한다.

❖ 공동 창업자의 비서가 현재 CEO이다.

이러한 이야기들이 이 회사에서는 그리 놀라운 일이 아니다. 이 회사
는 활력이 넘치고, 회사를 이끄는 회장은 성격이 조금 남달라 즐거움을
추구하면서 사람들과 어울릴 뿐만 아니라, 다재다능한 면을 지니고 있기
때문이다. 한번은 이런 일도 있었다. 이 회장은 어떤 CEO와 팔씨름해서
광고문구를 사용할 수 있는 권한을 얻어냈다. 이 사람은 전립선암 진단을
받은 적이 있다. 의사의 금연을 권고하자 이렇게 받아쳤다. "저는 전립선
으로 흡연하지는 않습니다." 성격에 따라 많은 이야기들이 존재한다.

사우스웨스트 항공사Southwest Airline, 그리고 이 회사의 창업자 허브
켈러Herb Kelleher, 이들은 둘 다 항공업계에서는 우상이다. 사우스웨스트
는 9·11 테러 이후 수익이 늘어난 항공사 가운데 하나다. 이 회사는 사
람에게 투자하는 경영 전문가들이 운영한다. 이들은 자세를 보고 사람들
을 채용하고, 직원들이 스스로 자기계발을 하도록 훈련시킨다. 또한 사
람이 가장 중요한 자원임을 인식하고, 이를 입증해주고 있다. 그리고 이
들은 파티나 서비스에 대한 표창을 통해 자신들의 문화를 찬양하고, 문

화를 널리 알림으로써 사람들이 일하고 싶어 하는 회사, 경영 관련 작가들이 다루고 싶어 하는 회사로 만든다. 이 회사가 달성하고 있는 수익이 바로 이러한 방법이 효과적임을 알려주고 있다.

그리고 허브 회장이 일선에서 물러난 후에도 이런 문화가 지속되고 있다는 것 자체만으로 허브 회장에 대한 직원들의 존경이 잘 묻어난다. 사우스웨스트 항공사는 다른 회사들에게 기준이 되고 있다. 그리고 이 회사는 산업계의 기준임을 증명할 이야기들을 가지고 있다.

조직원들을 리더십 여정에 동참시키는 것은 모든 리더들이 겪는 도전이다. 허브 켈러는 바로 이러한 도전에서 능력을 발휘했다. 즉 그는 직원들을 만나기 위해 여행을 했고 팀워크와 고객 서비스의 장점을 꾸준히 전파했다. 켈러와 같은 리더들은 조직원들을 동참시키는 최고의 방법 두 가지를 이용한다. 바로 '교육과 이야기 전달'이다. 사실 좋은 선생님들은 타고난 재담꾼이다. 그리고 우리는 좋은 이야기를 통해 교훈을 얻고 가르침을 받는다.

성과를 가르쳐라

캔자스Kansas 주 포트 리븐워스Fort Leavenworth에 위치한 육군 대학에서 학생이 학생을 가르치는 이색적인 일이 벌어졌다. 『월스트리트 저널』에 따르면 아프가니스탄과 이라크에서 복귀한 장교들이 급우들과 교관들에게 4세대 전투로 알려진 게릴라 전투에서 이기는 법을 가르치고 있다. 미육군은 오랫동안 응용학습을 실시해왔다. 사실 교전 후 보고부터 전략적인 분석에 이르기까지 모든 것을 포함하는 교육 이수 후 지원기관(Center for Lesson Learn) 시설이 있다. 이 기관의 역할은 단순하다. 같은 실수를 반복하지 않도록 실수를 통해 배우는 것이다.

민간 분야에서도 이러한 학습방법을 적용할 수 있다. 성공적인 리더들이 교사가 된다. 저명한 작가이자 미시간 경영대학원 교수인 노엘 티쉬Noel Tichy는 리더와 교사라는 개념에 대해 기술하고 있다. 『리더십 엔진Leadership Engine』에 '교육할 순간' 이라는 개념을 설명하고 있다. 바로 관리자들이 아는 것을 나누어줄 기회를 찾아내는 것이다. 사내에서도 실수를 통해 직원들을 교육할 수 있다. 영리한 관리자들은 직원들의 실수에 대해 고된 대가를 치르게 하기보다는 실수를 교육적인 기회로 바꾸어 근로자들을 교육하고 이들이 스스로 배울 수 있게 한다. 여기서 얻는 메시지는 우리가 변하면 개인과 조직의 향상을 기대할 수 있는 것이다.

교사로서의 리더의 개념은 영원히 지속된다. 고대 우리의 조상들도 교사 역할을 했다. 남자 어른들은 아이들에게 물고기 잡기, 사냥, 적과 싸우는 법을 가르쳤다. 여성들은 여자아이들에게 음식을 만들고 아이와 환자 돌보는 법을 가르쳤다. 정해진 교육과정이나 학습 계획 따위는 존재하지도 않았다. 오로지 선례만 있을 뿐이었다.

실제로 경영에서도 교육시킬 때 예를 들어 설명하는 것이 효과적인데, 여기에는 두 가지 방법이 있다. 첫 번째 방법은, 티쉬 교수의 '교육할 순간이라는 개념'을 받아들이는 것이다. 즉 주요 사안, 문제, 해결책

등을 가르칠 만한 것으로 개발하는 것이다. 개발이 완료되면 그것들을 가르쳐라. 두 번째 방법은, 직원들을 교육시키는 관리자들이 다른 이들도 따를 정도로 긍정적인 예를 만드는 것이다. 이를 통해 남녀를 불문하고 모든 직원이 서로 배울 수 있고, 배운 것을 남들에게 가르치는 학습하는 조직을 쉽게 만들 수 있다. 특히 효과적으로 교육을 하려면 커뮤니케이션이 필요하다. 커뮤니케이션을 활성화할 방법들을 살펴보자.

✤ 학습을 최우선으로 삼아라

경영의 대부분은 관리를 응용한 것이다. 관리자들은 작업을 처리할 책임이 있으며, 간혹 압박을 받으면서 빠른 시간 내에 일을 처리해야 하는 경우도 있다. 관리자들은 대부분 업무량이 너무 많다보니 직원들을 가르치는 데 시간을 투자한다는 생각 자체가 터무니없고 현명하지 못한 것으로 여겨지기도 한다. 그러나 실제로는 그렇지 않다. 관리자들이 가르칠 시간을 내는 것은 직원들이 업무를 하도록 준비시키는 것이다. 즉, 관리자들은 직원들의 업무처리를 지원하기 위해 시간을 내는 것이라고 할 수 있다. 교육은 능력을 부여하는 행동이다.

✤ 가르칠 기회를 찾아라

조직이라는 틀 내에서 교육한다는 것은 사람들이 배울 수 있는 환경 조성과 관련이 있다. 가장 확실한 방법은 실수를 통해 배우는 것이다. 예를 들어 마케팅 계획이 실패로 끝났다면 그 원인을 분석하여 집중적으로 검토해보아라. 각 단계를 분석하여 무엇이 잘못되었는지 파악해보아라.

'올바른 목표를 정했는가?', '광고가 브랜드 이미지에 맞는가?', '마케팅 시기와 영업 시기가 서로 잘 맞았는가?' 이러한 질문을 해봄으로써 개별적인 답이나 총체적인 실마리를 발견할 수 있을 것이다. 교육의 핵심은 이와 같은 실마리를 발견하는 것이 아니다. 일을 제대로 진행할 수 있었던 이유와 일을 그르친 이유를 찾아라. 그런 다음 훌륭한 교사들이 하듯 근로자들에게 대안책을 주문한다. 이러한 단계적 분석을 통해 실패방지뿐 아니라 성공을 연습할 수 있다.

❖ 프로그램에 참여하라

관리자들은 성공적인 리더십 프로그램에서 교사로서 참여한다. 문제를 찾고 해결책을 마련하기 위해 관리자들이 모인 기업회생 점검 과정에 잭 웰치 회장이 참여했고, GE의 크론톤빌 리더십 개발센터Crotonville Leadership Development Center는 이러한 방식을 대중화시켰다. 원래 이러한 방식은 실행 후에 검토하는 군인방식을 변형시켜놓은 것으로, 장교들이 모여서 틀어진 일, 잘된 일 그리고 개선될 수 있는 일들을 재검토한다. 다른 많은 일반 조직들도 이 같은 방식을 따랐다. 관리자들이 학교 교사들처럼 행동하면 이들은 좀더 숙련된 발표자가 되어 질문을 더 잘 받을 수 있으며, 능숙하게 연설하고, 이 과정 전반에서 통제권을 확보할 수 있다. 이러한 예는 역할 모델로서 작용한다. 즉 빨리 성장하고자 하는 젊은 근로자들은 교육이 발전의 통로임을 배운다. 시간이 지날수록 조직은 교육이 바람직한 문화를 만들어간다.

✤ 감독으로서의 교사

관리층은 직원들이 성공할 수 있도록 해야 한다. 교육의 한 형태인 코칭이야말로 성공을 보장하는 최상의 방법이다. 야구 팀의 실전을 지켜보자. 감독은 벤치에서 지시하고 있고, 선수들이 경기장에서 벤치로 돌아와 감독과 이야기를 나누면서 자신의 플레이에 대한 즉각적인 점검을 받는다. 이럴 때 감독은 선수별로 적절하게 지도할 수 있다. 이와 똑같은 원리가 경영에도 적용된다. 감독인 교육자들은 단순히 지시만 할 수 있는 것이 아니다. 교육자들은 근로자들이 성공하도록 밀어붙이는 방법으로, 근로자들의 주의를 환기시키고 도전하도록 자극할 수 있다. 감독이자 교사들은 피드백이나 후속조치에서도 역할을 할 수 있다.

긍정적인 영향을 만들어라

교육을 통해 얻어지는 혜택이 있지만, 일부 관리자들은 이를 부인하며 그러한 교육의 감당을 두려워한다. 그러나 이는 잘못된 생각이다. 관리자들이 두려워하는 이유는 이러한 교육을 학교수업과 동일시하기 때문이다. 간혹 실제로 학교수업과 같을 수도 있지만, 기업 내 환경에서 가장 효과적인 교육은 업무를 하면서 자연스럽게 발생한다. 그러므로 고위급 리더들은 이러한 교육이 모든 관리자들의 책임임을 보여주어야 한다. 상급자들에게는 이러한 교육이야말로 모든 사람들과 접할 수 있는 가장 좋은 방법이다. 그리고 중간관리자들은 실제 학습모임이나 실무에서 교육을 할 수 있다. 이러한 교육을 위해서는 노력하려는 의지가 절대적으로 필요하다.

교육은 중요한 리더십 행위이다. 리더들에게는 차세대 근로자들이 앞으로 할 일을 더 잘 준비시키는 방법이기 때문이다. 따라서 교육은 관리자들이 알고 있는 것을 근로자에게 가르치고, 이를 통해 역량을 계발하도록 하는 훈련과정이다. 또한 근로자들에게는 일을 더 잘 할 수 있는 방법을 전수받는 과정이 된다. 교육문화는 밀물이 들어와 모든 보트를 띄우는 식으로 조직 내의 젊은이들에게 긍정적인 혜택을 주면서 발전한다. 그러한 문화를 통해 같은 실수를 반복하는 것을 피할 수 있으며, 영감을 고취시키고, 더욱 지속적인 성과를 달성할 수 있다.

▌성과를 위한 이야기를 전하라

사람들을 리더십 여정에 동참시키는 두 번째 방법은 이야기 전달이다. 이야기는 좋은 커뮤니케이션의 핵심이므로 훌륭한 리더들은 좋은 이야기의 전달자가 되어야 한다. 전에 말했듯이 이야기들은 문맥과 짜임새, 색깔과 온기를 전해준다. 이야기들은 기업의 인간적인 측면을 널리 퍼뜨리는 역할을 한다.

과거나 현재의 위대한 리더들은 모두 훌륭한 재담꾼이다. 린든 존슨 Lyndon Johnson은 재미삼아 그리고 자신의 출신지를 알리기 위해 텍사스 힐 컨트리Texas Hill Country(텍사스 주 중심지역-역주) 일화를 친구들에게 들려주곤 했다. 사실 존슨의 정치적 멘토인 샘 에리번Sam Rayburn은 의회의 대변인으로 하루의 업무를 끝내고 나면 동료 정치인들과 함께 집무실에서 회의를 하곤 했다. 그들은 차를 마시면서 그날의 주요 사안들에 대해 심사숙고했을 것이다. 레이번은 이를 '교육위원회'라고 칭했고, 젊은 린든 존슨은 스승의 발치에서 그의 가르침을 배웠다.

▌행동을 좌우하는 역할

이야기를 만들고 전달할 때 연극에 대한 격언을 참고하면 도움이 될 것이다. '역할이 연기를 좌우한다.' 연극에서 사람들이 어떤 역할을 맡았느냐에 따라 연기가 달라진다. 이와 마찬가지로 직원들에게 어떠한 기대를 걸고 있느냐에 따라 이들의 행동 또한 달라진다. 이러한 개념을 염두에 두고 위기에 처한 조직의 이야기 혹은 변화를 겪는 조직들의 이야기를 생각하면 훨씬 이해가 빠를 것이다.

리더들은 시련에 잘 대처한다. 이들 내부에는 행동을 강요하는 뭔가가 있기 때문이다. 이러한 상황에서 리더십은 회의실에서만이 아니라, 장소를 불문하고 발휘된다. 각 담당자들을 살펴보자. 고객 서비스 담당 직원들은 고객이 필요로 하는 것을 집 앞까지 배달해준다. 영업사원들은 고객의 쇼핑을 돕기 위해 근무시간 이후에도 상품 진열에 열을 올린다. 그리고 서비스 기술자는 소비자의 문제해결 요청에 따라 야근을 한다. 이런 일들은 크고 작은 조직에서 매일같이 발생하며, 모두 다같이 듣고 배울 수 있는 이야기로 표현된다면 개인의 역할을 구체화해줄 뿐만 아니라 조직의 역할에 대해서도 규명해준다.

자신만의 이야기를 만들어라

리더십 여정은 핵심 줄거리 즉 성과달성 추진을 의미한다. 그러나 여정 그 자체는 많은 개개인의 이야기들로 채워질 것이다. 본서에서 계속 보아온 것처럼 말이다. 그러나 무엇보다 자신만의 이야기를 만들기 위해 다양한 줄거리를 생각해두어야 한다. 이야기의 핵심 기능은 리더의 견해를 전달하는 것이며, 비전달성을 위해 조직원들이 함께 전진할 수 있도록 리더를 돕는 것이다. 그러나 무엇보다 이야기에는 리더십의 핵심 목표인 희망과 영감이 고취된 성과달성이 담겨 있어야 한다.

이야기는 도처에서 나올 수 있다. 스티븐 스필버그는 맘에 드는 이야기를 영상에 담는 데 전 생애를 바치고 있다. 그는 또한 가족을 부양하고 회사를 설립하고 자신의 가치를 고수함으로써 그만의 이야기를 만들었다. 그리고 이 이야기는 그가 만든 기업과 그의 영화 속에 녹아 있다. 조직에서 이야기는 사람들이 무엇인가를 위해 노력할 때 나온다. 신화에서는 설명되지 않는 것을 설명하려고 노력하는 사람에게서 이야기가 나온다. 뭔가 숭고한 것을 하고 조직을 위해 더 나은 결과를 유도하려고 자신의 한계를 뛰어넘는 사람들이 영웅적인 이야기를 탄생시킨다.

✤ 주제를 정하라

사람들이 지금 하는 일 그리고 과거에 했던 것을 주위에서 찾아보아라. 이러한 주제들은 이정표에 닿는 것일 수도 있고, 이정표에 닿기 위한 방법을 찾는 과정일 수도 있다.

✤ 이야기를 만들어라

서론, 본론, 결론 등 이야기의 맥락을 만들어라. 즉 일어난 일 그리고 일어나지 않은 일에 대해 설명하라. 자신이 생각하는 영웅이 행동을 결정하는 방법 혹은 문제 해결, 해결책 제안 혹은 소비자들에게 접근하는 방법 등에 대해 이야기하라. 그들이 했던 것과 이를 통해 삶이 어떻게 바뀌었는지에 대해 말하라.

✤ 교육을 시켜라

실제 경험을 통해 사람들이 배운 것을 강조하라. 개인 혹은 팀으로서 어떻게 성장했으며, 조직의 성장에 도움이 되는 방법은 무엇인가? 좋은 결과를 달성했을 때에는 결점에 대해 말하는 것을 두려워하지 말라.

✤ 조직이 추구하는 가치를 알게 하라

근로자들이 이룩한 성과가 리더의 비전과 전략적 의도와 어떻게 연계되는지를 찾아라. 조직원들이 조직의 목적, 미션, 문화, 가치에 어떻게 헌신했는지 설명하라. 간혹 이야기는 사람들이 했던 일보다는 방식 자체에 더 치중할 것이다. 예의 바르게, 청렴결백하게 아니면 다른 사람에 대한 존경심 등을 가지고 그 일을 했는지에 치중하게 된다는 말이다.

❖ 이야기를 전달하라

이야기를 좋은 소식의 전달이라고 생각하고 이야기를 전달할 수 있는 기회를 찾아보아라. 직원회의나 주간 실무자 회의를 이용하여 이야기를 전달해도 좋다. 좋은 소식을 고객들과 연결지어야 한다는 것을 명심하라. 관련된 타 업체 역시 고려되어야 한다. 성공을 이루기 위해 할 수 있는 것과 성공이 무엇인지를 조직 내 모든 사람들에게 알려야 한다.

❖ 이야기를 널리 알려라

홈페이지에 이야기를 올려놓거나 뉴스레터에 신도록 하라. 그런 다음 이 이야기가 그곳에 게재되었으며, 어떤 내용이 담겨 있는지를 사람들이 알 수 있도록 조직 전체에 이메일을 발송하라. 영웅과 관련된 이야기 몇 가지를 확보한 후, 이를 모아 조직 전체에 퍼뜨려라. 그리고 근로자, 소비자, 주주, 언론 매체 등 핵심 당사자들에게 그것을 전달하라. 이야기를 신고 있는 홈페이지에 영웅을 소개하는 코너를 만드는 것도 좋은 방법이다.

척도를 지닌 이야기들

이 책에서 주로 부각되는 이야기들은 누가, 무엇을, 왜, 어디서, 어떻게 했는지를 서술적으로 표현한 것이다. 이것이 이야기 전달의 핵심이다. 그러나 매출 목표량, 품질 향상 그리고 다른 측정 가능한 사항 등 척도를 가지고 이야기를 만들어내고, 가르칠 수도 있다. 이와 관련하여 숫자들로 이야기를 만들 수도 있다. 예를 들어 영업 팀이 분기당 천만 달러라는 매출 목표를 세운다면 게시판에 그 숫자를 게시하라. 그리고 그 목표를 향해 전진해나가는 과정을 기록하라. 이 과정 자체가 이야기가 될 수 있다. 품질 향상과 고객 서비스 만족사항을 기록하다보면 새로운 제품에 대한 이미지나 고객 만족도에 대한 이야기가 탄생하기도 한다. 그것들을 홈페이지에 게시하거나 사무실에 갖다 붙여라. 이처럼 성취를 보여주는 것도 이야기가 된다.

이야기, 이야기, 이야기

리더십 커뮤니케이션이라 함은 리더십과 커뮤니케이션을 연결하는 것이다. 이를 통해 얻게 되는 메시지는 비전, 조정, 실행, 그리고 단련과 관계된 것이므로 중요하며 이야기로 형태로 표현되면 좀더 분명히 전달할 수 있다. 이야기에는 역경을 이겨내고 목표를 달성하고, 약속을 이행하기 위해 어떻게 애썼는지가 반영되어 의미가 부가되기 때문이다. 이들은 사실과 숫자들을 초월한다. 이야기는 조직과 함께하기 때문에 조직에 생명을 부여한다. 이야기는 조직의 리더와 그를 따르는 사람들의 문화를 반영해준다. 그래서 대중적이면서도 개인적이다. 어떤 이야기는 실수를 반영하기도 하며, 성공의 길을 제시하기도 한다.

이야기는 의지를 고취시키고, 재미있고 흥미롭고 효과적일 때도 있다. 남다른 사람들에 대해 다룸으로써 사람들에 의해 기억되고 언급되며 또 다른 사람들에게 전해진다. 이야기는 설득의 가장 효과적인 방법이다. 그러므로 사람들이 따르도록 설득하는 행동인 리더십에 있어 이야기만큼 좋은 방법은 없다. 이야기는 리더십 여정을 가속화시킨다. 이야깃거리를 찾아라. 이야기를 만들어라. 이야기를 말하라. 이야기를 전파하고 반복해서 전달하라. 이야기는 개인, 비전가, 조정하는 사람, 실행가, 훈련자, 위험 감수자, 성과 달성자 즉 우리 자신, 우리 팀 그리고 우리 조직의 리더 등 우리의 역할이 무엇인지를 제시해준다.

자신만의 성과 이야기 플래너

이야기는 조직 전반에 걸쳐 존재한다. 물론 비전달성과 관련된 웅장한 이야기도 있다. 그러나 웅장하지는 않지만, 중요한 이야기도 많다. 이러한 이야기는 사람들이 집중, 조정, 실행, 단련을 유지하기 위해서 실시하는 과정에서 발생하며, 그 과정에 깃들어 있다. 사람들을 리더십 과정으로 동참시키는 수단으로서 이야기를 포착하고, 이를 알리는 것은 리더의 책임이다. 이야기를 개발하기 위해 아래의 질문들을 유념하자.

❖ 사람들에게 말하고 싶은 것은 무엇인가?

❖ 조직 내에서 누가 이러한 메시지를 보여주고 있는가?

❖ 이야기의 맥락을 만드는 데 이용할 만한 일이 최근이 발생했는가?

❖ 처음으로 일어난 일은 무엇인가?

❖ 그 다음에 일어난 일은 무엇인가?

❖ 자신의 이야기를 사람들에게 각인시키기 위해 무엇을 하고 싶은가?

❖ 연설이나 회의를 통해, 그리고 게시판과 뉴스레터, 홈페이지 등 이야기를 전달할 방법을 선택하라.

스티븐 스필버그

1980년대 중반에 텔레비전 명화집 시리즈 「어메이징스토리Amazing Stories」가 처음 방영되었을 때의 인기로 이 시대 최고의 재담꾼의 마음에 섬광이 비쳤다. 시즌 2까지 제작된 이 시리즈물의 첫 장면을 보면 한 부족장이 동굴 속 모닥불 근처에 앉아 있다. 그의 말과 행동으로 미루어 보아 자신이 알고 있는 사람들의 이야기를 들려줄 것임을 짐작할 수 있다. 그 이야기는 종교적이거나 혹은 부족의 의식에 관한 것일 수도 있고, 단순히 최근에 사냥하면서 경험한 모험담일 수도 있다. 그 이야기는 듣고 있는 모든 사람들의 마음을 사로잡으며, 공감대를 형성시켜준다.

「어메이징 스토리」를 만든 재담꾼이 바로 스티븐 스필버그이다. 이 시리즈물이 그의 영화인생의 주요작품으로 꼽히지는 않지만, 이야기의 힘과 스필버그가 이야기들을 스크린에 옮기는 데 헌신하는 이유를 알려준다. 첫 대형 히트 작품인 「조스Jaws」부터 가장 최신작인 「우주전쟁War of the Worlds」, 사람들의 기억 속에 자리 잡은 「E.T.」, 「인디애나 존스Indiana Jones」 시리즈, 「마이너리티 리포트Minority Report」, 「A.I.」, 「쉰들러 리스트」, 「라이언 일병 구하기」 등 그는 미국영화 역사에 큰 획을 그었다. 그리고 영화 제작 과정에서 모든 관리자들이 교훈으로 삼을 만한 위대한 이야기를 창조해냈다.

어린 시절 이야기

　　　　　어릴 적부터 스티븐 스필버그는 영화감독이 되고 싶었다. 그는 여덟 살 때 첫 작품을 만들었으며, 열 다섯 살에는 영화와 관련된 상을 타기도 했다. 스물두 살에는 유니버셜 픽쳐스Univercial Pictures와 7년 전속계약을 맺었다. 이는 배우들이 맺는 수준의 계약이었다. 그가 첫 연출을 맡은 작품은 텔레비전 드라마 시리즈인 「나이트 갤러리Night Gallery」였다. 주인공 역은 조안 크로포드Joan Crawford가 맡았다. 그는 당시에 어찌할 바를 몰랐었다고 고백하면서도 모든 촬영을 계획했으며 준비가 되어 있다고 말한다. 그런데 촬영 첫날 한 가지 문제가 발생했다. 15 셋업(한 장면의 필름 길이―역주)을 찍을 계획이었지만 절반밖에 달성하지 못한 것이다. 그러나 결국 그는 촬영 스텝들에게 애원했고, 이들 덕분에 계획대로 해낼 수 있었다. 이것은 그에게는 잊을 수 없는 경험이었다.

　스필버그가 노먼 록웰Norman Rockwell의 그림을 수집하는 것은 의미하는 바가 크다. 스필버그에 따르면 록웰은 훌륭한 재담꾼이면서 동시에 미국인의 도덕성을 보여주는 인물이기 때문이다. 기자인 스티븐 더브너 Stephen Dubner에 따르면 스필버그는 이런 말을 통해 자신이 어떤 사람인지를 정의한다. 스필버그는 결코 '비도덕적인 영화' 혹은 '사람들을 타락의 길'로 이끄는 떳떳치 못한 작품은 만들지 않겠다고 말한다.

　스필버그의 영화는 처음으로 '즐기는 영화'의 시초가 되었다. 일부 비평가들이 스필버그의 영화를 두고 가벼운 영화라며 조롱하기도 하지만, 영화로 '사람들에게 즐거움'을 줄 수 있다는 것 자체가 능력이다. 스필버그는 이러한 재능을 통해 엄청난 부와 엄청난 힘을 얻지만, 신기하게도 자만하지 않는다. 그는 영화계의 실력자 부류를 뜻하는 '모걸 mogul'이라는 말을 싫어하며, 다른 능력 있는 사람들을 존경한다. 이 때문에 자만심이 끊임없이 고개를 처든다 해도 현재와 같은 겸손한 자세를 유지할 수 있는 것이다.

그가 가장 애착을 갖는 작품 「E.T.」에서 그의 도덕성은 분명히 드러난다. 이 영화는 한 외로운 어린 소년이 외계인과 친구가 되면서 벌어지는 이야기를 다루고 있다. 스필버그는 이 영화를 통해 진정한 삶이 의미하는 바를 알게 되었고, 가족과 친구와의 관계를 개선시킬 수 있었다. 「컬러 퍼플The Color Purple」은 스필버그의 첫 '진지한 작품'이었다. 앨리스 워커Alice Walker의 원작소설을 영화화한 이 작품은 인종차별과 강간이라는 무거운 주제를 다루고 있다. 스필버그가 이 이야기를 영상으로 옮긴 것을 놓고 자격 부적합성을 운운하는 의견이 많았다. 이와 관련해, 저명한 작가이자 영화 프로듀서인 퀸시 존스Quincy Jones는 이렇게 말했다. "「E.T.」를 화성 출신 영화감독이 만들어야 하는 것은 아니지 않습니까?" 존스는 스필버그가 이 영화의 적임자라고 주장했다. 자신도 이 영화의 열렬한 팬이 되었기 때문이다.

스필버그는 종종 '대작영화' 감독이라는 꼬리표를 달고 다닌다. 이것만 봐도 그가 맘 편하게 작품을 만들지는 못한다는 것을 알 수 있다. "저는 항상 저의 모든 영화가 개인적이라고 생각했습니다. 영화의 이야기는 대부분 가족과 공유한 경험에서 우러나오기 때문입니다." 『스티븐 스필버그의 영화The Films of Steven Spielberg』의 작가인 데이빗 브로드David

Brode는 "스필버그는 자신이 원하는 것을 살짝 첨가하여 대중이 원하는 것을 만들어 선사합니다"라고 말한다. 스필버그가 개인적으로 비전으로 삼는 핵심은 긍정적인 사고방식이다. 심지어 외계인 영화를 만들 때도 이것은 항상 적용된다. "나는 늘 하늘을 쳐다보며 저 우주 밖 존재에 대해 긍정적인 생각을 합니다"라고 스필버그는 말한다.

스필버그의 「레이더스Raiders」나 「쥬라기 공원Jurassic Park」은 소위 '시간 죽이기 영화'다. 이러한 영화 덕분에 그는 재정적인 어려움 없이 실험정신을 발휘할 수 있는 자유를 얻었다. 로버트가 인류를 장악한다는 내용의 「A.I.」에서는 기술의 어두운 면과 미래에 대한 전조를 보여주었다. 그리고 「마이너리티 리포트」를 통해 정부의 지나친 간섭으로 인해 벌어질 일을, 그리고 「우주전쟁」을 통해 지구를 파괴하기 위해 외계인들이 사용하는 최강기술에 대한 색다른 경험을 할 수 있었다. 이처럼 소위 시간 죽이기 영화 이외에 적어도 지금까지는 효과적인 이야기를 전달하는 스필버그의 탁월한 능력과 가치의 교과서가 되는 두 가지 작품이 있다.

▌마음과 영혼을 표현하라

「쉰들러 리스트Schindler's list」는 제작기간이 10년이나 걸렸다. 이를 두고 할리우드의 허세라고 보는 이도 있겠지만, 그렇지 않다. 스필버그는 쉰들러의 도움으로 살아난 1,100명의 유태인 중 하나인 폴

데크 페퍼베르크Poldek Pfefferberg에게 10년이라는 시간의 틀을 주었고, 폴데크는 토마스 케닐리Thomas Kenneally에게 자신이 실제로 경험한 이야기를 전달하였다. 쉰들러는 과감히 역경에 맞서면서 나치로부터 유대인을 구해냈던 인물이며, 매력적이고, 묵인할 줄도 아는 방탕하면서도 올바른 사람이었다. 그리고 케닐리는 이러한 위대한 인물을 주인공으로 하는 실화가 바탕이 된 소설을 쓸 수 있는 능력을 갖춘 사람이었다.

영화제작 자체는 스필버그에게 전혀 문제가 되지 않았다. 오로지 용기, 이 이야기를 전달할 수 있는 용기가 관건이었다. 스필버그 자신이 말한 대로, 그는 아우슈비츠와 다른 폴란드 지역에서 영화제작에 들어갔다. 2,200만 달러를 들여 이 흑백영화를 제작하는 데에는 스필버그의 투지가 넘쳐났으며, 작업은 빠르게 진행되었다. 영화에서 그는 전반적으로 크레인의 앵글을 들이대거나 복잡한 달리샷(dolly shots, 카메라가 피사체로부터 후퇴 또는 피사체 쪽으로 전진하고 있을 때 찍은 화면—역주)을 사용하지 않고, 대신 소형 비디오로 현실감을 살렸다.

영화에서 유태인 역을 맡은 배우들이 거리를 정신없이 뛰어다니는 장면이 있었다. 이들은 쫓기는 장면을 촬영하고 있었다. 분명 그 순간의 감정과 고통이 재현되고 있었다. 벌거벗은 노인들이 원으로 돌며 나치군 앞에서 건강상태를 확인시키는 장면은, 너무 실감이 나서 스필버그도 차마 볼 수가 없었다. 분명 촬영을 위해 각색된 것이었지만 말이다. 그는 영화를 만들면서 눈물을 흘린 게 아니라 분노가 치밀어 올랐다.

이 영화의 복잡성은 쉰들러와 캠프를 관리하는 야비한 독일군 장교 아몬 괴트Amon Goeth와의 관계에서 유발되며, 또한 사람을 구하고자 하면서도 돈을 벌고자 하는 쉰들러 자신으로부터 나온다. 실제로 쉰들러는 물질을 추구하는 마음을 억제했지만, 양심과 물질 사이에서 고민하는 모습이 영화에 살짝 비춰지고 있다. 스필버그에게 이 영화는 승리였다. 그는 거의 3억 2천만 달러 이상을 벌어들였고, 이 영화는 그에게 첫 오스카상을 안겨주었기 때문이다. 또한 가벼운 흥행 위주의 영화를 만드는 감독에서 진지한 영화를 만드는 감독으로서 인식을 전환시켜주는 계기가 되었다.

이후 스필버그는 2차 세계대전을 배경으로 또 하나의 웅대한 작품을 탄생시킨다. 「라이언 일병 구하기」인데, 이 영화는 참전 중인 한 사병을 어머니의 품으로 돌려보내기 위해 급파된 한 중대의 이야기이다. 이 줄거리는 실화를 바탕으로 하면서도 다소 신파조가 섞여 있다. 그렇지만 그 배경만큼은 끔찍했다. 현재 프랑스령에 있는 미군의 공동묘지를 보여주는 도입부 이후, 스필버그는 관객들을 오마하 해변의 끔찍한 전쟁터로 이끌었다. 요새 같은 곳에서 벌어지는 전면전의 생지옥이 대형화면에서 그처럼 정밀하게 묘사된 적은 없었다. 관객들은 장면 장면마다 사용된 그래픽 효과와 소름 끼치는 사운드 효과 때문에 1944년에 연합군이 군력이 모자라는 상황에서 독일군의 손아귀에서 단호히 유럽을 되찾았던 그 운명적인 아침을 경험한다. 영화의 힘은, 비단 자유라는 위대한 주제에서만 나오는 것이 아니다. 같은 중대의 동료보다는 조국과 하느님에 대한 의무를 더 우선시해야 하는 군인들의 인간적인 드라마에서도 나온다. 이 영화의 고문으로 활약한 역사학자 스테판 앰브로스Stephen Ambrose도 이 두 가지 의무 사이에서 갈등하는 것이 아주 감동적이었다고 말했다. 이 영화는 스필버그에게 영광을 안겨주었으며, 간단하지만 자극적인 이야기를 전달하는 능력을 보여주었다.

파퓰리스트 영화인 「뮌헨Munich」에서도 스필버그는 다시 한 번 무거운 주제를 다루고자 하는 의지를 보여주고 있다. 그의 최신작으로 2006년도에 개봉된 이 영화는 1972년 뮌헨 올림픽에 참가한 열한 명의 이스라엘 선수들의 살해사건에 대한 복수로 이스라엘 중앙 정보국인 모사드Mossad가 많은 적군을 살해하는 내용을 담고 있다. 이 영화는 확실히 이스라엘의 어두운 기억과 깊은 분노를 자극하고 있다. 스필버그는 이 영화에 대한 주제를 소개하면서 이스라엘의 보복과 공격을 두고 '중동 역사의 결정적인 순간'이라고 말했다. 스필버그는 미국 정부의 고위 관료들의 도움을 얻어 실화를 바탕으로 이야기를 전개해나갔다. "이 영화의 줄거리가 지향하는 것은 인간적인 차원입니다"라고 클린턴 대통령 시절 중동 특사를 지낸 도널드 로스Donald Ross는 말했다.

스필버그의 말은 영화의 진실된 메시지를 보여준다. "과거 비극에 대한 복수를 수행하는 사람들의 눈을 통해 뮌헨사건에 대한 이스라엘의 반응을 보는 것은, 단지 정치적 군사적 차원으로만 여겼던 끔찍한 이야기에다 인간적인 차원을 가미합니다. 주인공들은 성공적인 임무 수행을 결의했지만, 후에는 옳은 일인지 스스로 의구심을 가지게 되는 이 영화의 줄거리는 오늘날 우리가 처해 있는 비극적인 교착 상태의 중요성을 깨달을 수 있게 도와줍니다." 이 신작 영화와 관련해 『뉴욕타임스』는 그 당시 이스라엘의 총리였던 골드 마이어Golda Meire의 견해를 인용했다. "시대가 지난 후 옳고 그름을 판단할 수 있는 상태에서 역사적인 사건을 되돌아보기는 쉽습니다. 하지만 그 당시 사람들이 보았던 그대로 본다는 것은 쉽지 않은 일입니다. 그러한 비극의 순간에 대한 인지력은 스필버그처럼 타고난 재담꾼들만이 지닌 능력이라고 할 수 있습니다."

▌세부에 집중하라

영화감독으로서 스필버그는 아주 철저한 준비로 유명하다. 그의 영화 연출은 박력 있고 명확하며 효율적이다. 또한 낭비가 거의 없다. 예를 들어 「라이언 일병 구하기」를 제작하면서 세트 담당자들이 실수로 해를 바라보는 방향으로 세트를 설치했다. 다른 감독들이라면 대부분 그 세트장을 부숴버렸을 것이다. 그러나 스필버그는 그렇게 하지 않았다. 그는 카메라 감독과 상의한 끝에 그 세트를 부수지 않고 사용할 수 있도록 새로운 촬영 앵글을 잡았다. 이것이 바로 이 전쟁영화가 6,500만 달러만 들여서 만들어질 수 있었던 이유이다. 「타이타닉」 같은 영화가 2억 달러 이상 들였지만 말이다. 이처럼 비용을 통제한 이야기는 스필버그 자신의 능력, 그리고 팀과 자기 자신을 잘 통제하는 영화감독임을 보여주는 것이다.

스필버그가 오늘날의 비즈니스 혜안을 발휘하지 않은 곳은 당연히 없다. 1998년 『이코노미스트』는 스필버그가 감독한 열여섯 편의 영화 가운데 열세 편이 수익을 냈다는 내용의 기사를 썼다. 거기에 그해 개봉된 「라이언 일병 구하기」를 더하면 그의 업적에 대한 이견은 사라질 것이다. 할리우드에서 수익을 내는 영화는 평균적으로 세 편 중 하나 꼴이다. 2005년 현재 「뮌헨」을 발표하기 전 그의 영화는 총 320억 달러의 매출을 올렸고, 이는 다른 감독들보다 거의 두 배나 많은 수준이다. 스필버그는 영화계에 뛰어든 초반부터 영화 제작사를 운영해왔다. 그러다 1994년 음반 제작자인 데이비드 게펜David Geffen과 영화 제작자인 제프리 카젠버그Jeffrey Katzenberg와 함께 드림웍스 SKG를 설립했다. 이 전문가들의 탁월한 능력을 바탕으로 이 회사는 투자자금을 27억 달러나 모을 수 있었다.

한편 첫 텔레비전 시리즈와 음반제작 그리고 첫 영화인 「아미스타드 Amistad」가 큰 히트를 치지는 못했다. 그러나 그 이후로 행운은 날로 커져갔다. 회사는 「이집트 왕자The Prince of Egypt」, 「개미Antz」, 「슈렉 1, 2 Shrek」와 같은 성공적인 애니메이션 영화를 제작하여 성공을 거두었다. 스필버그는 다시 황금시간대에 방영되는 텔레비전 쇼를 제작했으며, 이후 사이파이 채널SciFi Channel에서 「테이큰Taken」을, TNT에서 「인투더 웨스트Into the West」와 같은 미니시리즈로 영역을 확장나갔다. 모든 엔터테인먼트 회사가 그렇듯 드림웍스 SKG도 비디오게임 산업에 뛰어들었다.

2005년, 파라마운트사는 실사영화 제작사인 드림웍스 SKG를 인수했다. 이를 통해 이 업체는 「글래디에이터Gladiator」, 「아메리칸 뷰티Ameri-can Beauty」와 같은 영화의 판권과 드림웍스 에니메이션 캐릭터들의 배급권을 손에 넣었다. 『월스트리트 저널』에 따르면 이러한 인수는, 영화계의 영화수입 감소와 파라마운트를 비롯한 6대 영화사가 장악하고 있는 시대에 대형 독립영화사를 설립하고 운영하는 것이 얼마나 어려운 일인지를 보여주는 것이라고 한다. 스필버그는 투자에 대한 가시적인 수익을 내지 못하는 자산은 과감히 처분함으로써 현명한 비즈니스맨으로서의 수완을 보여주고 있다.

█ 환원

이 엄청난 돈과 영향력 그리고 성공을 가지고 무엇을 하겠는가? 스티븐 스필버그는 이를 다시 환원하고 있다. 스필버그는 우선 젊은 영화감독들의 작품에 활발히 지원한다. 그는 로버트 저메키스 Robert Zemeckis 같은 신출내기 감독들이 능력을 발휘할 수 있도록 후원했다. 또한 영화계에 종사하는 여성 인력들을 지원한다. 현재 스필버그의 전임 비서 출신 중 두 명이 연출가로 활동하고 있다. 캐슬린 케네디 Kathleen Kennedy가 이 중 한 명으로, 스필버그의 영화에서 연출가로 참여하고 있다.

스필버그에게 가족은 매우 중요하다. 그는 지금도 여전히 끈끈한 모정을 이어가고 있는 어머니 리아Leah와 세 명의 여동생들과 함께 자랐다. 그는 한때 '세 명의 여동생들이 소리를 지르고 어머니는 친구 일곱 명을 앞에 모셔놓고 피아노를 연주하는 가족'의 경험을 특징화해서 '교외의 심리극'으로 묘사한 적이 있다. 스필버그는 청소년 시절에 부모가 이혼하면서 컴퓨터 엔지니어였던 아버지 아놀드Arnold와 떨어져 지냈지만, 후에 재결합했다. 스필버그는 초기 영화제작을 지원해주고 B-25s에서 무전을 담당하면서 겪었던 2차 세계대전에 대해 이야기해준 아버지에 대해 늘 감사해하고 있다. 스필버그는 현재 일곱 명의 자녀를 두고 있다. 배우인 에이미 어빙Amy Irving과의 사이에서 한 명, 그리고 아이 한 명이 있던 배우 케이트 캡쇼Kate Capshaw와 재혼하여 그 사이에서 다섯 명을 낳았다.

그의 삶에서 신념은 불변의 진리이다. 스필버그에게도 자신이 다른 아이들과 달라 보이는 것이 싫어서 크리스마스트리를 장식하고 싶었던 시절이 있기는 했지만, 그는 정통 교리를 따르는 유대인으로 성장했다. 그렇지만 애어른처럼 굴지는 않았다. 그러다 나이가 들고 아이들의 부모가 되면서 차츰 생각이 바뀌었다. 스필버그 부부는 지금 '시간이 허락하는 대로 유대교를 실천하는 사람'으로 불린다. 무엇보다 중요한 것은 자신의 신념을 살리고 있다는 것이다. 그가 쉰들러 리스트를 만들고, 그의 박애주의를 더욱 증대시키는 것이 곧 그의 신념이다.

그는 한때 거액을 기부하며 자랑스럽게 자신의 이름을 밝히곤 했다. 그러나 한 유대교 선지자가 그에게 말했다. "이름을 밝히면서 기부를 하면 하나님은 인정하지 않습니다." 이 충고를 마음으로 받아들인 스필버그는 그후 익명으로 기부하고 있으며, 단지 다른 이들의 기부를 유도하고자 할 때에만 실명을 밝힌다. 그가 소중히 여기는 두 가지 활동이 있다. 바로 '쇼아 재단Shoah Foundation'과 '정의로운 사람들 재단Righteous Persons Foundation'이다. 후자의 경우 「쉰들러 리스트」에서 거둬들인 수익'으로 발족한 것이다. "피 흘린 유대인들의 이야기로 벌어들인 돈을 헛되이 쓰고 싶지 않습니다"라고 스필버그는 말했다.

스티븐 스필버그의 차기작은 순전히 그의 개인적인 선호도에 달려 있다. 스필버그는 보이스카우트 출신이지만, 자신은 항상 조직의 가치에 따라 살지는 않는다고 『뉴욕타임스』와의 인터뷰에서 인정했다. 그는 스스로를 신조에 견주어 이렇게 표현한다. "나는 믿을 만한 가치가 있습니다. 나는 성실합니다. 나는 때로는 정다우며 항상 정중합니다. 나는 늘 친절하지도 않고, 늘 복종적이지도 않으며, 늘 활달하지도 않습니다. 그리고 연출가로서 검소하지만 늘 용감하지만은 않습니다. 나는 늘 깔끔하며 아주 경건한 사람입니다."

그에게는 자신이 원하는 것을 영화로 제작할 돈과 힘이 있다. 그러나 성공적인 할리우드 '모걸'들처럼, 스필버그도 이야기를 통해 자신의 신조를 이끌어낼 것이다. 이야기는 또한, 하나의 이야기를 수백만 명의 영화관객들을 기쁘게 하고 매혹시키며 가르치고 즐겁게 만드는 형식으로 전환하는 데 1년 이상을 헌신하도록 만들게 할 것임은 자명한 일이다. 그리고 이는 또 하나의 이야기가 될 것이다.

❖ 생각을 크게 하라

스티븐 스필버그는 이야기를 대형 스크린에 옮긴다. 서사적 이야기, 공상과학 환타지, 그 중간 이야기 등 어떤 이야기가 되었든 스필버그는 감탄을 이끌어내고 사람들이 쉽게 접할 수 있도록 자신의 이야기에 실제보다 훨씬 더 큰 차원을 보태준다.

❖ 운명을 통제하라

스필버그는 성공을 통해 영화와 텔레비전 제작 계약을 얻었다. 이로써 자신의 비전과 동료 감독들의 꿈을 디지털과 영화적인 가상현실로 표현할 수 있는 통제력을 얻었다.

❖ 팀으로 활약하라

영화를 제작하거나 제작소를 운영하는 것은 협력이 바탕이 되어야 한다. 스필버그는 주위에 자신의 헌신을 공유해줄 사람들을 두었고, 자신의 이야기에 생명을 불어넣은 열정을 실행에 옮겼다.

❖ 명성을 공유하라

배우들은 스필버그와 작업하는 것을 좋아한다. 그가 배우들에게 그들이 맡은 역할을 다양한 각도로 재창조할 수 있는 자유를 주기 때문이다. 그리고 늘 먼저 배우들의 장점을 격찬한다.

❖ 자신의 가치를 살려라

공상과학, 추리영화, 코미디, 전쟁영화 등 그의 작품은 다양하지만, 그는 사회적인 이슈에 대한 새로운 자각을 창조하고 선의를 증진시키는 데 기꺼이 시간을 할애하는 사람이다. 그의 성격의 강점이 스크린을 통해 발산하고 있다.

부록

구성원들을 위한 성과 달성하기

리더십은 열망하는 결과를 옳은 방법으로 달성하게 하는 것이다. 즉, 신뢰를 구축하고 제시간에 맞추어 그리고 예산에 맞게 일을 진행시키기 위해 다른 이들의 지원을 얻어 개인과 팀을 위해 바르고 옳은 일을 하는 것을 의미한다. 지속적인 결과를 얻는 것은 힘든 일이다. 물론 항상 그런 것은 아니지만, 종종 난감한 결정을 해야 할 때도 있다. 간혹 조직의 목표를 위해 개인의 목표를 희생해야만 하는 경우도 있다. 그러나 리더는 되도록이면 구성원들의 욕구를 우선시하기 위해 노력해야 한다. 아래 제안들을 참고하라.

비전에 대한 커뮤니케이션
- 크게 생각하라.
- 비전에 집중하라.
- 비전을 현실적으로 설명하라.
- '비전을 통해 내가 얻는 것이 무엇인가?'에 대한 답을 제시하라.
- 비전을 주입시켜라.
- 개인적인 말로 비전에 대해 커뮤니케이션 하라.
- 직장 이외에서 비전을 유지시켜라.
- 비전맵을 만들어라.
- 비전 이야기를 전하라.

조정하기
- 미션을 강조하라.
- 전략을 설명하라.
- 단계별로 실행을 연계하라.
- 이정표를 만들어라.
- 계획의 유연성을 살려라.
- 팀에게 지속적인 결단력을 유지케 하라.

실수 없이 실행하라

- 실행단계를 취하라.
- 팀을 관리하라.
- 후속조치를 취하라.
- 방임을 통해 리드하라.
- 달성할 기회를 만들어라.

단련을 행하라

- 조직의 목표를 강화하라.
- 주인의식을 고수하라.
- 규칙적으로 평가하라.
- 코칭하라.

위험을 감수하라

- 기회와 위험을 평가하라.
- 사고의 영역을 확대하라.
- 창조력을 높이 평가하라.
- 혁신을 추진하라.
- '비전적인 위험'을 고려하라.
- 위험으로 얻어지는 것을 고려하라.

용기를 보여주어라

- 용기를 중요시하라.
- 용기 있는 행동을 널리 알려라.
- 용기에 대한 이야기를 전하라.
- 더 나은 미래를 위해 눈앞의 이익은 따지지 않는 용기를 가져라.
- 조직 내의 두려움을 평가하라.
- 용기를 증식시켜라.

실적을 알려라

- 이정표를 만들어라.
- 달성을 축하하라.
- 공헌한 사람들을 인정하라.

- 관심을 보여라.
- 결과를 지속하라.
- 가치 방정식을 만들어라.

자신을 위한 성과달성

개인적인 성과가 있어야 조직적인 성과도 얻을 수 있는 법이다. 개인 스스로가 자신과 조직에 긍정적인 결과를 만들어내고자 하는 의지와 욕망을 지녀야 한다. 목표의 종반으로 향해 가면서 조직이 하기를 바라는 것을 개인도 기꺼이 해야 한다. 조직은 이러한 개개인들의 총체적인 의지를 반영하고 있으며, 그러한 의지는 한 번에 한 사람씩 시작하는 것이다.

비전에 대해 커뮤니케이션하라
- 개인적인 비전과 맞추어 달성할 수 있는 것을 생각하라.
- 조직의 비전에 개인의 비전을 적용하라.
- 비전의 달성이 개인에게 의미하는 바를 묘사하라.

조정을 만들어라
- 다른 이들이 하는 것과 관련하여 당신이 하는 것을 검토하라.
- 미션에 따라 다른 이들을 관리하는 법을 생각하라.
- 비전과 미션에 따라 행동하라.
- 개인적인 이정표를 만들어라.
- 결단력 있게 행동하라.

완벽하게 실행하라
- 팀의 선을 위해 행동하라.
- 조직의 선을 위해 관리하라.
- 모두와 함께 후속조치를 취하라.

단련을 행하라
- 스스로 책임감을 유지하라.
- 구성원들에게 피드백을 요구하라.

- 스스로 코칭을 고수하라.

위험을 감수하라
- 개인적인 기회와 개인적인 위험을 평가하라.
- 다르게 생각하려고 노력하라.
- 적당한 수준을 넘어서 도전하라.

용기를 보여라
- 리더 자신의 두려움을 평가하라.
- 자신의 능력을 믿어라.
- 자신의 확신에 신념을 가져라.
- 영웅 이야기를 읽어라.
- 자신과 자신의 팀에 영웅 이야기를 전해라.

성과를 알려라
- 자신의 기여에 대해 인정하라.
- 꾸준히 일을 진척시킬 방법을 찾아라.
- 에너지와 추진력을 유지할 방법을 찾아라.
- 규칙적으로 자신을 위한 시간을 가져라.

리더십 이야기 모델

리더십 과정	커뮤니케이션 실행방법
비전	조직이 가고자 하는 방향을 가시화하고, 말로 표현하는 것
조정	조직이 비전 달성을 위해 취해야 하는 방법을 묘사하는 것
실행	실행 단계를 달성으로 바꾸는 것
단련	조언, 자극, 코칭하기
위험	비전 달성을 위해 사람들이 틀에서 벗어난 사고를 하도록 독려하는 것
용기	계획된 결과를 위해 믿음과 신념을 고수하는 것
성과	구성원들의 공헌을 인정하는 것

위대한 리더들의 7가지 습관

초판 1쇄 발행 2017년 8 월 7 일

지은이 존 발도니
옮긴이 이선희
펴낸이 김형성
디자인 정종덕
인쇄 정민인쇄
제본 정민문화사

펴낸곳 (주)시아컨텐츠그룹
주소 경기도 파주시 재두루미길 150(활자마을)
전화 031-955-9696 (代)
팩스 031-955-9393
E-mail siaabook9671@naver.com

ISBN 979-11-961212-9-7
값 14,500 원